Kunstgeschichte in Schwarz-Weiß
Reproduktionstechnik und Methode

Monika Wagner

Kunstgeschichte in Schwarz-Weiß

Reproduktionstechnik und Methode

WALLSTEIN VERLAG

Gedruckt mit Unterstützung der DFG
im Rahmen der Kolleg-Forschungsgruppe
BildEvidenz. Geschichte und Ästhetik
der Freien Universität Berlin

Inhalt

I. Statt einer Einleitung 7
Malraux' Zeitalter der Farbreproduktion 7
Fotografische Mortifizierungen 12

II. »High and low« der Farbreproduktion 17
»Farbige Hausmuseen« 17
Vulgäre und affektive Farben 22
Farbige Lichtbilder: Jahrmarkt und Erbauung 25
»Lebendige Farbe« 29
Domestizierungsversuche 31
Unzuverlässige Farbreproduktionen 33
Klarheit in Schwarz-Weiß 35
Weißes Nachleben »bunter Götter« 42
Hilfen für das Farbgedächtnis 43

III. Ohne Berührungsängste:
Farbreproduktionen im Kunstgewerbe 49

Sempers Praxis und Theorie der Farbe 55
Farbige Bekleidung als optische Dematerialisierung 56
Modelle in Schwarz-Weiß – Belege in Farbe 58
Riegls Interesse an Fotoreproduktionen 62
Bildregie in der »Spätrömischen Kunstindustrie« 64
Rematerialisierungen 65
Vom Haptischen zum Optischen – vom Material zur Farbe . . 68

IV. Berührungsprobleme:
Farbreproduktionen in der Malerei 75

Wölfflins Medienreflexion 75
Farbe in der formalen Analyse 76
Ein Irrtum in Schwarz-Weiß 78
Fotogene und fotoresistente Farben: Wölfflins »Grundbegriffe« 80
»Formentfremdete« Farbe 82

Panofskys Farbenbann 87
Farbige Federzeichnungen – ein »stilwidriges Produkt« 88
Abstraktionsübungen 89
Unwissenschaftliche Farbreproduktion 91
Maßstabsfragen in der Farbreproduktion 92
Faksimile-Ängste 96
Ikonologie in Schwarz-Weiß 98
Exkurs: Grünewald und die expressionistische Farbekstase 101
Überlegenes Schwarz-Weiß 106
Einschub: Warburgs Atlas-Tafeln 109
Panofskys Farbaversion 117
Nachleben der Farbenskepsis 119

V. Farbe in der Kunstschriftstellerei 121
Meier-Graefes transhistorische Farbverwandtschaften 123
Sehen mit »unschuldigen Augen« 125
Farbevokationen 128
Das Original als »erstes Stück einer Reihe« 132
Carl Einsteins Farbabwehr 135
Strategien zur Farbvermeidung 138
»Subjektivismus« der Farben 142
Ungegenständliche Malerei als »Bedichten der Farbtube« . . . 145

VI. Thesen in Farbe 151
Svetlana Alpers' »close viewing« 155
Taktile Farben 159
Unter der Lupe 161
Andere Farbe 163

Anmerkungen 167
Bibliografie 181
Archive 181
Literatur 181
Bildnachweise 209
Personenregister 211
Dank 215

I. Statt einer Einleitung[1]

Malraux' Zeitalter der Farbreproduktion

Kurz nach dem Ende des Zweiten Weltkriegs verkündete der Schriftsteller und spätere französische Kulturminister André Malraux eine neue Ära der Kunstpublikationen, denn »nun beginnt die Reproduktion in Farben«[2]. Malraux' Buch, dessen Untertitel – »Das imaginäre Museum« – berühmt wurde, erschien 1949, zwei Jahre nach der französischen Erstausgabe, in deutscher Sprache. Malraux' essayistische Publikationen ernteten zwar von kunsthistorischer Seite zunächst Kritik,[3] fanden in jüngerer Zeit aber auch in ihrer medienspezifischen Position Beachtung.[4] »Das imaginäre Museum« enthält bemerkenswerte, wenn auch unzusammenhängende Beobachtungen und Überlegungen zur farbigen Reproduktion von Kunstwerken, die der vorliegenden Untersuchung als Ausgangspunkt dienen.

Der Band selbst ist fotografisch reich ausgestattet: Neben 66 Schwarz-Weiß-Abbildungen umfasst er 20 ganzseitige Farbtafeln auf Kunstdruckpapier, die auf Blankoseiten einmontiert wurden. Sie sind auf praktisch alle im Buch vertretenen Medien – Malerei, Mosaik, Glasfenster, Buchmalerei, außereuropäische Artefakte usw. – verteilt. Wie Malraux selbst bemerkte, fördert der fotografische Transfer in die zweidimensionale Abbildung und besonders in ein einheitliches Schwarz-Weiß die Vergleichbarkeit der Artefakte. Der Autor demonstrierte die Überlegenheit der Farbreproduktion in effektvollen Gegenüberstellungen mit Schwarz-Weiß-Abbildungen.

Bei Gemälden des 17. Jahrhunderts wie etwa Peter Paul Rubens' »Rückkehr des Philopoimen« oder Frans Hals' »Regentinnen des Altmännerhauses in Haarlem« zeigen die Farbreproduktionen nahsichtige Ausschnitte, in denen der Malduktus und damit die materielle Bearbeitung der Farbe sichtbar wird. Auf der gegenüberliegenden Seite erscheint das vollständige Gemälde jeweils in einer kleineren schwarz-weißen Abbildung. Diese Begegnungen (Abb. 1a/b) zeigen, welchen Verlust der Verzicht auf Farbe in der Gemäldereproduktion bedeutet. Anders ausgedrückt: Die Gegenüberstellungen führen vor Augen, was das angekündigte Zeitalter der Farbreproduktion für die Kunstgeschichte erwarten ließ. Das Nebeneinander von farbigem Detail und schwarz-weißer Gesamtansicht ist weder Zufall noch verlegerischer Kunstgriff.[5] Vielmehr gehört es zu Malraux' Strategie, Malerei als ein Medium zu kommunizieren, in dem es dank der Fotografie die Modernität eines kaum mehr gegenständlich

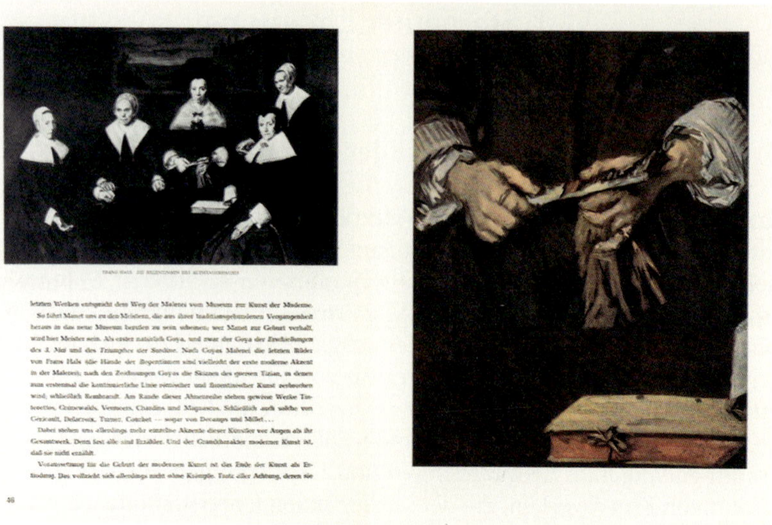

Abb. 1a/b: F. Hals, Die Regentinnen des Altmännerhauses in Haarlem, Doppelseite aus A. Malraux, Das Imaginäre Museum, 1947

gebundenen Pinselduktus auch bei Künstlern vergangener Jahrhunderte wie Frans Hals oder Rubens zu entdecken galt. Die nahsichtigen Ausschnitte mit den Spuren eines lockeren Farbauftrags erlauben eine ansonsten nur Besitzern oder Kuratoren mögliche Nähe zu den Objekten. Vor allem aber suggerieren sie eine Verbindung zur zeitgenössischen gestischen Malerei, der im Europa der Nachkriegszeit hohe Aktualität zukam. Die fotografischen Details der farbigen Bildoberflächen ließen die alten Meister modern erscheinen und trugen wesentlich zur Aktualisierung ihrer Werke bei.[6]

Malraux wies den fotografischen Reproduktionen noch weitere wichtige Aufgaben zu. Durch sie werde die »Zahl anerkannter Meister vervielfacht« und auf diese Weise der tradierte kunstgeschichtliche Kanon erweitert. Diese Revision sollte in Malraux' Verständnis auch Werke außereuropäischer Kulturen einbeziehen und entsprach der Einsicht, dass nur dasjenige existiere, was fotografiert und reproduziert werde. Doch bei bestimmten Gruppen von Werken genüge nicht allein eine fotografische Reproduktion, vielmehr bedürfe es einer *farbigen* Fotoreproduktion. So wertet Malraux z. B. die Vernachlässigung der byzantinischen Kunst in der Kunstgeschichtsschreibung als eine Folge der Schwarz-Weiß-Abbildungen, die nicht in der Lage seien, das Besondere der Werke zu vermitteln. Denn in der byzantinischen Kunst – ihren Mosaiken,

Fresken oder Emailarbeiten – verhalte es sich so, dass ihr »Leben, ihre Geschichte, ihr eigentliches Genie in der Farbe« liege.[7]

Erst wenn sich die »Sprache der Farbe« Gehör verschafft haben werde,[8] könnten zuvor als marginal eingestufte außereuropäische Artefakte ebenso wie Werke der Volkskunst die ihnen gebührende Bedeutung gewinnen. Die entsprechende Horizonterweiterung demonstriert der Autor mit der ganzseitigen Farbtafel eines zum Greifen nah erscheinenden Fetischs von den melanesischen Inseln der Neuen Hebriden im Südpazifik, der in den Sammlungen des Pariser Musée de l'homme aufbewahrt wurde (Abb. 2). Er besteht aus unterschiedlichen Materialien und seine asymmetrisch bemalten und teilweise mit Perlen geschmückten Oberflächen bringt erst die farbige Reproduktion zur Geltung.

Im Text kommt Malraux hier und da auf die theoriebildende Rolle der Farb- bzw. Schwarz-Weiß-Reproduktion in der Kunstgeschichte zu sprechen. Ihm erschien das gesamte abendländische Wertesystem der Kunst einschließlich seiner theoriegeschichtlichen Grundlagen als Folge der schwarz-weißen Reproduktionstechniken. Dank der farbigen Fotoreproduktion sei der Wertekanon jedoch im Begriff, sich grundlegend zu verändern. Daher verliere auch die Zeichnung »in der Kunstgeschichte nun eine Vorrangstellung, die sie nur der Schwarz-Weiß-Photographie verdankt«.[9] Malraux zielte damit weniger auf eigenständige grafische Werke als vielmehr auf eine konturbestimmte Malerei, die in der Zeichnung ihre Grundlage habe. Im Unterschied zu einem konturnegierenden, farbigen Sfumato, wie es seit Vasari der venezianischen Malerei zugeordnet wird, lassen sich in schwarz-weißen Reproduktionen konturierte Formen präziser vermitteln. Hingegen heißt es in Malraux' Imaginärem Museum über einen Maler wie Siméon Chardin, den Denis Diderot als einen Zeitgenossen gewürdigt hat, der nicht vom Kontur her, sondern aus der Farbe heraus arbeitete, ein solcher Maler werde künftig »nicht mehr ohne Waffen gegen Michelangelo zu kämpfen haben«.[10] Erst die allgemeine Verbreitung der fotografischen Farbreproduktion würde demnach die Waffengleichheit der konturbetonten und der farbbezogenen Schulen der Malerei herstellen und damit die Voraussetzung für ihre ästhetische Gleichrangigkeit schaffen. Malraux begründete also die lange Vorherrschaft der formbestimmten Malerei, als deren Inbegriff bei ihm Michelangelo figuriert, mit ihrer Affinität zu den technischen Reproduktionsmedien.[11]

Für Farbreproduktionen setzte sich Malraux auch andernorts ein. So startete 1949 die von ihm zusammen mit René Hughe und Jean Cassou entwickelte »Travelling Exhibition of Colour Reproductions« moderner französischer Kunst im Auftrag der 1946 gegründeten UNESCO ihre Reise in verschiedenste Teile

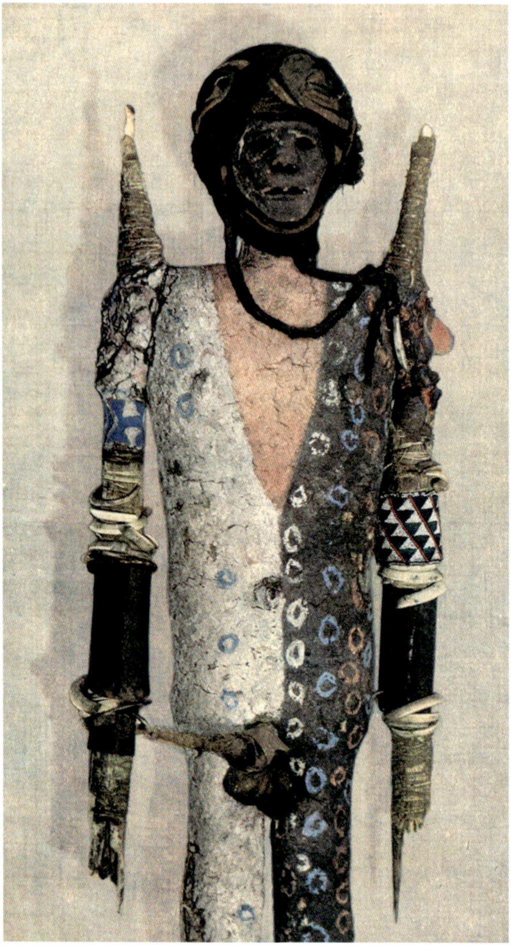

Abb. 2: Fetisch von den Neuen Hebriden,
aus A. Malraux, Das Imaginäre Museum, 1947

der Welt.[12] Bezeichnenderweise ging jedoch Malraux, der eine Lanze für die Farbreproduktion zu brechen suchte, keineswegs durch sein entsprechendes Plädoyer in Wort und Bild, sondern ausgerechnet durch eine Schwarz-Weiß-Fotografie in die Kunst- und Kulturgeschichte ein. Das heute zu den Ikonen des 20. Jahrhunderts zählende Foto von Maurice Jarnoux (Abb. 3) aus dem Jahr 1954, das für die Wochenzeitschrift »Paris Match« entstand,[13] zeigt den Autor

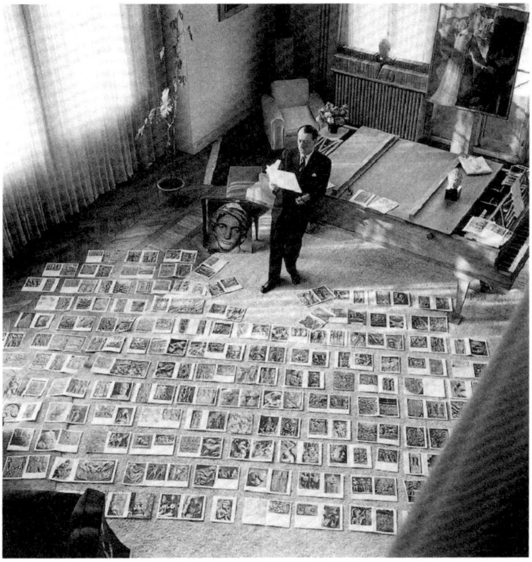

Abb. 3: M. Jarnoux, A. Malraux, 1954

inmitten der auf dem Boden seines Pariser Salons ausgebreiteten Abbildungen für die nachfolgende Publikation, das »Musée imaginaire de la sculpture mondiale«.[14] Malraux inszenierte sich für das Foto – wie Walter Grasskamp formulierte – gewissermaßen als ›Direktor‹[15] seines imaginären Museums, in dem er demonstrierte, was die fotografische Reproduktion generell leistet: Die noch so weit verstreuten Werke aus drei Jahrtausenden und den unterschiedlichsten Kulturen lassen sich an einem beliebigen Ort zu einem ›Museum‹ der ›Weltkunst‹ versammeln, vergleichen und nach eigenem Ermessen in Beziehung setzen. Das war allerdings nicht neu. Die in Malraux' Wohnung ausgebreiteten Fotos, die sich kurzfristig in einem Zustand der Veränderbarkeit befanden, lassen an Aby Warburgs Bilderatlas Mnemosyne denken, auf denen in den 1920er Jahren mobile, das heißt austauschbare Reproduktionen die transkulturellen Bild- und Motivwanderungen visualisierten (s. u.).[16]

In den drei Bänden von Malraux' »Musée imaginaire de la sculpture mondiale«, aus dem Andrucke auf dem Foto ausgebreitet zu sehen sind, betonen zahlreiche ganzseitige *Farb*abbildungen den Stellenwert nicht-europäischer skulpturaler Werke. Doch das wird in der berühmten Schwarz-Weiß-Fotografie unsichtbar gemacht. Die Aufmerksamkeit, die Malraux aufgrund dieses Fotos erfuhr, basierte in erster Linie auf der durch die Benjamin-Rezeption ausgelösten Debatte um das »Kunstwerk im Zeitalter seiner technischen Reproduzierbarkeit«. Benjamins Sorge um den Verlust der Aura des Kunstwerks durch seine mediale Reproduktion begegnete Malraux mit der Reproduktion als einer anderen Existenzform des Werks.[17] Was bei dem Foto von Malraux auf der Strecke blieb, war die Farbe, über die – wie bei den aztekischen Tonfiguren oder den indischen Metallgüssen – auch die Materialien der Werkherstellung aufgerufen werden.

Das neue Zeitalter der »Reproduktion in Farben«, das Malraux sieben Jahre vor der berühmt gewordenen Fotografie in der Euphorie des Neubeginns nach dem Zweiten Weltkrieg verkündet hatte, entsprach allerdings – zumindest in Deutschland – eher einer Zukunftsvision als einer Beschreibung der zeitgenössischen Situation. In der akademischen Kunstgeschichte ließ die Farbreproduktion noch für eine weitere Generation auf sich warten. Wissenschaftliche Publikationen der Kunstgeschichte waren auch dort, wo es, wie in der Geschichte der Malerei, genuin um Farbe ging, noch lange eine schwarz-weiße Angelegenheit, obwohl die technischen Voraussetzungen für akzeptable Farbreproduktionen sich zusehends verbesserten. Vielleicht konnte Malraux gerade deshalb theoretisch wie praktisch so unbeschwert von den Normen der Fachdisziplin für die Farbreproduktion im Kunstbuch eintreten, weil er nie Kunstgeschichte studiert hatte.

Malraux' verstreute Hinweise auf die Rolle der *Farb*reproduktion von Kunstwerken blieben bislang folgenlos.[18] Sie weisen auf einen blinden Fleck in der historischen und theoretischen Bearbeitung der Kunstreproduktion. Während die Schwarz-Weiß-Reproduktion durch den Aufstieg der Fotogeschichte zu einem großen Thema wurde,[19] die Farbforschungen expandierten,[20] und die Populärgeschichte der farbigen Kunstreproduktion vorangetrieben wurde,[21] blieb die Frage, welche Rolle Farbe für die Entwicklung kunstgeschichtlicher Methoden spielte und spielt, merkwürdigerweise ausgespart.

Fotografische Mortifizierungen

Dem Ausblenden von Farbe entspricht die diskursive Dominanz von Roland Barthes' genereller Ablehnung der Farbe in der Fotografie als »unechte Zutat«. Hier sei nochmals die oft zitierte Stelle aus »Die helle Kammer« in Erinnerung gerufen: Dort heißt es, »nie kann ich mich des Eindrucks erwehren, daß [...] bei jeder Photographie die Farbe in gleicher Weise eine Tünche ist, mit der die ursprüngliche Wahrheit des SCHWARZ-WEISSEN zugedeckt wird. Die FARBE ist für mich eine Schminke (von der Art, die man Toten auflegt). Denn nicht das »Lebendige« der Photographie [...] hat für mich Bedeutung«.[22] Der Autor zielt mit seiner entschiedenen Ablehnung der farbigen Fotografie allerdings nicht auf die Wiedergabe von Kunstwerken, sondern von Personen. Die Fotografie könne, so Barthes, nur das vergangene Wirkliche beglaubigen, aber nicht wiederbeleben. Daher erscheint Farbe, der in der Real- wie in der Bildgeschichte Lebendigkeit zukommt, im Foto unangemessen. Sie verheißt Falsches, indem sie vergangenes Leben auf Dauer lebendig hält und damit Zeit zu tilgen sucht. Peter Geimer, der Barthes' Diktum jüngst ausführlich diskutiert[23] und dessen historische Validität überprüft hat, machte zu Recht geltend, dass das farbige Foto aus einer Zeit, die im kollektiven Gedächtnis bislang in Schwarz-Weiß repräsentiert war, als »unwirklich« wahrgenommen werde.[24] Ein farbiges Foto von Kaiser Wilhelm I. erscheine demnach »unecht«, obwohl man wisse, dass der Kaiser keineswegs nur in Grau gekleidet war.

Bei der Fotografie von Kunstwerken, die Barthes nicht thematisiert,[25] liegt der Fall jedoch anders. Kunstwerke selbst erheben einen Präsenzanspruch; idealiter (und abgesehen von ephemeren Werken) unterliegen sie keiner Alterung.[26] Sie sehen zum Zeitpunkt der fotografischen Aufnahme genauso aus wie später bei der Betrachtung des Fotos oder seiner Reproduktion im Buch. Daher entfällt das Argument der unangemessenen »Schminke«, »die man Toten auflegt«. Ein Gemälde aus der Kaiserzeit ist im Unterschied zum Kaiser weder gestorben noch sichtbar gealtert.

Der Malerei wird in der Schwarz-Weiß-Fotografie indessen ein wichtiges Element ihres genuinen Potenzials der Vergegenwärtigung, die Farbe, entzogen. Das schwarz-weiße Foto lässt die Malerei tot erscheinen. Als das Berliner Bodemuseum im Jahr 2015 seine Kriegsverluste in einer Ausstellung »zeigte«, hingen anstelle der vernichteten oder verlorenen Gemälde Originalrahmen mit schwarz-weißen Fotoreproduktionen an den Wänden (Abb. 4a/b). Der Entzug der Farbe machte auf eindringliche Weise den Tod der Gemälde deutlich. Was aber heißt das für die schwarz-weiße Reproduktion von Gemälden in der Kunstgeschichte? Wenn durch die Übersetzung in Schwarz-Weiß ihre Lebendigkeit,[27] ihre affektive Qualität auf Distanz gehalten wird, über welche Art von Bild sprechen wir dann?

Im Unterschied zu Szenen aus dem realen Leben gibt es für Gemälde auch keine »Gedächtnisfarben« (damit wurde in der Psychophysik die erfahrungsmäßige Zuordnung einer Farbe zu einem Gegenstand bezeichnet, s.u.), das heißt, es kann keinen Erfahrungsschatz für die Farben eines Gemäldes geben. Im Schwarz-Weiß-Foto eines Gemäldes lässt sich nicht erkennen, ob, wie Baudelaire imaginierte, die »Wiesen rot, die Flüsse goldgelb und die Bäume blau« dargestellt sind, ganz zu schweigen von den Farben der ungegenständlichen Malerei. Während im Sinne von Barthes die Kritik an der problematischen

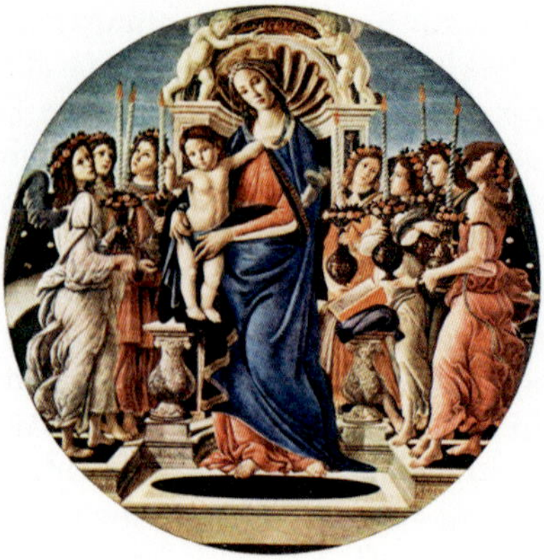

Abb. 4a: S. Botticelli, Madonna dei Candelabri, Öl, Leinwand, 192 cm ∅, ehemals Bodemuseum Berlin, seit 1945 verschollen

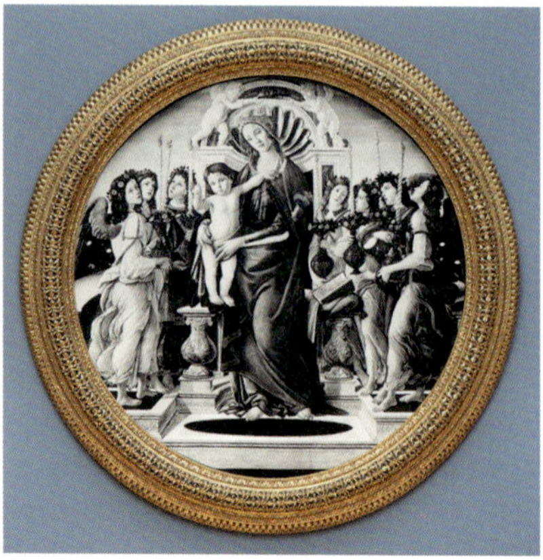

Abb. 4b: Schwarz-Weiß-Reproduktion im Originalformat nach S. Botticellis Madonna dei Candelabri, Ausstellung Das verschwundene Museum, 2015, Bodemuseum Berlin

Verlebendigung längst Verstorbener durch die farbige Fotografie ebenso wie die Unzulänglichkeiten der Farbfotografie Aufmerksamkeit erfuhren, blieben die Mortifizierungen der Malerei durch die Schwarz-Weiß-Fotografie ausgespart.

Das führt zurück zu Malraux, dessen Hinweise auf die Rolle der Farbfotografie und Farbreproduktion von Kunstwerken keineswegs abgegolten sind. Sie eröffnen vielmehr neue Perspektiven auf die Medien der Kunstgeschichte und ihre Veränderungen sowie auf die Frage, warum die Kunstgeschichte, auch dort, wo sie sich der Malerei widmete, extrem lange an Schwarz-Weiß festhielt. Nimmt man Malraux' Überlegung zur Fotoaffinität linienorientierter und konturbestimmter Malerei in der Schwarz-Weiß-Fotografie und Reproduktion ernst, dann ergeben sich daraus Folgen für das Verhältnis von Reproduktionstechniken und der Entwicklung kunsthistorischer Methoden im fotografischen Zeitalter.

Die damit aufgeworfenen Fragen stehen im Zentrum der Untersuchung. Zunächst werden die Nutzung und Rezeption farbiger und schwarz-weißer Reproduktionen in unterschiedlichen Milieus skizziert, ebenso wie die Probleme, mit denen die farbige Reproduktion im wissenschaftlichen Kontext zu kämpfen hatte. Sie reichen von technischen Unzulänglichkeiten des Mediums über soziale Abgrenzungen bis hin zum kunsttheoretisch tradierten Wertesystem.

In den nachfolgenden Kapiteln werden exemplarisch ausgewählte Publikationen einiger Kunsthistoriker*innen im Hinblick auf ihren Umgang mit Farbe und Farbreproduktionen analysiert, die für die methodische Entwicklung der Disziplin relevant waren. Von Interesse ist, wie über Farbe geschrieben, wie Farbe vermittelt wurde und welche Rolle farbige bzw. schwarz-weiße Aufnahmen und Reproduktionen für die Entwicklung und Kommunikation wissenschaftlicher Methoden spielten.

Den Ausgangspunkt bilden impulsgebende, mit dem Stil argumentierende Autoren des 19. Jahrhunderts, die sich – wie Gottfried Semper und Alois Riegl – mit der »Kunstindustrie« befassten und eine auffällige, argumentative wie visuelle Farbaffinität zeigen. Es folgen Kapitel zur Formanalyse und Ikonologie, den beiden zentralen wissenschaftlichen Methoden im ersten Drittel des 20. Jahrhunderts, deren Vertreter der Farbreproduktion unterschiedlich gegenüberstanden. Da moderne und zeitgenössische Kunst im frühen 20. Jahrhundert in der universitären Disziplin nicht vertreten waren, Farbe aber gerade in diesen Bereichen eine herausragende Rolle spielte, wurden mit Julius Meier-Graefe und Carl Einstein sogenannte Kunstschriftsteller einbezogen. Den Abschluss bildet die wesentlich später erfolgte materialsemantische Berücksichtigung der Farbe dank neu entwickelter optischer Analysetechniken und farbiger Detailaufnahmen.

Die Auswahl soll keineswegs suggerieren, dass damit alle Zugänge zur und Kommunikationswege mit Farbe verhandelt würden. Vielmehr geht es darum zu verstehen, warum Farbe so wenig Gewicht in der methodischen Entwicklung der Geschichte der Malerei hatte und welche Rolle dabei die Reproduktionsmedien spielten. Ihnen mehr Aufmerksamkeit in der Vermittlung von Kunstwerken zu widmen und damit auch offenzulegen, worüber gesprochen wird – über ein Gemälde, das Foto eines Gemäldes, dessen Reproduktion oder über eine digitale Zeichenkonstellation – erlaubt es zu zeigen, was sie ermöglichen und was sie verhindern. Zu untersuchen, welchen Einfluss der Ausschluss bzw. die Integration von Farbe in den Reproduktionsmedien der Kunstgeschichte auf die Entwicklung von Methoden des Fachs hatte, bzw. welche Methoden welche Abbildungsverfahren benötigten, ist Anliegen dieses Buches.

II. »High and low« der Farbreproduktion

»Farbige Hausmuseen«

Als Malraux' Buch erschien, war die Reproduktion von Kunstwerken in Farbe in den populären Medien schon gut ein halbes Jahrhundert alt. Die Diskrepanz zwischen wissenschaftlicher und populärer Publikationspraxis einerseits, den technischen Möglichkeiten der Farbreproduktion andererseits, beschäftigte bereits Detlef Noack in seiner thematisch ungewöhnlichen, bezeichnenderweise aber unpubliziert gebliebenen Berliner Dissertation von 1956.[28] Unter dem Titel »Die farbige Reproduktion von Kunstwerken« skizzierte Noack zunächst die technische Entwicklung der Farbfotografie wie des Farbendrucks und diagnostizierte im Hinblick auf die Reproduktionspraxis ein Auseinanderklaffen zwischen kunsthistorischen und populären Publikationen, das bereits in der Zeit um 1900 begonnen habe. Der Autor charakterisierte die technischen Fortschritte um die Jahrhundertwende als qualitativen Sprung in der Reproduktionsqualität und belegte dies mit einzelnen, besonders gelungenen Blättern. So sei etwa 1896 mit der farbigen Wiedergabe von Adolph Rethels Aquarellstudie zum Kopf Karls des Großen in der »Zeitschrift für bildende Kunst« ein »entschiedener Fortschritt gegenüber chromolithografischen Verfahren« erzielt worden.[29] Kurz nach der Jahrhundertwende habe dann die Firma Bruckmann in München die Figur des Jesajas aus Michelangelos Sixtinischer Decke im Vierfarbenlichtdruck herausgebracht, der »erstmalig auch für den Kenner eine faszinierende neue, bisher unbekannte Farbigkeit [...] wiedergibt« (Abb. 5).[30] Demgegenüber sei die zeitgenössische »Kunstwissenschaft selbst photomechanischen Schwarz-Weiß-Reproduktionen gegenüber noch skeptisch«[31] gewesen. Auch wenn Noacks Urteil in diesem Punkt allzu pauschal ausfällt und sich fotografische Schwarz-Weiß-Reproduktionen in der Kunstgeschichte des ausgehenden 19. Jahrhunderts rasch durchsetzten und geradezu das materielle Fundament der universitären Disziplin bildeten, betont der Autor zu Recht die Unterschiede zwischen fachwissenschaftlichen und populären Illustrationspraxen.

In der Tat erlebte die Farbreproduktion kurz nach der Jahrhundertwende einen regelrechten Boom. Neben Kulturzeitschriften wie die 1896 in München gegründete »Jugend« publizierten selbst Massenblätter wie die »Illustrierte Zeitung« immer häufiger farbige Bilder, so dass Farbe allmählich im Alltag medial präsent war. Während sich – wie bereits Noacks Untersuchung ergab – die Kunstgeschichte als Wissenschaft durch Farbabstinenz auszeichnete, verbrei-

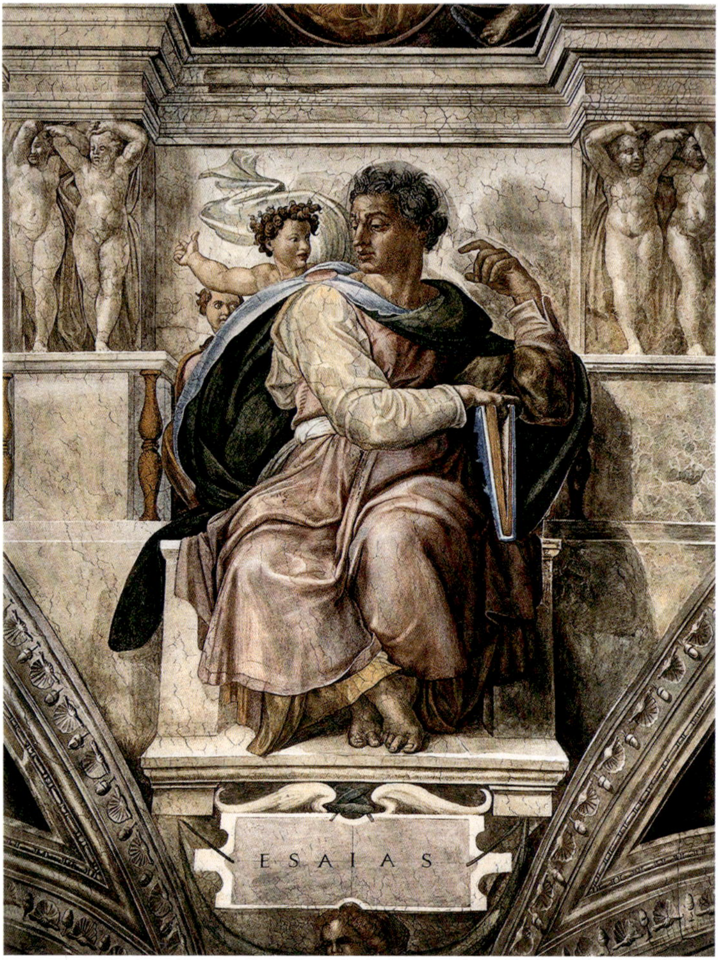

Abb. 5: Michelangelo, Prophet Jesaias, Detail aus der Sixtinischen Kapelle, Farbenlichtdruck aus E. Steinmann, Die Sixtinische Kapelle, 1901

teten sich die farbigen Reproduktionen von Kunstwerken in der populären Bildzirkulation, die in jüngster Zeit intensiv bearbeitet wird,[32] rasant. Das betraf öffentliche Lichtbildvorträge ebenso wie Wandbilder in Schulen, sogenannte Schlafzimmerbilder,[33] populäre Mappenwerke,[34] Sammelalben,[35] Galeriewerke (Abb. 6) und Einzelblätter berühmter Kunstwerke, die häufig als Wandschmuck dienten.

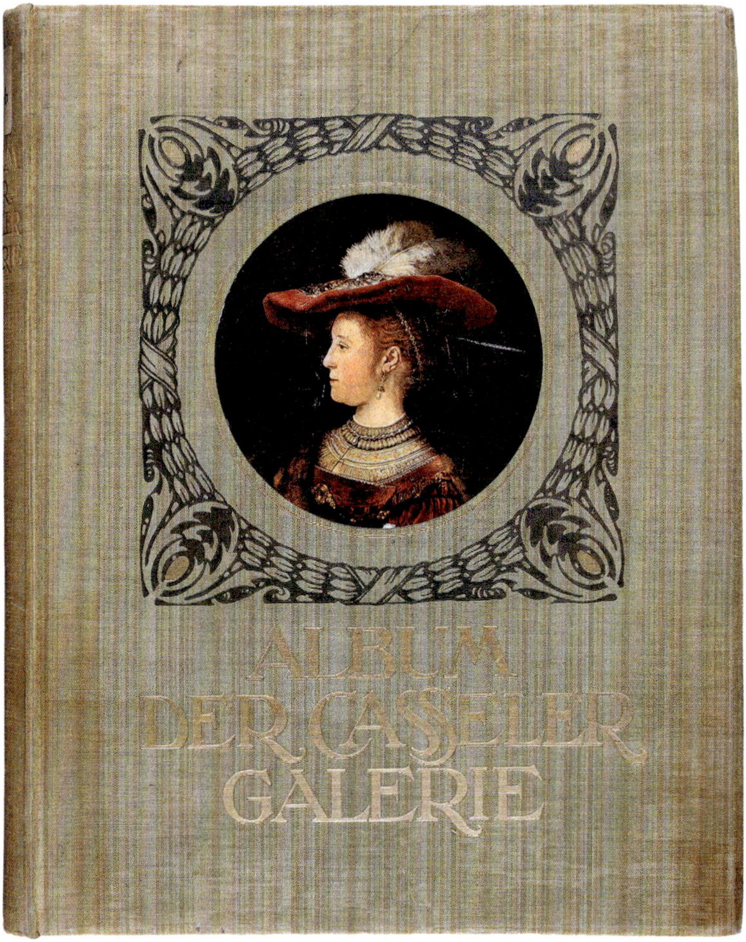

Abb. 6: Rembrandt, Saskia (Ausschnitt), farbige Autotypie, Album der Casseler Galerie, 1907

»Für Gemälde« heißt es 1906 bei dem in München lehrenden Byzantinisten Karl Krumbacher, »wird neben dem Schwarzdruck jetzt auch Drei- und Vierfarbendruck mit großem Erfolg angewendet. In Mailand sah ich jüngst einige geradezu ideale Dreifarbenkarten nach Bildern des Breramuseums und der Ambrosiana. Selbst dem Kunstgelehrten oder dem produktiv tätigen Künstler, der sich eine bestimmte Gruppe von Denkmälern sammeln

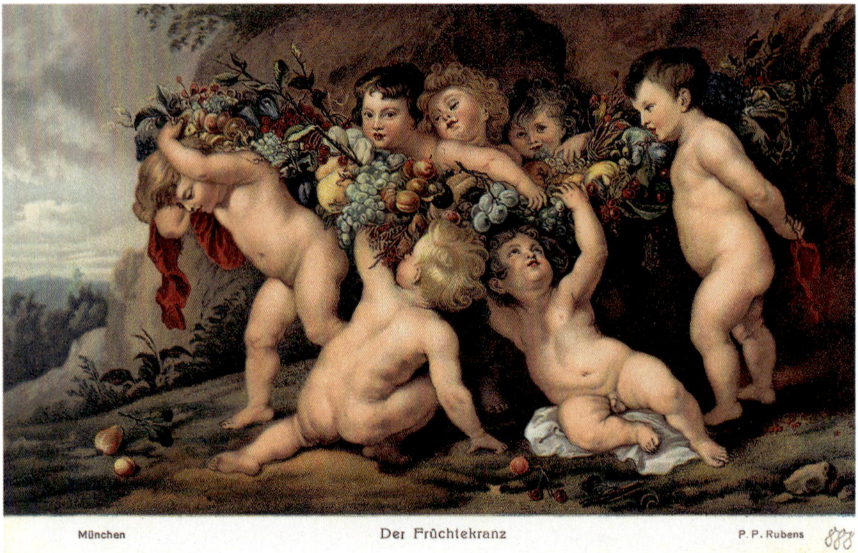

Abb. 7: P.P. Rubens, Der Früchtekranz, Chromolithografie, Postkarte, um 1910

> will, sind die überall verkäuflichen billigen Ansichtskarten zur Unterstützung des Gedächtnisses von Nutzen. Man kann mit ihnen eine Art kunstgeschichtlichen Zettelkatalog herstellen.[36]

Die Dreifarbendrucke lieferten beachtliche Ergebnisse, und dieser »kleinste Typus des Einzelblattes, die Ansichtskarte« (Abb. 7) ließ auch farbige Abbildungen von Kunstwerken in einem bis dahin unbekannten Ausmaß kursieren. Krumbacher, der mit seiner Publikation »Die Photographie im Dienste der Geisteswissenschaften« für die Reproduktion von Handschriften und Texten aller Art warb, war ebenso treffend wie vorsichtig mit seiner Charakterisierung des Nutzens der Farbpostkarten für Wissenschaftler, indem er sie lediglich als Gedächtnisstütze empfahl. Selbst für Gegner der Farbreproduktion in der Lehre und Publikationspraxis dürften sie als privates Hilfsmittel gute Dienste geleistet haben.

Im ausgehenden 19. Jahrhundert begannen Fotokampagnen großer Verlage wie Seemann in Leipzig oder Hanfstaengl[37] und Bruckmann in München, durch die ganze Sammlungsbestände in sogenannten Galeriewerken verfügbar gemacht und vermarktet wurden.[38] Das traf auf ein wachsendes Interesse seitens vieler Museen an der fotografischen Aufnahme und Publikation ihrer »Meis-

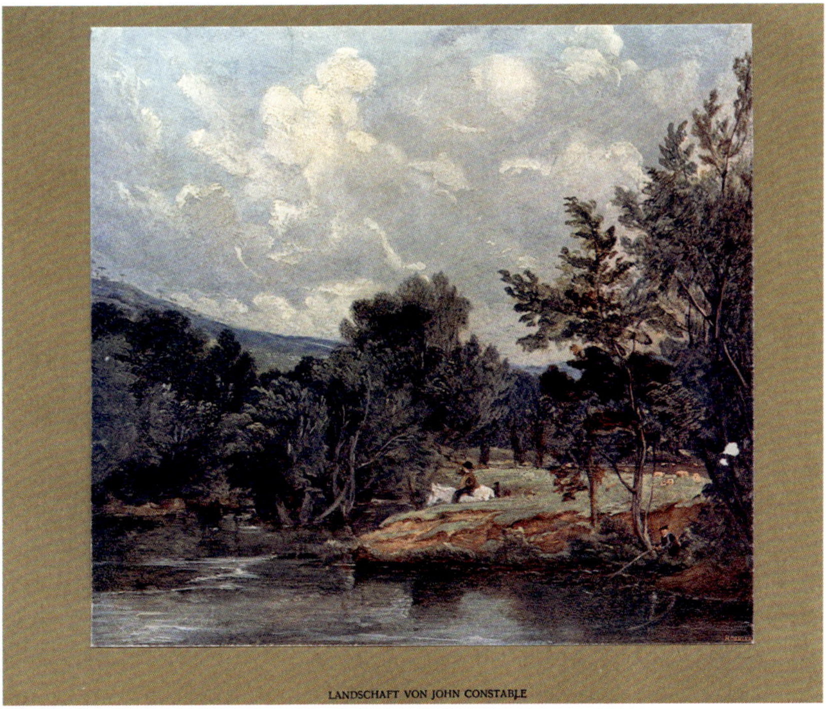

Abb. 8: J. Constable, Landschaft aus Zeitschrift für bildende Kunst, 1903

terwerke«. Vor allem in diesem Kontext der Verbreitung musealer Bestände wurde die *qualitative* Seite der Farbreproduktion mit hohem Aufwand vorangetrieben. Monografische Reihen und Bildfolgen zeigten, wie Friederike Kitschen jüngst in einer umfangreichen Studie dokumentiert hat,[39] immer häufiger Farbabbildungen.

Mit dem 1907 von Auguste und Louis Lumière entwickelten Autochrom-Verfahren war »the first practical single-plate colour process … commercially mass marketed«,[40] das mit dem Dreifarbendruck in Papierreproduktionen übertragen werden musste.[41] Die im frühen 20. Jahrhundert weiter ansteigende Verbreitung farbig reproduzierter Kunstwerke in unterschiedlichen Formaten und Preisklassen ging mit Diskussionen über die Bedeutung einer sozialen Teilhabe am Bildungsgut Kunst einher. Als Alternative zum bildungsbügerlichen Museum wurde zum Beispiel die Einrichtung »farbiger Hausmuseen« vorgeschlagen,[42] die durch individuelles Sammeln, Tauschen und Zusammenstellen entsprechender Reproduktionen im dafür vorgesehenen »Stubenformat«

(Abb. 8) im privaten Rahmen entstehen sollten. Zudem begann eine grundlegende, bis in die 1920er Jahre anhaltende Debatte über »die Erziehung unseres jungen Geschlechts zum farbigen Sehen«,[43] wie sie u.a. auf dem Dresdner Kunsterziehertag 1902 geführt wurde.[44] Offenbar sahen manche Erzieher die Entwicklung jedoch kritisch und befürchteten, dass farbige Reproduktionen für Jugendliche ein moralisches Verführungspotenzial enthielten.

Vulgäre und affektive Farben

Zu der langen Vorgeschichte des tiefsitzenden Misstrauens gegenüber der farbigen Fotoreproduktion von Gemälden gehörte die Sorge vor den scheinbar unkontrollierbaren und undomestizierbaren Eigenschaften der Farbe, die nicht allein eine Bedrohung der Form darstellten, wie dies die tradierte ästhetische Theorie vertrat. Im ausgehenden 19. Jahrhundert spiegelte eine zunehmende Chromophobie[45] die Veränderungen in der Medienlandschaft. 1883 warnte der Karlsruher Kunsthistoriker Bruno Meyer, der das Arbeiten mit Fotos und Dias für den »kunstwissenschaftlichen Unterricht« nachdrücklich propagierte[46] und ein eigenes Unternehmen für die Produktion von »Glasphotogrammen« betrieb, vor farbigen Reproduktionen aller Art. Er begründete sein grundsätzliches Misstrauen gegenüber der Farbe folgendermaßen: »Das sinnliche Element der Farbenwirkung drängt die Forderungen des Verstandes in gewissem Maße zurück, wie wir auch bei gewissen ›coloristischen‹ Richtungen der modernen Kunst die Beobachtung machen, daß sie sich im Vertrauen auf die benebelnde Wirkung des ›Farbenzaubers‹ so ziemlich aller sonstigen Sorgen um die Mittel einer Künstlerischen Wirkung ohne Gefahr entschlagen können«.[47] Mit seiner Angst vor einer affektiven Überwältigung durch Farben stand Meyer nicht allein.[48] Offenbar forcierte die farbige Vervielfältigung von Kunstwerken die Befürchtungen, die auch gegenüber der modernen Malerei kursierten.

Selbst ein ausgewiesener Spezialist für Techniken der Farbfotografie und der Farbreproduktion wie Arthur Freiherr von Hübl äußerte sich geradezu vernichtend zu seinem eigenen Spezialgebiet. In der 1897 publizierten »Abhandlung über die farbige Fotografie und den Dreifarbendruck« resümiert der Autor in seiner Einleitung die gängigen Vorbehalte gegenüber farbigen Reproduktionen in drastischen Worten, ohne sich im Geringsten davon zu distanzieren. Über die von ihm in den Niederungen der Kultur angesiedelten Farbabbildungen heißt es:

> Je geringer die kulturelle Entwicklung des Menschen und die Ausbildung seines Kunstsinnes, desto nothwendiger erscheint die Anwendung der

> Farbe, um eine bildliche Darstellung verständlich zu machen, um Interesse für sie zu wecken.

Freiherr von Hübl machte – gewissermaßen aus aristokratischer Perspektive – die farbige Reproduktion nicht allein zum »Prüfstein für den Kunstsinn«, sondern ebenso für

> die Intelligenz des Beschauers; das große Publikum läßt sich fast immer durch den Reiz der Farbe bestechen […] Das Kind und der auf niederer Kulturstufe stehende Mensch findet lediglich an der Farbe eines Bildes gefallen.

Ästhetisch ungebildete Menschen schienen demnach ebenso wie Kinder und ›Wilde‹ auf Farbe angewiesen zu sein. Hübls Zuordnung der Farbe entsprach um 1900 verbreiteten Primitivismusvorstellungen und korrelierte – allerdings bei entgegengesetzter Bewertung – mit John Ruskins »unschuldigem Auge« (dazu unten S. 125 f.). Verblüffend ist Hübls Äußerung jedoch insofern, als sie vom Autor des ausschließlich der Entwicklung eben dieser farbigen fotografischen Bilder und ihrer neuesten Reproduktionstechniken gewidmeten Buch stammt. Offenbar traute von Hübl jedoch nicht vielen seiner Zeitgenossen die kultivierte Abstraktionsleistung zu, derer es seines Erachtens bedurfte, um eine Schwarz-Weiß-Fotografie goutieren zu können: Um bei einem monochromen Bild, so der Autor, »den Mangel an Farbe *nicht* zu empfinden, ist eine schon hoch entwickelte Intelligenz erforderlich«.[49]

Trotz seines umfangreichen Beitrags zum modernen Medium der Farbfotografie und des Dreifarbendrucks schrieb Hübl mit seiner polemischen Charakterisierung der Rolle farbiger Reproduktionen die lange währende Abwertung der Farbe auf dem Gebiet der Malerei[50] in den technischen Medien fort. Topisch war darin die soziale Zuweisung, dass das Volk nur der trügerischen Farbe, nicht aber der Abstraktion des Unfarbigen zugänglich sei, was bereits Giovanni Pietro Bellori beklagt hatte.[51]

Unter dem Verdikt des Kitsches finden sich derartige soziale ebenso wie ethnische Ausgrenzungen vielfach in den 1920er Jahren und darüber hinaus. So hielt etwa der Kustos an den Berliner Museen, Georg Poensgen, farbige Reproduktionen von Gemälden für »äußerst verhängnisvoll« und erklärte: »bunte Bilder wirken in jedem seriösen Buch unbedingt kitschig«.[52] Bereits die Verwendung des Attributs »bunt« anstelle von farbig markiert die negative Bewertung der Farbreproduktionen, die durch die Zuweisung von »kitschig« eine soziale Komponente erhält.[53]

An derartigen Äußerungen zeigte sich ein vehementes bildungsbürgerliches Distinktionsbedürfnis angesichts neuer Schichten, denen die Farbreproduktionen einen ganz eigenen Zugang zur Kunst zu gewähren schienen, der nicht auf das Original referierte. Durch diese Ebene der Kunstzirkulation, die eine eigene Ästhetik generierte, bedrohten die billigen farbigen Bilder das Privileg derer, die Zugang zu den Originalen hatten und sich als Sachwalter der Kunst verstanden. Für sie garantierte die Schwarz-Weiß-Reproduktion genau die Differenz, die den Status des Originals sicherte.

Demgegenüber bezogen sich Künstler, vor allem Maler, aber auch Schriftsteller und Kunstritiker nach dem Ersten Weltkrieg auf das Vulgaritätsverdikt gegenüber der Farbe, indem sie den Spieß umdrehten und sich zu energischen Advokaten der Vitalität der Farbe machten. Sie attackierten zum einen den sozial begründeten Farbenbann. Zum anderen brachten sie eine rassistisch motivierte Abgrenzung gegenüber der Farbe seitens weißer Europäer ins Spiel. Der Architekt, Architekturpublizist und Mitbegründer des Arbeitsrats für Kunst, Adolf Behne, verkündete 1919:

> Was den heutigen gebildeten Kunstspießer vornehmlich kennzeichnet, ist ja seine Furcht vor der Farbe. Farbe ist nicht ›fein‹. Fein ist perlgrau oder weiß. […] die Farblosigkeit ist das Kennzeichen der Bildung, weiß gleicht der Farbe europäischer Haut! Auf farbige Kunst, farbige Architektur sieht der Kulturmensch unserer Zone herab wie auf farbige Leiber – mit einer Art von Grauen. […] Der Spießer ahnt in der Farbe das Elementare, Unmittelbare.[54]

Die expressionistischen Farb-Entfesselungen beeinflussten die akademische Publikationspraxis insofern, als sie auch in methodischer Hinsicht eher zu noch stärkeren Abgrenzungen gegenüber der Farbe führten, um emotionalen Aufladungen zu entgehen (s. u.). Kraftvoll, unmittelbar, vital, aktiv usw. – Eigenschaften, die sich heute mit dem Begriff der agency zusammenfassen ließen – wurden ebenso wie vulgär und primitiv der Farbe in immer neuen Varianten zugewiesen und entsprechend auf Farbreproduktionen übertragen.

Bernard Berensons nahm das Vulgaritätsverdikt nach dem Zweiten Weltkrieg erneut auf. Der in Litauen geborene, in den USA ausgebildete und lange in Italien lebende Kunsthistoriker, Kunstmakler, Essayist, umstrittene Renaissance-Spezialist und Connaisseur, der eine umfangreiche Fotosammlung zusammentrug, erklärte im Jahr 1948, also fast gleichzeitig mit Malraux' Verkündung der Ära der Farbreproduktion: »Der Farbe frönten Gesellschaften, in denen Muskelkraft mehr galt als Hirn«.[55] Der Autor orakelte, es stünden wohl noch Zeiten heftiger Farbausbrüche bevor, eine Äußerung, die sich kurz nach dem Zweiten Weltkrieg wohl nur als Sarkasmus eines Ästheten verstehen lässt. Unter Berufung auf Aristoteles vertrat Berenson – wie die Idealisten des

19. Jahrhunderts – noch immer eine grundsätzlich niedere Stellung der Farbe gegenüber der Linie. Der sich als Ästhetizist gerierende Berenson suchte seine Farbpolemik weiter zu belegen, indem er behauptete, »große Maler« wie Rembrandt oder Tizian hätten in ihren besten Bildern nahezu monochrom gemalt.[56] Entsprechend sollte die fotografische Kunstproduktion schwarz-weiß bleiben.

Farbige Lichtbilder: Jahrmarkt und Erbauung

Ähnlich wie bei den Reproduktionen auf Papier zeichnete sich auch bei der Lichtbildprojektion ein Gegensatz zwischen dem Einsatz farbiger Transparentbilder in populären Kontexten einerseits schwarz-weißer Dias in akademischen Veranstaltungen andererseits ab. Farbige Lichtbildprojektionen standen in der Tradition der Laterna Magica und rangierten noch in der Zeit um 1900 vor allem in der Kategorie der Unterhaltung.[57] Hermann Schnauss' »Anleitung zur Anfertigung von Glas-Fotographien« aus dem Jahr 1903 empfahl, in populären Vorträgen zur Aufmunterung des Publikums hin und wieder eine farbige Projektion zwischen die schwarz-weißen Bilder zu schalten.[58] Das geschah oft mit der Dreiplattenprojektion für farbige Lichtbilder, deren Apparatur in illustrierten Gazetten dargestellt wurde, die das Publikumsspektakel ihrerseits wiederum in schwarz-weißen Holzstichillustrationen wiedergaben (Abb. 9). Die farbige Projektion einer ungreifbaren, ephemeren Erscheinung in einem dunklen Raum hatte den Charakter einer spektakulären Illusion, die auf den Jahrmarkt gehörte. Zudem wurden noch im frühen 20. Jahrhundert handkolorierte Dias in sehr unterschiedlichen Qualitäten kommerziell vertrieben, was dem wissenschaftlichen Image abträglich war.

In religiösen Kontexten scheint es demgegenüber Verwendung für Farbdias gegeben zu haben. Offenbar waren Zirkel kirchlicher Bildungsarbeit eher an farbigen Dias von Kunstwerken interessiert. So adressierte etwa eine Serie kolorierter Dias aus der Zeit nach 1902, zu der u.a. Raffaels hochgerühmte »Transfiguration« (Abb. 10) mit einer Christusfigur in rosafarbenem statt in hellblauem Gewand gehört, speziell katholische Zirkel. Mitunter lagen solchen kolorierten Dias keine Fotos von Originalen, sondern Reproduktionsgrafiken zugrunde, die dann von »erbärmlich entlohnten, meist weiblichen Hände[n]« koloriert wurden.[59] Doch ging es dort auch nicht um kunstwissenschaftliche Ausbildungs- und Vermittlungsarbeit, sondern vielmehr um die emotionale Ansprache mit Hilfe christlicher Kunstwerke. Das Aufscheinen des Lichtbildes vor den »in voraufklärerischer Dunkelheit verharrenden Zuschauern«,[60] seine Ungreifbarkeit und die Größe der Projektion waren geeignet, die emotionale Wirkung der Farbe zu verstärken.

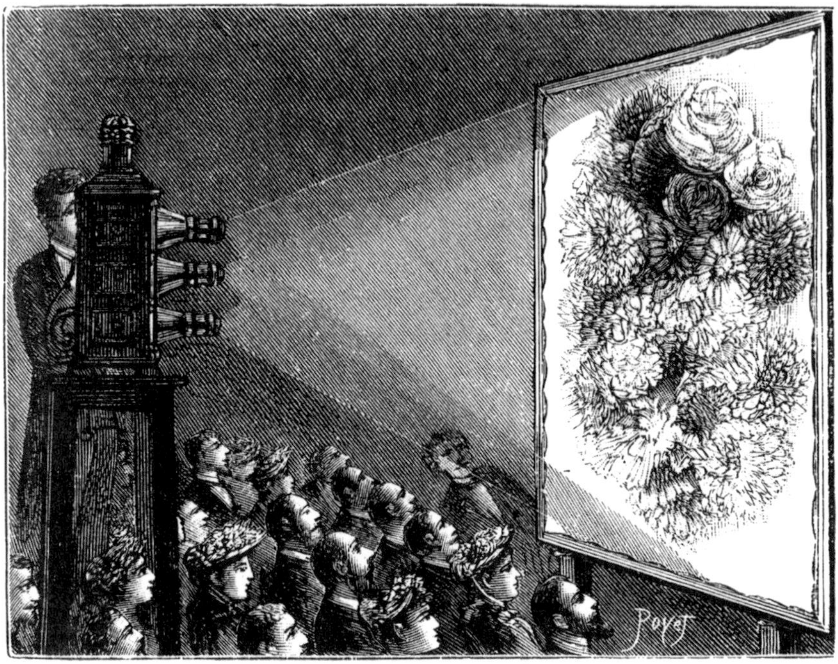

Abb. 9: Dreiplattenprojektion farbiger Lichtbilder, Holzstich, spätes 19. Jahrhundert

In protestantischen Kreisen dürfte es sich nicht wesentlich anders verhalten haben, auch wenn dort Kunstwerke anderer Künstler und andere Motive im Zentrum standen. In der Umgebung von Marburg hielt z.B. der Gießener Privatdozent der Kunstgeschichte, Dr. Ernst Zeh, eigentlich ein Fachmann für Porzellan, im Kontext der evangelischen Gemeindearbeit Diavorträge über Matthias Grünewalds Isenheimer Altar. Zahlreiche kolorierte Dias fotografischer Aufnahmen, die Foto Marburg jüngst zugingen,[61] vermitteln die außerordentliche Farbigkeit des seit dem Ersten Weltkrieg in Deutschland als nationale Ikone verehrten vielflügeligen Altars (s. S. 101–104). Darunter befinden sich auch Details der Kreuzigung und der Auferstehung, die zur affektiven Wirkung beigetragen haben dürften, kamen die Zuschauer doch dadurch der Christusfigur ungewöhnlich nah.

Obwohl derzeit nur punktuelle Hinweise auf den Einsatz farbiger Dias im religiösen Kontext vorliegen, so steht doch zu vermuten, dass dort im Unterschied zu der universitären Kunstgeschichte die affektive Adressierung gläubiger Christen durch farbige Projektionen berühmter Kunstwerke im andachts-

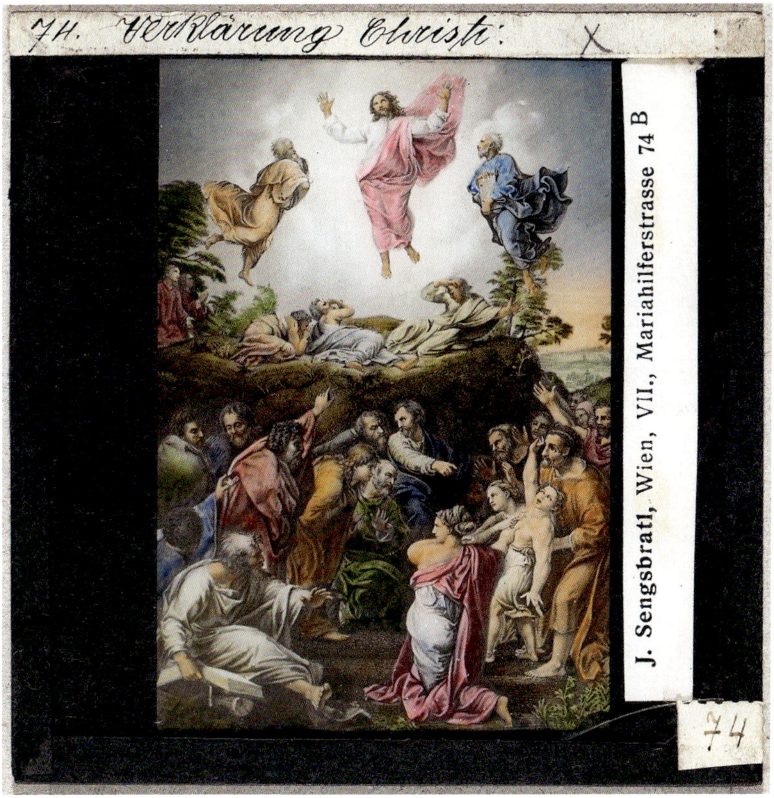

Abb. 10: Raffael, Transfiguration, koloriertes Dia mit Fehlfarben

vollen Dunkel nicht gefürchtet wurde, sondern durchaus willkommen war. Die Diaprojektion der Farben lässt die Kunstwerke in geradezu überirdischem Licht erscheinen, den farbigen Glasfenstern in den Kirchen vergleichbar. Den Vergleich zu farbigen Kirchenfenstern wählte auch Edward J. Steichen in Alfred Stieglitz' legendärer Fotozeitschrift »Camera Work«, um die Wirkung der Autochromplatten zu beschreiben.[62] Walter Benjamin hielt in seiner berühmten Schrift »Das Kunstwerk im Zeitalter seiner technischen Reproduzierbarkeit« eine Äußerung des französischen Filmpioniers Abel Gance aus dem Jahr 1927 für erwähnenswert, der zufolge Gance dem Medium Film zuschrieb, »alle[n] Religionen [...] ihre belichtete Auferstehung« zu gewähren.[63] Die Äußerung bezog sich zwar auf den Schwarz-Weiß-Film, lässt sich aber mindestens genauso treffend auf farbige Lichtbildprojektionen beziehen. Der gemeinsame Konver-

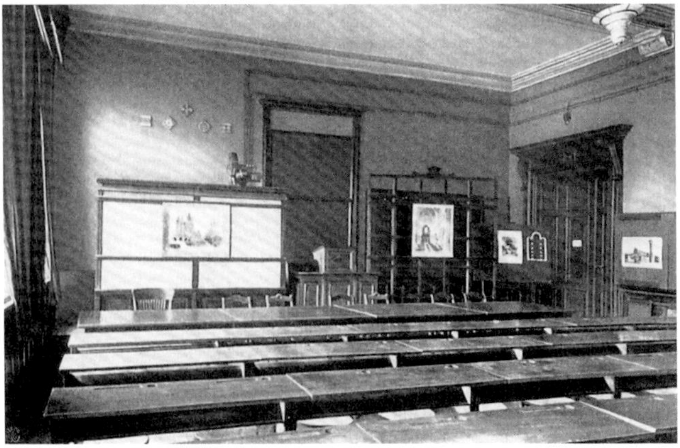

Abb. 11: Vorlesungssaal, Kunsthistorisches Institut, Universität Leipzig

genzpunkt ist die Wirkmacht der gewissermaßen immateriellen Erscheinung der Bilder im Nirgendwo des dunklen Raums.

An dieser Wirkmacht der Projektionen partizipierte auch die Kunstgeschichte, allerdings gewissermaßen gedrosselt – in Schwarz-Weiß. Die Rekonstruktion des Einsatzes von Dias[64] erweist sich als besonders schwierig, weil die Bestände in Lehrzusammenhängen immer wieder erneuert und entsprechende Veränderungen meist nicht festgehalten wurden und die Diaproduktion zudem oft undatiert blieb. »1870 kam das Skioptikon, der sogenannte ›Nebelbilder-Apparat‹, auf den Markt«.[65] Bisher ist zwar über dessen Nutzung für die Parallelprojektion als Instrument kunstgeschichtlichen Vergleichens gearbeitet worden, farbige Lichtbilder wurden jedoch nicht in Erwägung gezogen.[66] Die Diaprojektion, die von Pionieren wie dem Berliner Ordinarius Hermann Grimm um 1891 eingeführt[67] wurde, galt als Revolution universitärer Vorlesungen (Abb. 11), weil auf diese Weise alle – inklusive des Vortragenden – die Bilder gleichzeitig sehen konnten.[68] Es ist davon auszugehen, dass keiner der für ihre Veranstaltungen mit Diaprojektionen bekannten Akademiker – weder Herman Grimm noch Bruno Meyer oder Heinrich Wölfflin – farbige Dias einsetzten. Gleichwohl waren die Projektionen offenbar geeignet, das »Werkerlebnis über das Original triumphieren« zu lassen.[69] Daran mag neben der überwältigenden Größe und Isolierung der projizierten Werke in einem dunklen Raum auch die Modernität des ungreifbaren Mediums beteiligt gewesen sein, verbreitete sich doch auch die Filmprojektion seit der ersten Aufführung der Brüder Lumiere 1896 rasant. Überliefert ist, dass Wölfflin in seinen Vorlesungen mit Lichtbildern eine hochkonzentrierte Situation erzeugte und seine

Formulierungen, die ohne Manuskript im Angesicht der projizierten Kunstwerke entstanden, hohe Intensität besaßen.[70] Auch andernorts, wo die Diaprojektion in der kunstgeschichtlichen Lehre zum Einsatz kam, wurde mit schwarz-weißen Aufnahmen gearbeitet, so dass Generationen von Kunsthistoriker*innen in diesen spezifischen Erlebnisräumen durch Vorlesungen und Seminare an schwarz-weißen Projektionen geschult wurden. Jedenfalls haben sich in Diatheken der universitären kunstgeschichtlichen Institute im deutschsprachigen Raum bislang keine farbigen Bestände aus der Zeit vor 1933 auffinden lassen.[71] Die Wissenschaft scheute offensichtlich die als Jahrmarktseffekt geschmähten Farbprojektionen und suchte den Weg einer gewissermaßen seriösen Affizierung.

»Lebendige Farbe«

Zugleich stand außer Frage, dass erst die Farbe der künstlerischen Form »Leben einhaucht«. Die Farbe, so heißt es etwa bei Diderot, »ist der göttliche Hauch, der alles belebt«.[72] Der klassizistische Landschaftsmaler Philipp Hackert schrieb im Teutschen Merkur über ein Gemälde Wilhelm Tischbeins: »Sie wissen, wie sehr eine gute Farbe in einem Bilde bezaubert, und demselben Leben und Wärme einflößt«.[73] Ein farbloses Bild erschien demnach tot. Die Tradierung des facettenreichen Topos von der Belebung des Bildes durch Farbe hat jüngst Frank Fehrenbach in einer quellengesättigten Studie für die Renaissance und den Barock gezeigt.[74] Gleichwohl erwies sich in der Geschichte der Kunsttheorie die Bedeutung der Farbe für die Malerei im Verhältnis zur Zeichnung und zum Kontur immer wieder als Gegenstand heftiger Kontroversen. In ihnen ging es stets um die Domestizierung der Farbe. Als sich die Französische Akademie im Verlauf des 17. Jahrhunderts etablierte und eine normative Funktion für die Kunst und die Künstlerausbildung beanspruchte, formierten sich bekanntermaßen zwei oppositionelle Lager. Während die Traditionalisten den Primat der Linie und der konturbetonten Malerei vertraten, verteidigten die Modernisten eine stärkere Emanzipation der Farbe von der Linie. Die Argumente dieses als »Querelle des Anciens et Modernes« in die Literatur eingegangenen Streits sind von Jacqueline Lichtenstein[75] u. a. ausführlich dargelegt, ihre genderspezifischen Zuweisungen etwa von Verena Krieger[76] diskutiert worden. Noch Charles Blanc, Begründer der »Gazette des Beaux Arts« und Direktor der École des Beaux Arts in Paris, wertete die Farbe in seiner einflussreichen »Grammaire des arts et du dessin« von 1867 als Gefährdung der Malerei. Mit Blancs verbreitetem Lehrbuch der Bildkünste setzten sich selbst Maler auseinander, die – wie Vincent van Gogh oder Georges Seurat – zum Inbegriff moderner, aus der

Farbe heraus arbeitender Künstler zählten. Wenn die Zeichnung die Vorherrschaft über die Farbe verliere, so Blanc, werde die Malerei »durch die Farbe verdorben wie die Menschheit durch Eva«. Dieser Bedrohung durch eine Libertinage der Farbe wollte der Autor durch strenge »Gesetze« begegnen. Die Farbe übernehme in der Kunst »die Rolle des Weiblichen, die Rolle des Gefühls; dem Kontur unterworfen, so wie das Gefühl der Vernunft unterworfen werden muß« trage sie jedoch »zum Charme eines Werkes bei«. Die Farbe, so resümierte Blanc, »ist relativ, während die Form absolut ist«.[77] Die lange Vorgeschichte dieser Dispute um die unbotmäßige Befreiung der Farbe von den Fesseln der Form ebenso wie ihre Abhängigkeit von der Umgebung trugen Farben den Ruf ein, unberechenbar zu sein, Eigenschaften, die als feminin bewertet wurden. Derartige polemische Zuschreibungen gehörten im 19. Jahrhundert zu den gängigen Klischees und wurden auf die Farbfotografie übertragen.

Zwar gab es die Grisaille vermutlich schon in der Antike[78] und berühmte Gründungsmythen der Malerei basieren auf dem Schattenriss,[79] doch letzterem ist wie dem Abdruck stets eine Absenz, ein Verlust bzw. Verzicht eingeschrieben.

Die Kontroversen um die Farbe waren zwar im Zeitalter der Fotografie noch keineswegs beendet, doch in dem Maße, wie die Fotografie die Abbildung der Dinge übernahm, konnte die Farbe sich in der Malerei aus den akademischen Traditionen lösen und zum eigenständigen Akteur werden. In dieses Feld gehören Maler wie William Turner, John Constable, Eugène Delacroix oder später dann die französischen Impressionisten, die deutschen Expressionisten oder gar die Abstrakten, um nur einige Beispiele herauszugreifen. Ihren Gemälden konnte die Schwarz-Weiß-Fotografie am wenigsten entsprechen.

Auch der englische Kunstschriftsteller John Ruskin, Zeit seines Lebens ein starker Advokat der Farbe, deren unvergleichliche, die Imagination stimulierenden Möglichkeiten er insbesondere in Turners Malerei realisiert sah, vertrat eine im Vergleich zu vielen Akademikern ungewöhnliche Haltung. Ruskin kritisierte die idealistische Ästhetik und die »modernen Schwärmer der Schule von Overbeck«[80] als ebenso material- wie farb- und leblos. So monierte er »Versuche, die besonders von den metaphysischen Deutschen betrieben werden, die Gegenstände zu betrachten, ohne die Farbe wahrzunehmen, so als ob die Farbe eine vulgäre Sache wäre, eine Haltung, die letztlich darin mündet, daß diese Gelehrten überhaupt nichts wahrnehmen«.[81] Ruskins Position wurde von der akademischen Kunstlehre in Deutschland ignoriert, für die farbige Erscheinungen offenbar ebenso wie die Pigmentfarben und die übrigen künstlerischen Materialien zu den zwar notwendigen, aber vernachlässigenswerten Faktoren zählten.

Domestizierungsversuche

Lange vor der Erfindung der Fotografie oder gar der Farbfotografie gehörte Farbe zu den auch in Nachbardisziplinen wie der Philosophie ebenso wie in Teilen der Naturwissenschaften umstrittenen Kategorien. Nachfolgend seien einige Hinweise auf den aus ganz unterschiedlichen Gründen prekären Status der Farbe gegeben. Im 17. Jahrhundert waren an der Neujustierung von Vorstellungen, was Farbe sei, vor allem die Optik und die Philosophie beteiligt. Der Philosoph und Naturwissenschaftler René Descartes charakterisierte Farben nicht länger als objektivierbare Eigenschaften von Gegenständen, sondern als subjektive Wahrnehmungsphänomene. Der Mathematiker und Philosoph Isaac Newton berechnete die Farben des Regenbogens gar als Folge der unterschiedlichen Brechungen des weißen Lichtes, was allem Augenschein zu widersprechen schien. Messbar wurden Farben als fest definierte spektrale Wellenlängen erst im Verlauf des 19. Jahrhunderts.

Aber nicht allein Lichtfarben gaben Rätsel auf. Sogar Pigmentfarben schienen aufgrund ihrer chemischen Veränderung im Licht gleichermaßen trügerisch und verführerisch.[82] Ein extremes Beispiel hielt der Maler und Kunstschriftsteller Arnold Houbraken in seiner »Großen Schauburg der niederländischen Maler und Malerinnen« über seinen Malerkollegen Ludowyk Smits für überlieferungswürdig. Das »Schittgelb und Spangrün« in den Landschaftsbildern und Stillleben des Malers hätten sich so schnell ins farblose Grau verflüchtigt, dass er als Betrüger angeklagt worden sei, der nur abgestorbene Kunstwerke geliefert habe.[83] Selbst auf der materiellen Ebene der Pigmente war demnach der Farbe nicht zu trauen.

Zu den großen Problemen zählte, dass »color terminology was far from standardized«. Das brachte in der Vormoderne enorme Ungleichheiten bei der händischen Kolorierung druckgrafischer Illustrationen mit sich. Wie vereinzelte Kolorierungen der Holzschnittillustrationen in den berühmten Pflanzenpublikationen des Mediziners und Botanikers Leonhart Fuchs nahelegen, wurden sie erst auf Bestellung in Auftrag gegeben.[84] Da auch die Farbenherstellung keiner Normierung unterlag, variierte die Farbigkeit, wie Sachiko Kusukawa zeigen konnte, von einem Exemplar zum anderen oft beträchtlich.

Im Zusammenhang mit der Entwicklung von naturwissenschaftlichen Klassifikationssystemen im 18. Jahrhundert wies Michel Foucault in »Die Ordnung der Dinge« auf den Ausschluss der Farbe hin. Trotz der Privilegierung des Sehsinns für die neuen Ordnungen war demnach »nicht alles von dem nutzbar, was sich dem Blick anbietet«.[85] Für die Naturgeschichte würden, so Foucault, die »durch die Augen gewonnenen Repräsentationen […] von allen Ähnlichkeiten befreit und sogar von ihren Farben gereinigt«,[86] um so das hervorzubringen, war »ihren eigentlichen Gegenstand bildet: das genau, was sie in jene wohlgeformte Sprache übergehen läßt, die sie bauen will«.[87] Zu den Farbverächtern gehörte auch der schwedische Botaniker und Zoologe Carl von Linné, der im 18. Jahrhundert die Grundlagen der modernen Taxonomie der Pflanzen schuf. Denn die Farben entzögen sich aller objektivierbaren Faktoren »der Zahl, der Gestalt, der Proportion, der Situation«.[88] Ihre Varianz war so irritierend, dass sie der Systematisierung abträglich schien. Entsprechend wollte Linné die farbige Kolorierung der Illustrationen unterbunden sehen und appellierte an seine Verleger: »Sie müssen ihre Illustratoren daran hindern, zufällige Merkmale wie die Farbe festzuhalten, im Gegensatz zu wesentlichen, also Anzahl, Form, Proportion und Position«.[89]

Im späten 19. und frühen 20. Jahrhundert befasste sich vor allem die in Deutschland stark vertretene Psychophysik auf experimenteller Grundlage mit der Objektivierung von Farben. Gustav Theodor Fechner, der als Begründer der Psychophysik gilt, folgte unter Verweis auf Eggers Kunstblatt der unter Wissenschaftlern gängigen Annahme, »die Farbe sei [...] gegenüber der Gestalt als unwesentlich und zufällig anzusehen«. Allerdings relativierte er dies, indem er darauf hinwies, die Farbe gebe dort »Charakteristik in Bestimmungen, wozu die Gestalt selbst nicht reicht. Die Röthe oder Blässe einer Wange«.[90] Als Indikator einer inneren, psychischen Regung war die Farbe des Inkarnats in der Malerei natürlich von jeher bedeutsam.

Zahlreiche empirische Untersuchungen und Experimente versuchten auch die (psycho)somatischen Qualitäten der Farbwahrnehmung zu objektivieren. Die physiologischen Reize, die das als Farbe auftretende Licht einer bestimmten Wellenlänge im Auge auslösen, wurden als unmittelbare, unwillkürliche Berührungen beschrieben. Doch aus den physikalisch messbaren Lichtreizen ließen sich in den Versuchen keine eindeutigen Korrelationen zu den Farbempfindungen ableiten. Wilhelm Wundt, der sich eingehend mit den psychosomatischen Beziehungen befasste, begründete die individuell unterschiedlichen Effekte der Farben mit ihrer Tendenz durch »Beziehungen zu mannigfaltigen Bewußtseinsinhalten eine complexe Gefühlsreaction« hervorzubringen.[91] Die damit einhergehenden Vorstellungen von den Aktivitäten der Farben schienen Formen ebenso zu bedrohen wie andere rationale Ordnungen. Denn im zeitgenössischen Verständnis oszillierten die »mentalen Erfahrungen« zwischen anthropologischen Konstanten (Blut ist rot, Vegetation ist grün) und individuell vollkommen verschiedenen, unkontrollierbaren Erlebnissen bzw. Erinnerungen, die sich den Farben anlagern und gewissermaßen als deren Eigenschaft betrachtet werden.

David Katz ging in seiner groß angelegten Untersuchung zur Farbenwahrnehmung »Die Erscheinungsweisen der Farben und ihre Beeinflussung durch die individuelle Erfahrung« aus dem Jahr 1911 auf die Rolle von »Gedächtnisfarben« ein. Darunter verstand er das Zuordnen einer Farbe zu einem Gegenstand aufgrund von Erfahrungen. Demnach könne das Erfahrungswissen die Wahrnehmung einer Farbe erheblich verändern. Katz' Untersuchung betraf zwar nur das Farbgedächtnis in Bezug auf alltägliche Dinge, doch belegten die experimentellen Untersuchungen die Situationsgebundenheit der Farbwahrnehmung. Auch Fechner betonte den »associative[n] Charakter« der Farbeindrücke: »Es ist in dieser Beziehung mit den Farben wie mit mehrdeutigen Worten. Ihre associative Bedeutung muß aus dem Zusammenhange erhellen. Nur sind die Farben allgemeingesprochen vieldeutiger als die Worte«.[92]

Noch in den wahrnehmungsphysiologischen Experimenten der 1920er Jahre erwies sich Farbe als ein vieldeutiges »Wesen mit Ausdruck und Lebendigkeit«, das beständig mit dem Betrachter interagiert. Diese Lebendigkeit sei die Folge eines »Ineinander und Durcheinandergegebensein des Farbigen und Ausdrucksmäßigen«.[93] Derartige Befunde der empirischen Wissenschaften entsprachen der jahrhundertelang gepflegten Einschätzung der Farbe als einer subjektiven, veränderlichen und lebendigen, mit Maß und Zahl nicht domestizierbaren Größe, die daher in den Wissenschaften keinen Ort hatte.

Unzuverlässige Farbreproduktionen

Die farbige Fotoreproduktion von Kunstwerken war also – wie zuvor die Farbe insgesamt – in ein kontroverses Geflecht von Zuschreibungen unterschiedlicher Art eingebunden. Es gab durchaus faktische Gründe, der Farbfotografie und der Farbreproduktion kritisch gegenüberzustehen. Im wissenschaftlichen Kontext erwies sich das Argument der fehlenden Farbentreue und Farbenkonstanz von Reproduktionen als Dauerbrenner und wurde trotz zahlreicher technischer Verbesserungen lange Zeit als probates Argument gegen farbige Reproduktionen insgesamt aufrechterhalten. Über mehrere Jahrzehnte koexistierten unterschiedliche, geradezu alchemistisch zu nennende Aufnahme- und Reproduktionsverfahren. Sie zu charakterisieren und zu differenzieren fiel selbst Fachleuten mitunter schwer.[94] »Die Gesamtheit der modernen Reproduktionsverfahren gleicht einem Urwalde [...] Die Verwirrung wird zu einer babylonischen dadurch, daß die technischen Bezeichnungen [...] auch innerhalb derselben Sprache mannigfaltig und schwankend sind«.[95]

Lena Bader konnte rund 160 verschiedene Reproduktionen der beiden Versionen von Hans Holbeins Madonna des Bürgermeisters Meyer nachweisen, die im Zusammenhang mit dem sogenannten Holbeinstreit seit den 1870er Jahren zirkulierten. Neben den vielen grafischen Vervielfältigungsarten – Radierung, Umrissstich, Holzstich usw. – zeigen einige von ihnen Farbvarianten, die nachvollziehen lassen, dass sich die strittige Frage, welches von zwei Gemälden das Holbein'sche Original sei, auch anhand von Farbreproduktionen nicht entscheiden ließ.[96]

Die fotografische Apparatur, die mehr umfasste als die Kamera, garantierte keine konstanten Farbergebnisse. Eine Vielzahl von Faktoren, von der Art der Beleuchtung und der Dauer der Belichtung über die chemische Zusammensetzung der lichtempfindlichen Schicht, die Art der Platten bis hin zu den Papieren und den Farben des Reproduktionsdrucks, wirkte zusammen und beeinflusste die Ergebnisse. Der Maler und Fotograf Edward J. Steichen nannte mehrere Farbreproduktion, die er 1908 in Alfred Stieglitz' berühmter Fotozeitschrift »Camera Work« publizierte, »by far the best reproductions that have been made from Autochromes up to the present«, nur wisse er noch nicht, inwieweit sie dem Vorbild entsprächen.[97]

Fotografische Farbreproduktionen widersetzten sich also zunächst dem, was Bruno Latour in seinem vielbeachteten Aufsatz »Drawing Things Together« als Bedingung für ein in der Neuzeit erfolgreiches wissenschaftliches Verfahren bezeichnete, nämlich gleichzeitig *movable* und *immutable* zu sein.[98] Während die Schwarz-Weiß-Fotografie als chemischer Abdruck mittels Licht gegenüber älteren handwerklichen Reproduktionstechniken als unveränderlich und unübertrefflich genau gerühmt wurde und damit dem allgemeinen Wissenschaftspostulat, das heißt der Wiederholbarkeit und Zeichenkonstanz weitgehend entsprach, traf dies für die Farbfotografie nicht zu. Sie war zwar beweglich, aber obwohl zahlreiche Verfahren höchste Originaltreue versprachen, bestand die Farbreproduktion oft aus der Kombination von fotografischer Aufnahme und ihrer händischen drucktechnischen Übersetzung. Das bedeutete, dass die Druckplatten immer wieder neu händisch eingefärbt werden mussten und die Ergebnisse je nach Sensibilität und Geschicklichkeit des Druckers mehr oder weniger sichtbare Unterschiede untereinander wie zum Vorbild aufwiesen. Ein wissenschaftskonformes Verfahren war als Grundlage kunsthistorischer Arbeit jedoch insofern relevant, als die Arbeitsinstrumente der universitären Kunstgeschichte Vergleichen mit anerkannten, naturwissenschaftlichen Disziplinen, die, wie die Medizin, Geologie oder die Biologie, ebenfalls mit Fotos arbeiteten, methodisch standhalten mussten. Von Techniken, die im Ruf standen, unzuverlässig zu sein, suchte sich die Kunstgeschichte daher ebenso zu distanzieren wie von connaisseurhafter Empathie.

Doch trotz der berechtigten Kritik an vielen Farbreproduktionen war es – wie bereits gesagt – nicht allein deren Mangel an technischer Qualität und Farbentreue, die sie unzuverlässig erscheinen ließen und unter Fachwissenschaftlern Ablehnung hervorriefen. Denn kaum hatte sich die zuvor bemängelte

Farbqualität etwa dank des Dreifarbenlichtdrucks verbessert und als akzeptabel erwiesen, kam Kritik aus der entgegengesetzten Richtung: Fachleute sprachen nun von der Gefahr eines Faksimiles, das mit dem Original verwechselt werden könne und daher dessen Status gefährde (s. S. 96-98).[99]

Dieser lange währende Farbverzicht der wissenschaftlichen Kunstgeschichte lässt sich nicht allein mit den technischen Unzulänglichkeiten und Varianten in der Farbwiedergabe oder den zweifellos z.T. erheblich höheren Kosten für Farbaufnahmen und Farbreproduktionen begründen. Vielmehr war daran auch jenes oben dargelegte Bündel an Vorbehalten gegenüber der Farbe beteiligt, die erheblich älter waren als die Fotografie.

Klarheit in Schwarz-Weiß

Im Unterschied zur Farbreproduktion konnte das schwarz-weiß illustrierte Kunstbuch der Moderne trotz des neuartigen Authentizitätsanspruchs der technisch generierten Bilder problemlos an die Tradition der mit Kupferstichen, Radierungen oder Holzstichen illustrierten Kunstbücher anschließen.[100] Unter Kunstbüchern werden hier im Sinne von Francis Haskell jene Publikationen verstanden, die im Unterschied etwa zu den Künstlerviten eines Giorgio Vasari oder Sammlungsgeschichten dem Anspruch auf eine wissenschaftliche Behandlung der Kunstwerke verpflichtet sind.[101] Die Abbildungen in Kunstbüchern konzentrieren sich dementsprechend weder auf die Künstlerpersönlichkeit noch auf eine museale Sammlung, sondern widmen sich den Kunstwerken selbst. »Die schwere Geburt des Kunstbuchs«[102] datierte Haskell in das 17. Jahrhundert.

In welchem Maß die Reproduktionsweise mit den Interessen des Autors verschränkt waren, welche epistemischen Qualitäten also den Abbildungen eignen, mögen einige Hinweise auf mediale Übersetzungen von Kunstwerken in grafische Medien geben.[103] Es entsprach der idealistischen Konzeption von Johann Joachim Winckelmanns epochemachender »Geschichte der Kunst des Altertums«, die antiken Werke der Skulptur durch Umrissstiche darzustellen (Abb. 12). Sie heben allein die Form hervor, während sie die plastischen Qualitäten der Werke ebenso wie die Materialien und Texturen der Oberflächenbearbeitungen ausblenden.[104] Diese formale Reduktion dreidimensionaler Skulpturen auf eine magere dunkle Umrisslinie korrelierte mit Winckelmanns idealistischem Credo und seinem Bemühen, selbst den weißen Marmor klassischer Arbeiten sprachlich zu de-materialisieren.[105]

Auch Séroux d'Agincourts zwischen 1810 und 1823 erschienene Publikation mit dem programmatischen Titel »Histoire de l'art par les monuments« schuf

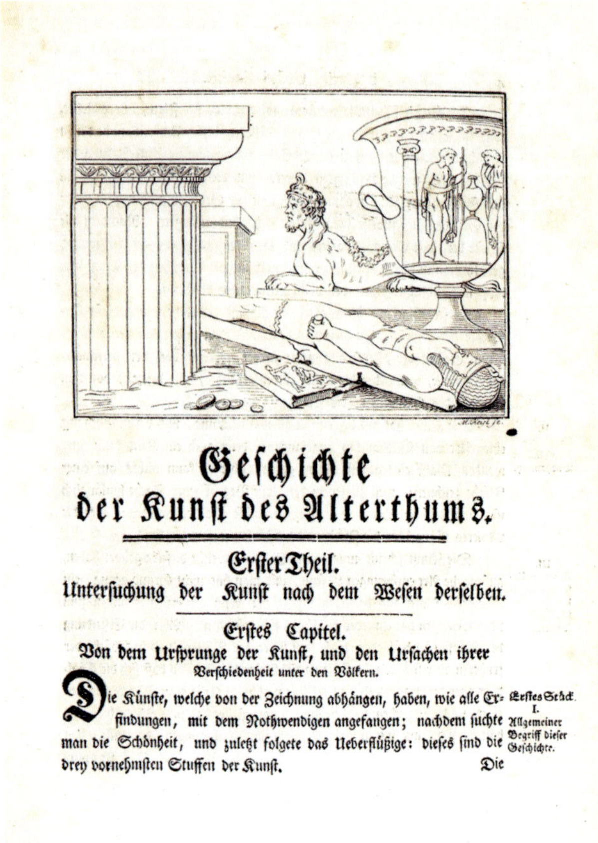

Geschichte der Kunst des Alterthums.

Erster Theil.

Untersuchung der Kunst nach dem Wesen derselben.

Erstes Capitel.

Von dem Ursprunge der Kunst, und den Ursachen ihrer Verschiedenheit unter den Völkern.

Die Künste, welche von der Zeichnung abhängen, haben, wie alle Erfindungen, mit dem Nothwendigen angefangen; nachdem suchte man die Schönheit, und zuletzt folgete das Ueberflüßige: dieses sind die drey vornehmsten Stuffen der Kunst. Die

Erstes Stück. I. Allgemeiner Begriff dieser Geschichte.

Abb. 12: Umrissradierung aus J. J. Winckelmann, Geschichte der Kunst des Alterums, 1764

in den beiden der Malerei gewidmeten Bänden Klarheit durch Reduktion. Bilder und Bildausschnitte von Fresken, Ölgemälden und der Buchmalerei stehen im Medium klar konturierter Stiche vergleichend nebeneinander. Diese »visuelle Konstruktion der Stilgeschichte«[106] wie sie z. B. in dem Blatt »Fortschritt des Ausdrucks in der Malerei, 12. bis 16. Jahrhundert« (Abb. 13) in Erscheinung tritt, basiert auf der Reduktion physiognomischer Charakteristika aus unterschiedlichen Medien auf lineare Hell-Dunkelwerte. Obwohl Séroux nicht selbst zeichnete, sondern Zeichner beauftragte und Stecher engagierte, die die Zeichnungen in Radierungen übersetzten, ließ das Verfahren den Ab-

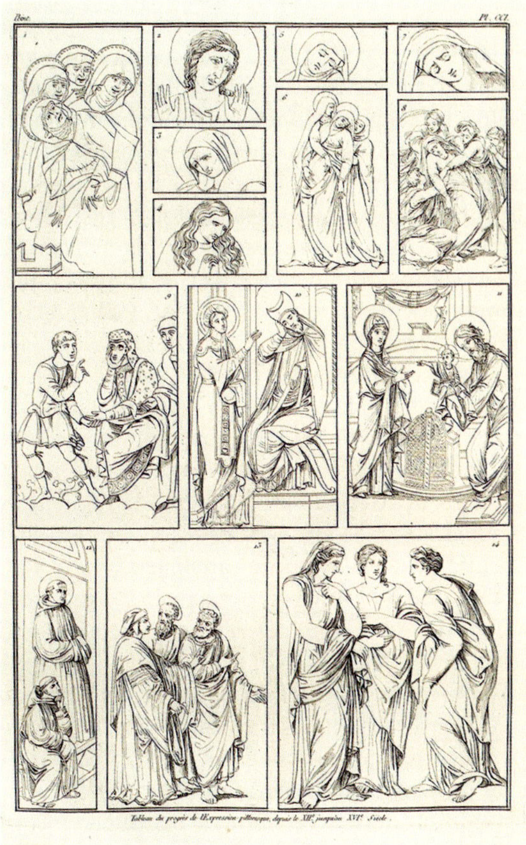

Abb. 13: Der Fortschritt des Ausdrucks in der Malerei, Radierung aus J.-B. Séroux d'Agincourt, Histoire …, Bd. 6, 1823

sichten des Buchautors entsprechende Akzentuierungen zu. Daniela Mondini konnte dies an Darstellungen zeigen, in denen Séroux – dem Prinzip Winckelmanns folgend – etwa die »Natur der Ruhe« auch bei Motiven forciert habe, die eher emotionale Bewegtheit erforderten.[107] Den »dokumentarischen Wert«, habe für Séroux, so Mondini, der Umrissstich dank seiner »Ähnlichkeit mit einer Pause« verkörpert. Das »Paradox, das Visualisierungen von wissenschaftlichen Abstraktionen innewohnt«, bestehe darin, dass sie »ein authentisches Abbild durch Unähnlichkeit« herstellten.[108] Die Abstraktion von der Materialität und Farbigkeit der medial heterogenen Werke zugunsten weniger, in einheitlichem Schwarz gedruckter Linien beförderte die physiognomische Vergleichbarkeit der Figuren. Erst eine derartige Übersetzung generierte Sérouxs These vom »Fortschritt des Ausdrucks« von lebhaften zu den »sanften und beruhigten« Darstellungen von Emotionen im Verlauf von fünf Jahrhunderten.[109]

In ihrer Studie zum Verhältnis von Kopie und »Übersetzung« im Bereich der Kunstreproduktion resümierte Ulrike Keuper die Position des notorischen Farbverächters, des bereits zitierten französischen Kunsthistorikers Charles Blanc, in Bezug auf grafische Reproduktionstechniken folgendermaßen: Ihm zufolge sei »Der Verlust der Farbe […] ein *Gewinn* an Klarheit«.[110] Keuper führt zwar auch Gegenpositionen an, die in der Fotografie als einem nicht linienbasierten Reproduktionsmedium eine Alternative zu dem von Blanc favorisierten Kupferstich sahen – wie etwa Adolphe Eugène Disdéri; doch spielte auch für Disdéri Farbe keine Rolle, sondern vielmehr die fotografische Übersetzung in Flächenwerte. In Blancs Sicht, die noch nahezu einhundert Jahre lang maßgeblich bleiben sollte, konnte die Repräsentation eines Gemäldes als Komposition eines linearen Gefüges, als Gerüst von Formen, als Tektonik, als Chiaroscuro oder als zentralperspektivische Vermessung des Raums erfolgen, aber nicht als Verteilung von Farbwerten. Das ist symptomatisch.

Nur äußerst selten findet sich neben derartigen Formenanalysen auch einmal die Farbenanalyse eines Gemäldes. Zu den Ausnahmen zählt Johannes Itten, der als bildender Künstler und Kunstpädagoge 1921 am Weimarer Bauhaus in seiner »Analyse alter Meister« bekannte Gemälde, wie Meister Franckes »Anbetung«, in den Blick nahm. Neben der linearen Formdiagnose (Abb. 14) untersuchte Itten die Farbkompositionen mit Pinsel und Farbe und publizierte sie auch farbig (Abb. 15). Im Allgemeinen jedoch wurden Farben, die eine eigene kompositorische Ordnung generieren und die der linearen Formen überlagern können, so dass die Gesamtkomposition eine komplexere Verschränkung aus Farb-Formen ergibt, als Störfaktor betrachtet, der die Klarheit der Untersuchung gefährdet. In der Konsequenz schien die druckgrafische Reproduktion das Gemälde, nach dem sie entstand, und damit das Nachbild das Vorbild sogar zu übertreffen.[111] In dieser Tradition stand auch die fotografische Schwarz-Weiß-Reproduktion im Kunstbuch.

Entsprechend wunderte sich der Leiter der Dresdner Kunstsammlungen und oberste Museumsbeamte in Sachsen, Woldemar von Seidlitz, in seiner im Jahr 1900 erschienen Monografie »Über Farbgebung«, »wie wenig Gewicht […] man überhaupt auf die farbige Erscheinung eines Bildes [legt]«. Er vermutet, dass sich »infolge unserer Gewöhnung an die farblosen Wiedergaben durch Stich und Photographie mehr und mehr die Anschauung herausgebildet [hat], als stelle die Farbe […] nur einen nebensächlichen, also untergeordneten Bestandteil des Ganzen dar«.[112]

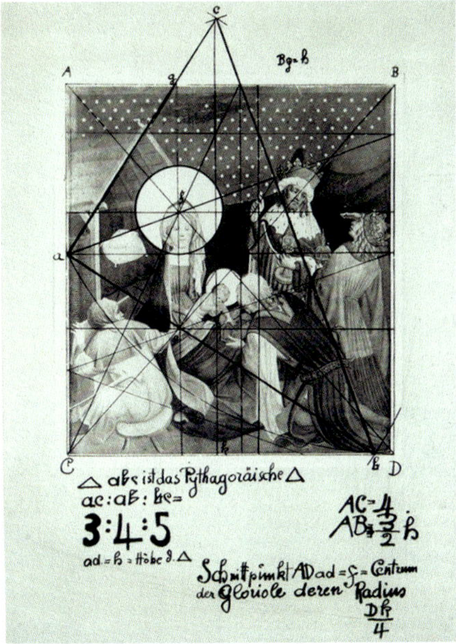

Abb. 14: J. Itten, Kompositionsgerüst von Meister Franckes Anbetung, Lithografie aus Analyse Alter Meister, 1921

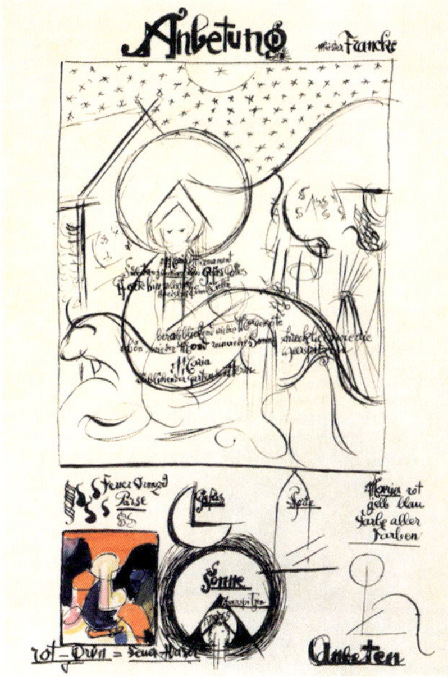

Abb. 15: J. Itten, Kompositions- und Farbanalyse von Meister Franckes Anbetung, Lithografie aus Analyse Alter Meister, 1921

Noch deutlicher wurde Arthur Seeman vom gleichnamigen Leipziger Verlag, der für seine Farbreproduktionen bekannt war, in einem Bericht über den Leipziger Kunsterziehertag 1902 in der »Zeitschrift für bildende Kunst«: Seemann stellte mit Befremden fest: »Die Kunstgeschichte lehrt […], daß die Farbe nicht ein integrierter Bestandteil der malerischen Kunst ist.« Das sind aufschlussreiche Beobachtungen aus der Perspektive außeruniversitärer Kunstvermittler, die, gerade weil sie sich auch an ein breiteres Kunstpublikum richteten, die Farbe im Blick hatten. Im Hinblick auf das Reproduktionsverständnis legt Seemann nach: »heutzutage will ja jeder dokumentarische Treue um jeden Preis«, womit natürlich die Fotografie gemeint war. Doch relativierte er dieses dokumentarische Verlangen sogleich wieder, denn »die Ansicht, daß die Farbe vollständig umgesetzt werden müsse, damit das Abbild eine treue Vorstellung vom Original gebe, dürfte […] einstweilen noch vielfachem Widerspruch begegnen«.[113] Das heißt, auch Seemann registrierte, dass die schwarz-weiße Reproduktion demnach nicht nur als Mangel, sondern auch als Gewinn beurteilt wurde. Mit seinem Hinweis auf die positive Bewertung der Schwarz-Weiß-

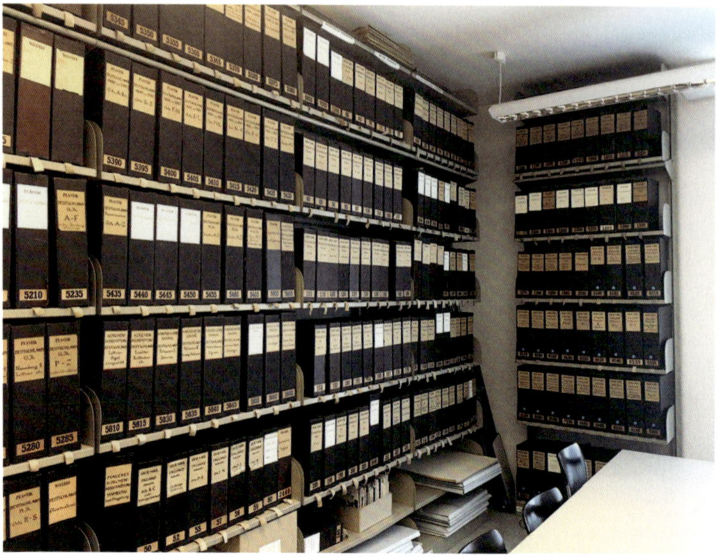

Abb. 16: Fotothek,
Kunstgeschichtliches Seminar der Universität Hamburg

Reproduktionen dürfte Seemann zwei Gruppen adressiert haben: zum einen das gebildete Bürgertum, forcierte doch die Verbreitung von bunten »billigen Bildern«[114] die Skepsis bei den sogenannten Gebildeten. Für sie gab das Erlebnis des Originals das soziale und ästhetische Distinktionsmerkmal ab. Zum anderen dürfte sich Seemanns Äußerung an Kunsthistoriker gerichtet haben, für die der Verzicht auf Farbe mit der dadurch gewonnenen »Reinheit und Klarheit« der Reproduktion belohnt wurde,[115] wie sie wissenschaftlich anerkannte Disziplinen praktizierten.

Jedenfalls baute die institutionalisierte Kunstgeschichte zunehmend monochrome Fotosammlungen aus. Über derartige Papiermuseen und Diaarchive, gefüllt mit Tausenden von schwarz-weißen Reproduktionen, dürfte im deutschsprachigen Raum zu Beginn des 20. Jahrhunderts jedes universitäre kunstgeschichtliche Institut ebenso wie zahlreiche Museen verfügt haben (Abb. 16). Foto- und Diasammlungen, über deren Bestände in den letzten Jahren von kunsthistorischer Seite intensiv zu forschen begonnen wurde,[116] boten die entscheidenden Grundlagen für Form- und Stilvergleiche, für Motivvariationen, Formwanderungen ebenso wie für die künstlerische Händescheidung. Sie bildeten, wie vielfach betont wurde, die Matrix der Kunstgeschichte als einer sich etablierenden universitären Wissenschaft.[117]

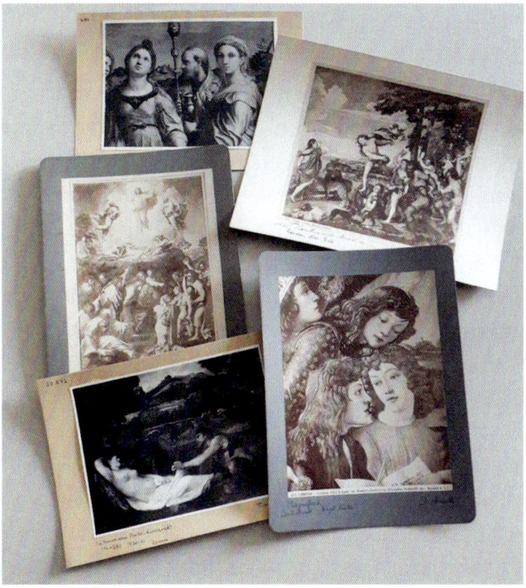

Abb. 17: Reproduktionen aus der Abteilung Italienische Malerei, Fotothek Kunstgeschichtliches Seminar der Universität Hamburg

So lange in den Kunstbüchern, den Dia- und Fotosammlungen der Institutionen farbige Reproduktionen fehlten, blieb im vergleichenden Sehen und allen anderen sich auf der Grundlage der neuen Verfügbarkeit der Fotos entwickelnden Methoden des Fachs die Farbe als Kategorie zwangsläufig ausgeblendet. Das war in den ersten Jahrzehnten der universitären Kunstgeschichte besonders folgenreich, als das dynamische Fach sein methodisches Profil entwickelte. Die Ausbildung künftiger Generationen von Kunsthistoriker*innen wurde notwendigerweise durch die Farblosigkeit entsprechender Studienmaterialien beeinflusst. Zwar verwies der Leipziger Kunsthistoriker August Schmarsow in seiner Schrift von 1891 »Die Kunstgeschichte an unseren Hochschulen« auf englische Farbreproduktionen von Kunstwerken: »Wir besitzen die farbigen Publikationen der Arundel Society«.[118] Doch war Schmarsows Position die Ausnahme; zudem handelte es sich bei den Editionen der »Arundel Society for Promoting the Knowledge of Art« zu diesem Zeitpunkt um Chromolithografien. Sie waren in England, wo Kunstgeschichte seinerzeit noch kein Universitätsfach darstellte, folglich auch keine klare Trennung zwischen wissenschaftlichen und populären Reproduktionen existierte, weitaus stärker akzeptiert als in Deutschland.[119]

Weißes Nachleben »bunter Götter«

Als besonders hartnäckig erwies sich die Farbabstinenz bei der Skulpturenfotografie, in der monochrome Reproduktionen bis heute dominieren. Da die Farbe von Skulpturen häufig diejenige der verwendeten Materialien ist, wurden mit den Farben auch die Materialien unterschlagen. Dadurch blieb die enorme Vielfalt skulpturaler Werkstoffe, wie sie Nicolas Penny 1993 systematisch aufgefächert hat,[120] lange Zeit ebenso unberücksichtigt wie etwa die Semantik einer bestimmten Metalllegierung oder Steinäderung. Allerdings ließ sich auf Kosten der Farben durch Streiflicht in der Fotografie auch eine Qualität wie die plastische Oberflächengestaltung hervortreiben.

Hermann Grimm, der an der Berliner Friedrich-Wilhelms-Universität in der Kunstgeschichte die Projektion mit dem Skioptikon einführte, meinte 1865, die »Fotografie leistet für Gemälde dieselben Dienste wie der Gyps für die Statuen«.[121] Grimms positiv gemeinter Vergleich zielte auf die Vervielfältigung, ist jedoch – wenn auch unbeabsichtigt – decouvrierend für den Umgang mit der Farbigkeit von Kunstwerken. Offensichtlich konnte Grimm von der hohen Akzeptanz weißer Gipsabgüsse ausgehen, die die Farblosigkeit antiker Skulpturen in einer Zeit propagierten, in der die Polychromie antiker Skulpturen durch immer weitere Funde unabweisbar geworden war. Dieses Ideal einer weißen Antike nutzte Grimm, um der Schwarz-Weiß-Fotografie von Gemälden als wissenschaftlichem Instrument Akzeptanz zu verschaffen.

Länger noch als in den anderen Gattungen – bis zum Ende des 20. Jahrhunderts – hielt sich Schwarz-Weiß in wissenschaftlichen Publikationen zur Skulptur als dominantes Abbildungsverfahren.[122] Ein wesentlicher Grund für die durchgängige Wertschätzung der Schwarz-Weiß-Fotografie von Skulpturen, der sich ebenso in den Gipsskulpturen ausdrückte, war das beharrliche Festhalten an einer weißen Antike. Die sich während des 19. Jahrhunderts rasant verdichtenden Nachweise der »bunten Götter«[123] in der klassischen Antike konnten das normative Antikenbild, das Winckelmann in seiner »Geschichte der Kunst des Altertums« mit unterschiedlichen Argumenten begründete, entgegen aller Evidenz nicht erschüttern.[124] Winckelmann pries dort sein Ideal, den »reinen«, weißen Marmor, zum einen als Material mit der höchsten Lichtreflexion, zum andern wegen der Ähnlichkeit mit der hellen Hautfarbe der Griechen, den seiner Ansicht nach schönsten Menschen des Altertums.[125] Dementsprechend lehnte der Autor die »barbarische Sitte des Bemalens von Marmor oder Stein«[126] strikt ab. Winckelmanns ethnische Ästhetik erwies sich vor allem im Hinblick auf die Färbung des Inkarnats von Aktfiguren als extrem dauerhaft.[127] Als während der zweiten Hälfte des 19. Jahrhunderts immer häufiger polychrome und polylithe Skulpturen auftauchten, garantierten Schwarz-Weiß-Abbildungen – ebenso wie die Gipsabgüsse – wenigstens in der medialen Vermittlung die Abstraktion vom Sinnlich-Konkreten.

Hilfen für das Farbgedächtnis

Ein praktisches Problem für die Entwicklung eines wissenschaftlichen Instrumentariums im Umgang mit der Farbe stellte das mangelhafte Farbengedächtnis dar. Vor der individuellen Verfügbarkeit der Farbfotografie waren Memorialtechniken für Farben begrenzt. Selbst wenn Gemälde inspiziert werden konnten, war damit noch nicht sichergestellt, dass deren Farben auch im Gedächtnis adäquat gespeichert wurden. Denn wie die Wahrnehmungsphysiologie gezeigt hatte, erwies sich das Wahrnehmen wie das Erinnern von Farben zum einen als licht- und kontextabhängig. Doch damit nicht genug an Variablen. Zum anderen ist auch die individuelle Farbwahrnehmung stimmungsabhängig und wird von Erfahrungen überlagert (s. o.). Kurz und nicht so gut: Das Farbgedächtnis ist unzuverlässig.

Diderot, dessen Salons als Meilensteine der Farbsensibilität gelten, klagte, dass ihn sein Gedächtnis im Stich lasse. Der Autor berichtete in den Salons über Bilder, die er in den Pariser Akademieausstellungen vor Ort selbst gesehen hatte. Aber beim Verfassen der Texte am heimischen Schreibtisch hatte er sie physisch nicht mehr vor Augen. Er schrieb also aus der Erinnerung und raisonnierte: »Wenn man doch das Gemälde, das man beschreiben will, noch vor sich hätte!«[128] Über den Salon von 1765 heißt es über seine Schwierigkeiten mit der visuellen Erinnerung: »Ich weiß nicht, ob ich hier nicht zwei Gemälde vermenge. Vergeblich [...] male und male ich in die Luft, vergeblich lasse ich meine Einbildungskraft in den Salon zurückschweifen«.[129] Der Autor war sich bewusst, dass sich in seiner Erinnerung Gesehenes mit anderen Eindrücken, mit Phantasien und Visionen, vermischt und überlagert. Was aus diesem Manko an objektiv fixierbaren Erinnerungen entstand, war die Aufwertung der Imagination zu einem rezeptionsästhetischen Faktor.

Gut 150 Jahre später, zu einem Zeitpunkt, als die Farbfotografie bereits verbreitet war, heißt es 1913 in einer Arbeit über »Rembrandts Farben«, es sei »ohne Unterstützung koloristischer Abbildungen« äußerst schwierig, »Farbenanalysen in Worten zu geben«.[130] Denn im Unterschied zum Kontur einer Figuration, zur Komposition oder dem Chiaroscuro lässt sich Farbe nicht mit den üblichen Schreibwerkzeugen, dem Bleistift oder der Feder, notieren; noch lässt sie sich mit anderen Mitteln vereinfachen oder abstrahieren, ohne ihre genuine Qualität einzubüßen. Das heißt, es existierte das Problem der Medialisierung von Farbe, also des Transfers und der Konservierung der Farberscheinungen bzw. der Farbeindrücke.

Als allgemein verfügbare Vermittlungsmöglichkeit bot sich nur die Schrift an. Der französische Landschaftsmaler Pierre-Henry de Valenciennes erläutert in seinem Lehrbuch der Malerei von 1799/1800 die Relevanz des Hilfsmittels für die Farberinnerung des Malers am Beispiel eines sich rasch verändernden Naturschauspiels: »Die Farben des Gewitters sind so verschieden und sind von den Umständen so abhängig, daß es unmöglich ist, sie genau zu beschreiben«. Gleichwohl empfahl Valenciennes den Malern, sich »Notizen von den Farben und den vielfältigen Effekten zu machen«. Denn die »Erinnerung kann nicht alle Details bewahren; nur der Bleistift oder die Feder allein können sie im Erinnerungsvermögen festhalten«.[131] Zwischen das flüchtige Naturerlebnis und dessen Neuschöpfung im Bild sollte die rasche Skizze vor Ort und die darin vermerkten Farbbezeichnungen als Erinnerungshilfe treten. Farbige Studien ließen sich schon aufgrund der Handhabung der Malmaterialien indessen nur bedingt vor Ort anfertigen.

Daher finden sich in den Skizzenbüchern zahlreicher Landschaftsmaler des 19. Jahrhunderts die mit dem Bleistift textlich notierten Farbeindrücke eines erlebten Augenblicks: bei dem wild skizzierenden und rasch notierenden William Turner ebenso wie bei dem säuberlich konturierenden Landschaftsmaler Heinrich Reinhold, der in seinen Zeichnungen ganze Farbpaletten einschließlich der Mischfarben detailliert auflistete.[132] So heißt es in einem Studienblatt mit »Blick auf Ischia« und einer »Wolkenstudie«: »Die Wolke auf dem Berg/ gelb weiß bl grauviolett Schatten/die untere Wolke roth fleischlos« usw. In die Bildfelder wurden ebenfalls Farbbezeichnungen wie »blau nicht sehr dunkel«, »blau gekräußelt«, »ins grau violett« usw. eingetragen (Abb. 18).[133]

Was Valenciennes den Landschaftsmalern für die Erinnerung an Eindrücke spezifischer Natursituationen empfahl und was einer verbreiteten künstlerischen Praxis entsprach, galt in noch höherem Maße für die Erinnerung von Kunsthistoriker*innen an ein Gemälde. Denn während Maler den transitorischen Natureindruck als Ausgangspunkt für ihre eigenen Bildschöpfungen nutzen konnten, war für Kunsthistoriker*innen das Betrachten und Erinnern von Gemälden mit all ihren kunstvollen Farben die Grundlage ihrer wissenschaftlichen Analyse.

Konnte Diderot die im Pariser Salon ausgestellten Bilder notfalls noch einmal besuchen und auf diese Weise seine Erinnerung überprüfen, mussten Kunsthistoriker*innen auf ihren Reisen andere Techniken entwickeln. Die Reisenotizen des zunächst in Venedig als Künstler ausgebildeten Giovanni Battista Cavalcaselle bilden eine Art Scharnier zwischen visuellem und textuellem Gedächtnis. Cavalcaselle fertigte direkt vor den jeweiligen Kunstwerken – den

Fresken, Tafelbildern und Buchmalereien in Oberitalien – zahlreiche Bleistift- und Federskizzen an. Sie zeigen neben Gesamtkompositionen häufig Ausschnitte und Details. Wie Susanne Müller-Bechtel gezeigt hat, dienten Cavacaselles Skizzen und Notizen vor Ort als Basis für die zusammen mit dem englischen Kunstschriftsteller Joseph Archer Crowe herausgegebenen Bände der Geschichte der italienischen und niederländischen Malerei. Neben vielen Objekt- und Ortsbezeichnungen trug Cavalcaselle auch Helligkeitswerte und allerlei Farbbezeichnungen in die Skizzen ein.[134] Während die Notizen und Skizzen mit Feder und Stift ausgeführt wurden, finden sich »gelegentlich, und zwar namentlich bei der Auseinandersetzung mit venezianischer Kunst, […] Aquarelle«.[135] Offenbar widersetzte sich das konturlose Oszillieren mancher für ihr Kolorit berühmter venezianischer Gemälde den grafischen Notaten, so dass die rasch trocknende Aquarellfarbe für künstlerisch Ausgebildete eine gewisse Chance bot, unter den meist liberalen Arbeitsbedingungen in den Sammlungen vor Ort Farbeindrücke mit Pigmentfarben wiederzugeben und für die Erinnerung festzuhalten. Doch blieb die farbige Skizze die Ausnahme.

Wenn auch nicht derart extensiv wie Cavalcaselle, so praktizierten doch auch spätere Kunsthistoriker*innen, die nicht mehr als Künstler*innen ausgebildet worden waren, zumindest das Skizzieren von Kunstwerken mit dem Stift. Der an der Berliner Akademie der Künste lehrende Franz Kugler eröffnete seine »Kleinen Schriften« 1853 mit einem Schreiben an Jacob Burckhardt. Darin erläutert er dem Freund: »Zum Theil sind meine kunsthistorischen Studien, wie Du weißt, weniger mit der Schreibfeder als mit dem Zeichenstifte gemacht. Diese bilden eine wesentliche Ergänzung meines Geschriebenen«.[136] Kugler nutzte die Skizzen für die von ihm selbst radierten Platten seiner Bildkompendien. Auch Jacob Burckhardt selbst machte auf seinen Reisen extensiven Gebrauch von Skizzenbüchern, in denen er – wie viele andere – Wort und Bild verschränkte. In seinen Skizzen hielt er u. a. Gemälde in bemerkenswerter Genauigkeit fest, obwohl er sich immer wieder seiner »gräßlicher Formen« bezichtigte. In die Skizzen seines Reisetagebuchs hinein, mitunter auch darunter oder daneben notierte er Hinweise auf die in den Kunstwerken verwendeten Materialien und Farbwerte. Bleistiftskizzen mit ergänzenden Notizen bzw. umgekehrt – Notizen mit ergänzenden Skizzen – dürften nicht allein in vorfotografischer Zeit die wohl gängigsten Erinnerungshilfen gewesen sein. Durch das individuelle Formulieren und Notieren von Eindrücken angesichts der Begegnung mit einem Kunstwerk lässt sich das Gesehene mental leichter erinnern als durch eine mechanische Aufnahme, die jedoch anders als der zeitlich begrenzte Eindruck unverändert verfügbar bleibt.

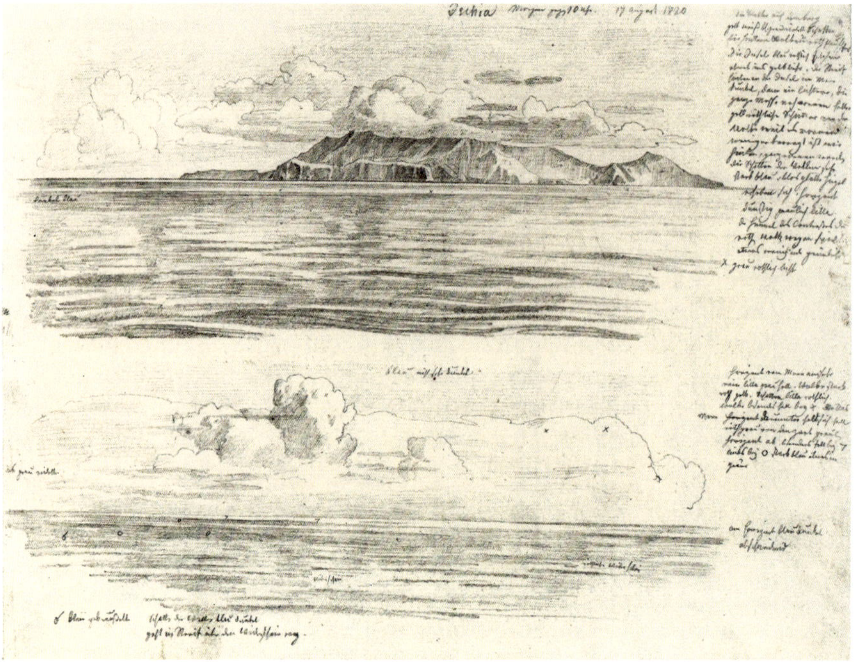

Abb. 18: H. Reinhold, Blick auf Ischia und Wolkenstudie, Zeichnung, 1820, Hamburger Kunsthalle, Kupferstichkabinett

Dass Farbeindrücke von Gemälden auch auf fotografischen Schwarz-Weiß-Reproduktionen textlich fixiert wurden, also eine Mischform aus kommerzieller fotografischer Reproduktion und individueller Farbnotiz gewählt wurde, zeigt etwa die Praxis von Fritz Saxl. Saxl, der rührige Mitarbeiter und Kollege Aby Warburgs, dem die Rettung und Überführung der Kulturwissenschaftlichen Bibliothek Warburg und die Neugründung als Warburg Institute in London zu verdanken ist, fotografierte zwar selbst, arbeitete auf seinen Reisen durch Europa aber auch mit schriftlichen Farbnotizen auf monochromen Fotopostkarten, die er vermutlich vor Ort erwarb. Das preiswerte und äußerst praktische Verfahren dürfte noch bis zur Einführung der Handykamera um die Jahrtausendwende unter Kunsthistoriker*innen verbreitet gewesen sein. Denn selbst wenn das Fotografieren mit der analogen Kamera in einem Museum ausnahmsweise gestattet war, stand der Abzug noch nicht zur Verfügung, so dass sich die Farbreproduktion nicht vor Ort mit dem Original abgleichen ließ.

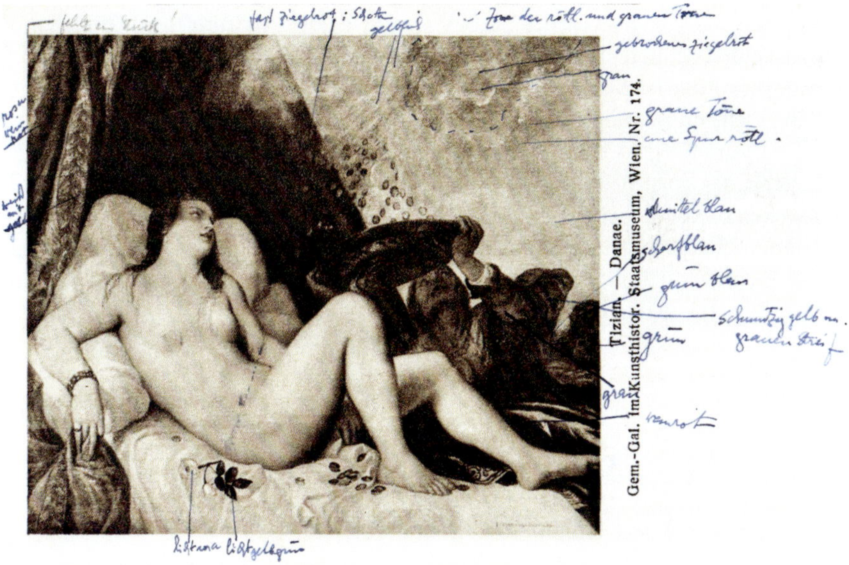

Abb. 19: Tizian, Danae, Postkarte mit Farbnotizen von Fritz Saxl, Photographic Collection, The Warburg Institute, London

Saxl übersetzte seine Farbeindrücke vor Gemälden in ebenso differenzierte wie fantasiereiche Farbbezeichnungen, die er mintunter handschriftlich in die Bildfelder eintrug oder auf den schmalen Rändern der Fotopostkarten notierte und mit Pfeilen und Linien den jeweiligen Bereichen zuordnete.[137] Auf den Rändern der Karte von Tizians »Assunta« in der Frarikirche von Venedig finden sich Notizen wie »mittelblau«, »grün mit gelb chang.« oder »bräunli. rot.« Auf der Postkarte mit Tizians Wiener »Danae« (Abb. 19) notierte Saxl u. a. »mittelblau«, »scharfblau«, »grünblau«, »lichtgelbgrün«, »eine Spur rot«, »fast ziegelrot« oder »schmutzig-gelb m. grauem Streif«. Was auch immer er im Einzelnen mit »schmutzig-gelb« oder »scharfblau« in der Erinnerung zu aktivieren bzw. evozieren vermochte, die Farbnotizen sind als Versuche zu erkennen, die subjektiv am Original *wahrgenommenen* Farben zu versprachlichen und damit etwas von dem ephemeren Sinneseindruck der Farbe zu fixieren. Saxl, der Zeit seines Lebens an Tizian interessiert war, der 1931/32 in Hamburg Vorlesungen und Seminare zur venezianischen Malerei hielt und 1945 in London zu Tizian referierte,[138] legte sich auf diese Weise eine persönliche Sammlung von Postkarten mit Abbildungen und Notaten von Gemälden zu, was Karl Krumbacher bereits 1906 empfohlen hatte (s. o.). Die in der Photographic Collection des Warburg Institute aufbewahrten Bildpostkarten[139] mit den handschriftlichen Notizen zeigen Saxls subjektive Sprachschöpfungen, die offenbar nötig waren, um Farbeindrücke auch nur annähernd in Worte zu übersetzen. Die Bezeichnungen auf den Postkarten spiegeln aber auch die kommunikativen Probleme angesichts einer fehlenden verbindlichen Farbterminologie.[140] Inwieweit die Formulierungen in Verbindung mit den schwarz-weißen Bildpostkarten die Eindrücke wiederabrufbar machten, ist allerdings nur schwer zu beurteilen. Saxls wissenschaftliche Publikationen, die ausschließlich schwarzweiße, mitunter lediglich briefmarkengroße Abbildungen enthalten, geben darüber jedenfalls keinerlei Auskunft.

III. Ohne Berührungsängste: Farbreproduktionen im Kunstgewerbe

Im wissenschaftlichen Kontext erweist sich das Kunstgewerbe als Vorreiter der Farbreproduktion. Hier gab es zunächst keinerlei Berührungsängste mit Farben und farbigen Reproduktionen – im Gegenteil, in den nützlichen Künsten wurde mit Farbe argumentiert. Die höhere Akzeptanz von Farbe im Kunstgewerbe verdankt sich zum einen dem Gebrauchscharakter der meist autorlosen Artefakte und dem damit einhergehenden niederen Rang in der Hierarchie der Künste. Zum anderen pflegten auch Autoren theoretisch ambitionierter Werke wie Gottfried Semper oder Alois Riegl als Künstler bzw. als Kuratoren direkten physischen Umgang mit farbigen Artefakten. Das heißt, sie waren bei der Entwicklung ihrer Positionen weniger auf Reproduktionen angewiesen. Zudem lagen im Kunstgewerbe der zweiten Hälfte des 19. Jahrhunderts Kompendien für die Gewerbeausbildung, für kommerzielle Zwecke und für die Geschmackserziehung vor, die Einfallstore der Farbreproduktion in die Geschichte und Theorie des Kunstgewerbes darstellten. Ein berühmtes Beispiel ist das opulente chromolithografische Werk von Owen Jones, »The Grammar of Ornament« aus dem Jahr 1856. Jones, der mit mehreren seiner Schüler, dem Fotografen und Lithografen Francis Bedford[141] und der Londoner Druckerei Day & Son zusammenarbeitete, versammelt auf einhundert vielteiligen Tafeln zahllose Ornamente aus unterschiedlichen Kulturen. Für viele Beispiele bildeten Exponate der Londoner Weltausstellung von 1851, an der Jones organisatorisch beteiligt war, die Grundlage. Der Architekt und Designer Owen Jones hatte bereits

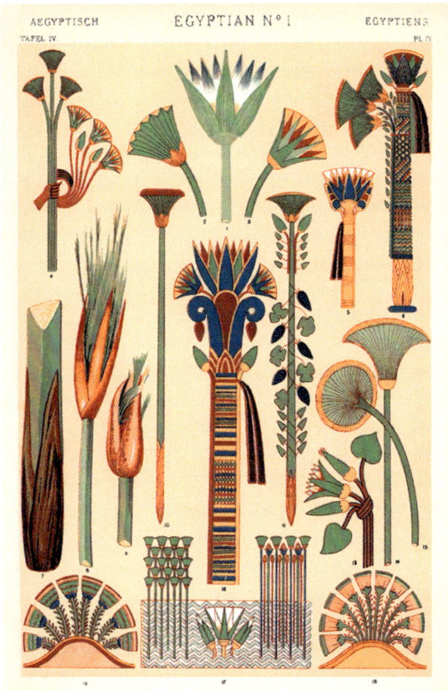

Abb. 20: Ägyptische Ornamente, Chromolithografie aus O. Jones, The Grammar of Ornament, London 1856

auf seinen Reisen in die Türkei, nach Ägypten, nach Spanien und speziell zur Alhambra vor Ort zahlreiche Aquarelle von farbig ornamentierten Architekturoberflächen angefertigt. Seine Erfahrungen mit den farbigen Oberflächengestaltungen ›orientalischer‹ Architektur führten ihn schließlich zur umstrittenen Farbfassung der Eisenkonstruktion von Joseph Paxtons Londoner Crystal Palace.

In der »Grammar of Ornament« machte Jones die enorme Vielfalt und den Erfindungsreichtum des vielfarbigen Ornamentenschatzes unterschiedlicher Kulturen und Zeiten wie in einem Musterbuch oder einer historistischen Stilfibel für das Design der Industriegesellschaften verfügbar (Abb. 20). Durch die Übertragungen auf Papier verloren die Ornamente die Spezifik der Materialien ihrer ursprünglichen Verwendungszusammenhänge, in denen sie entwickelt und ausgeführt worden waren, handelte es sich nun um bemalte Keramik, gewebte und bedruckte Stoffe oder geknüpfte Teppiche. Die Abstraktion vom Material und von der entsprechenden Herstellungsweise zugunsten gedruckter farbiger Flächenmuster auf Papier erleichterte die Übertragbarkeit der Ornamente in neue Nutzungszusammenhänge. »Die Alten«, so heißt es bei Owen Jones, »gebrauchten die Farbe als Gehilfe zur Entwicklung der Form«.[142] Die Argumentation ist insofern ungewöhnlich, als in dem hierarchisch konstruierten Verhältnis von Linie und Farbe in der Ästhetik die Farbe zwar allgemein zu *Unterstützung*, aber gerade nicht zur Entwicklung von Formen verstanden wurde. In Verbindung mit den starkfarbigen chromolithografischen Tafeln bedeutete dies eine gewisse Aufwertung der Farbe, auch wenn sie an die Ornamentik gebunden blieb, die in westlicher Perspektive eher im Register der Dekoration, nicht in dem der ›hohen Kunst‹ rangierte.

Der lithografische Farbendruck, für den jede Farbe eine eigene Druckplatte und höchste Paßgenauigkeit erfordert, war für flächenbezogene Darstellungen wie Ornamente relativ gut geeignet. Jones kommentierte die Farbigkeit der einzelnen Ornamenttafeln ausführlich und stellte zahlreiche Regeln für harmonische Farbzusammenstellungen auf. Dabei berief er sich u.a. auf die in England berühmte Schrift »Chromatography« und den darin publizierten Farbenkreis des Londoner Chemikers und Farbtheoretikers George Field.[143] Die ausgezeichnete Qualität der chromolithografischen Drucke wies die Lithografieranstalt Day&Son für weitere Großprojekte aus.

Keineswegs im Sinne von Owen Jones' geschmacksbildenden Absichten erschienen in der zweiten Hälfte des 19. Jahrhunderts zahlreiche Prachtbände mit chromolithografischen Illustrationen von Exponaten der großen Industrieausstellungen. Sie werfen ein Licht darauf, in welchen Bereichen Schwarz-Weiß-Reproduktionen als Mangel empfunden und daher entsprechend farbige Illustrationen bevorzugt wurden. Das betraf vor allem kunstgewerbliche –

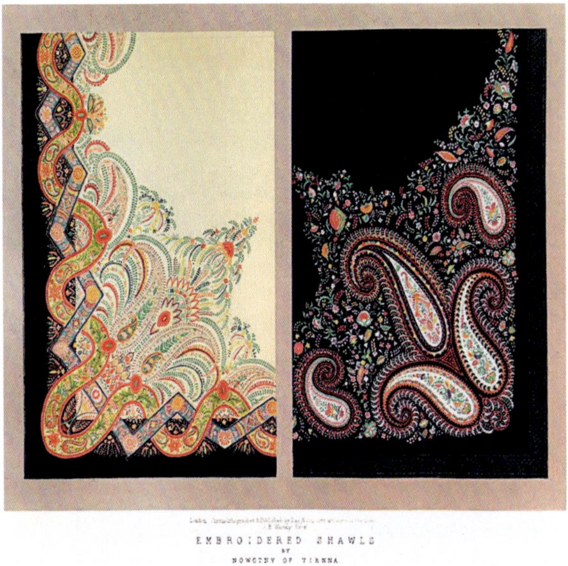

Abb. 21: Tücher mit orientalisierenden Ornamenten, Chromolithografie aus Masterpieces of Industrial Art and Sculpture at the International Exhibition 1862, Bd. 2, London 1863

meist historistische – Luxusobjekte aus aufwändigen Materialkombinationen, die auf den Ausstellungen als Waren oder Schaustücke für ihre Hersteller warben. Das dreibändige Foliowerk der Londoner Internationalen Ausstellung von 1862, die »Masterpieces of Industrial Art and Sculpture«,[144] zeigt eine Fülle derartiger Fabrikate wie Porzellangefäße mit farbigen Bildfeldern, Kommoden und Kabinettschränke mit Emaileinlagen, orientalisierende Teppiche und Tücher (Abb. 21) oder asiatisch inspirierte Paravents. Die einzelnen Artefakte präsentieren sich in intensiven Farben auf insgesamt 300 großformatigen Tafeln, die wiederum von »Day & Son, Lithographers to the Queen« gedruckt wurden. Allerdings bildeten nun – im Unterschied zu Jones' »Grammar« – Fotos der London Photographic and Stereoscopic Company die Grundlage der händisch auf die Platten übertragenen Figurationen. Unter den zahlreichen Objekten des gehobenen Gebrauchs finden sich vereinzelt auch Kunstwerke, etwa Skulpturen, die mit dem Storchenschnabel vervielfältigt wurden. So auch die bereits erwähnte (s. o.), skandalumwitterte »Tinted Venus« des walisischen Bildhauers John Gibson.[145] Die Mitte der 1850er Jahre vollendete Skulptur zeigt neben blonden Haaren, blauen Augen, roten Lippen und dem goldenen Apfel ein zart-rosig getöntes Inkarnat. Eine solchermaßen gefärbte Marmor-

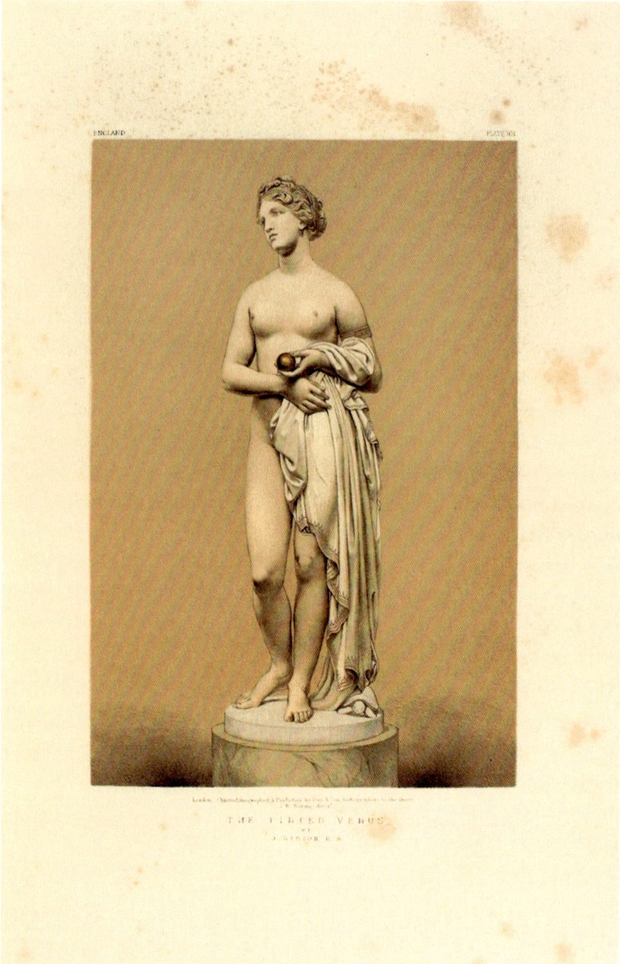

Abb. 22: Tinted Venus, Chromolithografie nach John Gibson aus Masterpieces of Industrial Art and Sculpture, Bd. 2, London 1863

göttin wurde als moralische Normverletzung rezipiert, weil die »Reinheit« des weißen Marmors ebenso wie die repräsentierte Gottheit durch die Niederungen des »Sinnenlebens«, die im Inkarnatston zum Ausdruck gelangten, beschmutzt schien (Abb. 23). Zahlreiche Kritiker charakterisierten die Skulptur als unmoralisch.[146] Der amerikanische Bildhauer Joseph Powell aktivierte die jahrhundertealte kunsttheoretische Kontrastierung von Form und Farbe mit-

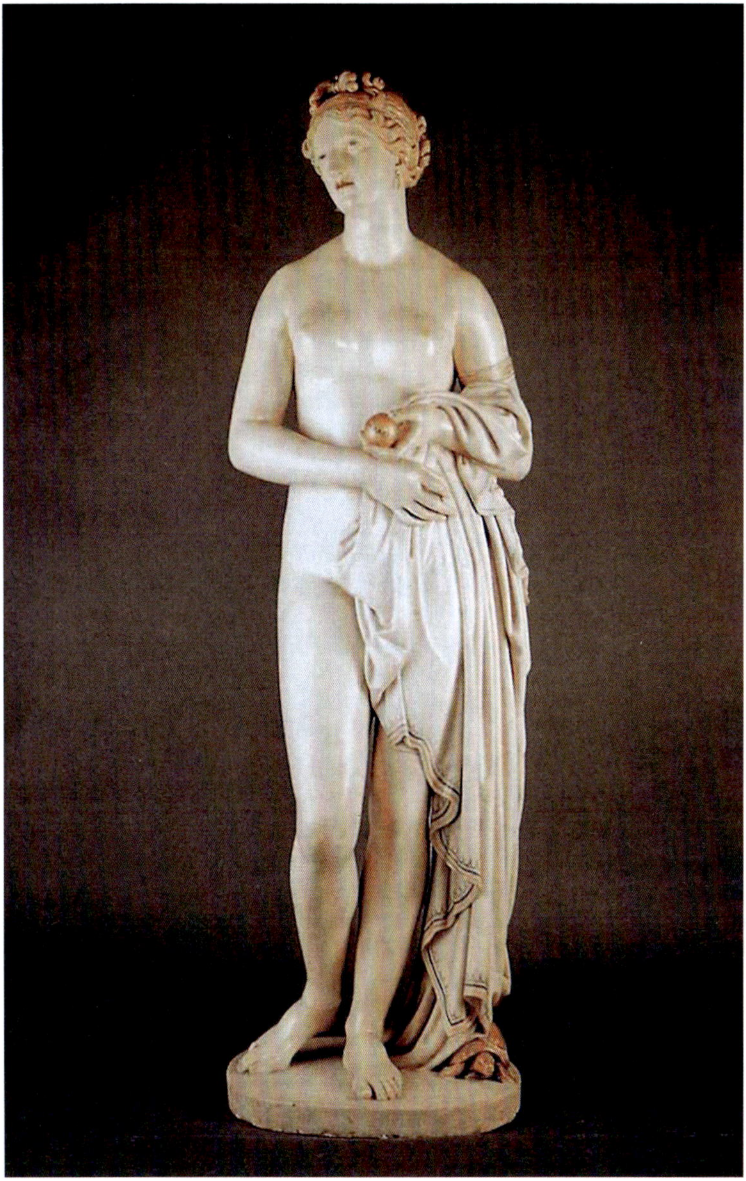

Abb. 23: J. Gibson, Tinted Venus, um 1851-56, 176 cm, Walker Art Gallery, Liverpool

samt ihren krassen genderspezifischen Implikationen:[147] »Color in short represents the animal man; – Form, the intellectual, the spiritual [...] The moral influences of humanized, or colored, statuary [...] would be positively bad. No father could then take his daughter to the artist's studio«.[148]

Für den Pygmalioneffekt, das heißt den belebten Eindruck, hat Gibson den weißen Marmor nicht bemalt, sondern, wie bereits aus der Antike überliefert, durch »the application of wax slightly coloured with yellow ochre and rubbed with warm cloth«,[149] eingefärbt. Das pigmentierte, flüssige Wachs, das in den Marmor eindringt, lässt die Farbe als Eigenschaft des Steins erscheinen. Die so erzeugte subtile Farbigkeit des Inkarnats, die gewissermaßen unter der Oberfläche liegt und auf der dreidimensionalen Skulptur zudem von Licht und Schatten moduliert wird, gelangt in der völlig flächigen Chromolithografie zu keinem adäquaten Ausdruck (Abb. 22). Das Skandalon farbiger Nacktheit fällt kaum auf, weil die Grundfläche zudem einen Inkarnatston aufweist. Nur im Verhältnis zur weißen Plinthe und dem hellen Tuch über dem Arm der Venus wird die Farbigkeit der Figur ablesbar. Mit dem gestalterisch bescheidenen Blatt kursierte eine *farbige* Reproduktion,[150] die zumindest eine grobe Anschauung des umstrittenen Objekts jenseits des Originals lieferte, während andere Medien, Holzstiche in der Presse und verschiedenen Ausstellungskatalogen[151] oder die Holzstichkarikatur im Punch den Grund der Empörung nicht vermitteln konnten. Zwar stellte die chromolithografische Reproduktion einen zaghaften Versuch dar, die umstrittene Farbigkeit von Gibsons inkarnierter Venus überregional zu kommunizieren, doch waren es solch unzureichende, plakative Abbildungen, die chromolithografische Reproduktionen von Kunstwerken in Verruf brachten.

Unter den Abbildungen der »Masterpieces of Industrial Art and Sculpture« blieb Gibsons handwerklich vervielfältigtes Marmorwerk die Ausnahme. Wie die Rezeption zeigt, wurde die abgebildete Arbeit ganz selbstverständlich als Kunstwerk betrachtet. Anders dagegen »Tizians Assunta«, die das Foliowerk farbstark wiedergibt. In diesem Fall entstand die Farbreproduktion nicht nach dem Gemälde, sondern nach dessen Übersetzung in ein Material, das dem Kunstgewerbe zugeordnet wird: Die »Assunta« war als Wollteppich, den eine Pariser Gobelinmanufaktur hergestellt hatte, in der Londoner Ausstellung vertreten. Das heißt, mit der chromolithografischen Darstellung liegt eine Abbildung vierter Ordnung vor: Sie ist das Ergebnis einer Übersetzungskette vom Gemälde über den farbigen Gobelin zum Foto und schließlich zur gedruckten chromolithografischen Reproduktion. Dass die Abbildung einen Bildteppich zeigt, lässt sich allerdings visuell kaum erkennen. Sie erscheint eher als allzu farbstarke Reproduktion von Tizians Gemälde. Auch ein solcher Befund war geeignet, die Chromolithografie für »höher« eingestufte künstlerische Belange ungeeignet erscheinen zu lassen – ihr haftete das Image der plakativen Warenwerbung an, obwohl mit ihr durchaus subtilere Ergebnisse erzielt werden konnten als im Fall der »Masterpieces«.[152]

Sempers Praxis und Theorie der Farbe

Keinerlei Berührungsängste mit der Farbe zeigte Gottfried Semper. Der Architekt und Theoretiker von Architektur und Kunstgewerbe, der die Materialien theoriefähig machte, erwies sich praktisch wie theoretisch als Advokat der Farbe. In seinem 1860/63 erschienen zweibändigen theoretischen Hauptwerk »Der Stil in den technischen und tektonischen Künsten oder praktische Ästhetik: ein Handbuch für Techniker, Künstler und Kunstfreunde« dienen Chromolithografien der Evidenz seiner zentralen Argumente und Thesen. Das Werk, das sich der Architektur und dem Kunstgewerbe widmet, zählte zu den meist diskutierten und als materialistisch kritisierten Fachbüchern der zweiten Hälfte des 19. Jahrhunderts. Es handelt sich bei dem ebenso grundlegenden wie folgenreichen Kunstbuch im Sinne Francis Haskells um eine Theorie der Stilgenese in den angewandten Künsten. Sempers »Stil« basiert zum einen auf dem reichen Erfahrungsschatz des Architekten. Zum anderen hatte Semper direkten Umgang mit vielerlei Artefakten und Herstellungsweisen des Kunstgewerbes und der zeitgenössischen Industrieproduktion.

Von Semper als erfolgreichem Architekten stammen zahlreiche vielfarbige Entwürfe für und Realisierungen von Fassaden wie Innenraumausstattungen. Zu den ambitioniertesten polychrom ausgestatteten öffentlichen Gebäuden zählt die 1839 begonnene Dresdner ›Semperoper‹.[153] Darüber hinaus hat sich der Architekt auf der Grundlage seiner zweijährigen Feldforschungen in Griechenland und den darauf basierenden Beiträgen in Wort und Bild im Polychromiestreit als Advokat einer farbigen Antike positioniert.[154] Einige seiner Anfang der 1830er Jahre vor Ort festgehaltenen Befunde und Erkenntnisse über die antike Polychromie brachte Semper 1836 in einer eigenen Publikation mit großformatigen, sorgfältig aquarellierten Radierungen in Umlauf.[155] Die handkolorierten Falttafeln ließen allerdings nur eine kleine Auflage zu und es erschien lediglich die erste von sechs geplanten Lieferungen. Die langanhaltende, europaweit geführte Debatte um die farbige Bemalung der klassischen griechischen Architektur und Skulptur ging weit über den Kreis der Archäologen hinaus, denn sie betraf auch grundlegende Fragen der zeitgenössischen Ästhetik[156] und erschütterte die in der Nachfolge Winckelmanns noch während des ganzen 19. Jahrhunderts virulenten idealistischen Vorstellungen von der normativen Kraft einer weißen Antike.[157]

Mit dem zweiten Untersuchungsfeld, dem Kunstgewerbe, hatte sich Semper, der in der 1848er Revolution aus Dresden nach London geflohen war, während seiner Exilzeit nolens volens vertraut machen müssen. Als in England unbekannter Architekt erhielt er keine Aufträge, konnte aber dank der Unterstützung von Henry Cole für die Londoner Weltausstellung die Abteilungen von Kanada, der Türkei, Schweden und Dänemark[158] betreuen. Das brachte ihm – wie die Weltausstellung insgesamt – den Umgang mit Materialien und den vielfältigen Erzeugnissen und Herstellungsweisen anderer Kulturen ein. Anschließend beriet und unterrichtete er durch die Unterstützung von Cole und Richard Redgrave im Department of Practical Art, dem ersten Kunst- und Gewerbemuseum überhaupt und Vorgänger des heutigen Victoria- und Albert Museums. Dort vertrat er den praktischen Unterricht in Workshops und befasste sich in den Midlands vor Ort mit der Herstellung von Keramikwaren.[159] In all diesen Bereichen war Farbe präsent, so dass Semper nicht allein als Architekt an den Umgang mit Farbe gewöhnt war. Die als »great university« gerühmte Weltausstellung und die in London daraus hervorgehenden Aktivitäten ließen Semper mit Stoffen und Objekten des Kunstgewerbes durch deren praktische Handhabung vertraut werden.

Als 1860 der erste Band seines Kardinalwerks »Der Stil« in Frankfurt erschien,[160] lebte Semper bereits seit fünf Jahren als Professor am neu gegründeten Polytechnikum in Zürich. Doch ist »Der Stil« das Ergebnis seiner Begegnung mit Warenströmen von Rohstoffen aus den Kolonien, mit Produktionsweisen und Artefakten aus sehr verschiedenen Kulturkreisen in ihrer materiellen und farbigen Vielfalt. Seine empirischen Erfahrungen transformierte Semper im Bereich der Architektur und des Kunstgewerbes in eine Theorie der Genese spezifischer Formen auf der Grundlage von Material, Funktion und Technik. Doch anders als seine ihn des Materialismus bezichtigenden Kritiker behaupteten, geschah dies unter der Voraussetzung dessen, was er im anthropologischen Verständnis als »Kunsttrieb« bezeichnete.[161] Er bringe die von ihm gezeigten Übergänge von zweckgebundenen Formen zu Kunstformen hervor.

Farbige Bekleidung als optische Dematerialisierung

Aus seiner grundlegenden Annahme, dass alle Kulturtechniken, speziell die der Behausung, aus der textilen Bekleidung und damit aus dem Verweben und Verbinden von natürlichen Fasern unterschiedlicher Herkunft hervorgegangen seien, leitete Semper die farbige Gestaltung der Oberflächen von Gebrauchsgütern ab. Daraus entwickelte er das allgemeine »Prinzip Bekleidung«, das heißt der farbig gestalteten Oberflächen in den nützlichen Künsten. In »Der Stil« argumentierte er, die »Lust an der Farbe ist früher entwickelt als die Lust an der Form«.[162] Doch verschränkte er beides auf interessante Weise, indem er semitransparente Techniken wie das »Färben und Beizen«, nicht aber den opaken Farbauftrag, das »Anstreichen«, als ursprünglich erachtete. Dadurch sei »die Farbe als unzertrennlich von der Form, diese durchdringend«[163] anzusehen. Das heißt, Materialien, Formen und Farben gehören unauflöslich zusammen. Sie bestimmen nicht allein die äußere Erscheinung der Dinge. Vielmehr sah Semper etwa in der antiken Polychromie, »zugleich das innerste Wesen der antiken Kunst […] Ein architektonisches Werk kann ohne seine richtige Farbenergänzung gar nicht in seinem wahren Sinne gedacht und aufgefaßt werden, das Wesen der Formen ist durch die Farben bedungen«. »[D]iesen Zusammenhang zwischen Farbe und Form nachzuweisen« dient ein ganzes Kapitel.[164]

Darin eingebunden sind Veränderungen, die mit einem »Stoffwechsel« einhergehen, also mit Übersetzungen in andere Materialien. In der Antike habe dem eine Verschiebung vom Haptischen zum Optischen entsprochen, in der Farbe die Rolle einer optischen Dematerialisierung übernommen habe. In der klassischen Architektur der Antike, so Sempers Argumentation, ersetzte die »Polychromie […] die barbarische Bekleidung mit edlen Metallen, die Inkrustationen, die eingelegten Edelsteine; die Getäfel und sonstigen Parerga, womit das asiatische Werk so verschwenderisch ausgestattet ist«.[165] Diese als Fortschritt bewertete Veränderung spannte Semper in ein aufschlussreiches Konzept der Dematerialisierung ein. »[D]ie Farbe, als die subtilste körperloseste Bekleidung« bezeichnete er in diesem Zusammenhang »als das vollkommenste Mittel die Realität zu beseitigen, denn sie ist selbst, indem sie den Stoff bekleidet, unstofflich«.[166] Die Sublimierung kostbarer Materialien durch Farbe habe in der klassischen Antike die Oberflächengestaltung »in hohem Grade vergeistigt«.[167] Sempers Konstruktion, die den als »barbarisch« bewerteten Materialreichtum dank der Farbe als überwunden erklärte, erinnert an Leon Battista Albertis berühmten Traktat, in dem der Autor das virtuos gemalte Gold im Bild höher einstufte als das edelste Metall.

Mit dem Begriff des Vergeistigens wies Semper der Farbe eine äußerst ungewöhnliche Funktion zu, wurde doch in der tradierten ästhetischen Theorie mit ihrer binären Konstruktion von Form und Farbe nur der Form das Potenzial der Materialsublimierung und »Vergeistigung« zugebilligt. Die Bekleidung, die Semper als ursprünglich transparent konzipierte, sollte der Architektur jene optische Qualität der Materialüberwindung verleihen, wie sie in den 1920er Jahren das Glas übernehmen sollte, und sie damit der ›Hochkunst‹ gleichordnen. Darüber hinaus konnte eine polychrome Antike in Sempers Verständnis zum Bindeglied zwischen Orient und christlichem Mittelalter werden.[168]

Farbe spielte also in Sempers empirischen Studien in Griechenland, seiner eigenen praktisch-künstlerischen Arbeit, seinen kuratorischen Tätigkeiten ebenso wie in seiner Theorie der Bekleidung eine entscheidende Rolle; von daher war es in einer Zeit, als die Farbigkeit der verhandelten Denkmäler weitestgehend unbekannt war, für die Überzeugungskraft seiner Argumente zweckdienlich, Farbtafeln in das Grundlagenwerk aufzunehmen.

Neben zahlreichen Schwarz-Weiß-Reproduktionen, die als Holzstiche innerhalb des Textes platziert sind, enthält der Anhang beider Bände der ersten Ausgabe von »Der Stil« eine Reihe chromolithografischer Tafeln und damit Beispiele einer Technik, wie sie aus zeitgenössischen Publikationen des Kunstgewerbes, insbesondere den Bildbänden der großen Gewerbeausstellungen, vertraut waren.

Modelle in Schwarz-Weiß – Belege in Farbe

Für die Vermittlung seiner Thesen innerhalb des Buches setzte Semper auf visuelle Argumente unterschiedlicher Art. Er nutzte zwei Illustrationsebenen, die sich als methodisch aufschlussreich erweisen: Bei den insgesamt mehr als 360 schwarz-weißen Holzstichillustrationen handelt es sich überwiegend um modellhafte, vielfach schematische oder diagrammatische Darstellungen. Sie sind eng mit Sempers Theorie der Genese einer Form aus dem erfinderischen Zusammenspiel von Material, Funktion und technischem Know-how verzahnt. Die Illustrationen führen anschaulich vor Augen, wie funktionale Formen und Herstellungsverfahren sich in künstlerische Gestaltungen transformieren. Semper zeigt, um nur ein Beispiel herauszugreifen, wie die Naht als genuine Technik des Verbindens separater textiler Teile zu ornamentalen Mustern führte (Abb. 24). Das Zusammenführen zweier Teile bleibt in der achsialen Symmetrie der ornamentalen Fadenführung erhalten, so dass die Funktion zum Thema des Ornaments wird. Auch dort, wo es sich in den Holzstichillustrationen um konkrete historische Objekte handelt, sind die grafischen Textillustrationen in Sempers Werk weniger Darstellungen von Objekten um ihrer selbst willen, als vielmehr Demonstrationen klassifikatorischer Merkmale für die Stilbildung in unterschiedlichen Kulturen.

Demgegenüber geben die insgesamt 22 teilweise mehrteiligen chromolithografischen Tafeln hauptsächlich Details, Rekonstruktionen und Bruchstücke der Oberflächen *historisch ausgewiesener* Objekte wieder. Drei Tafeln sind der Farbigkeit des Athener Theseustempels gewidmet (Abb. 25), den Semper in den 1830er Jahren vor Ort untersucht und entsprechende Farbbefunde publiziert hat.[169] Das »Prinzip Bekleidung« in der Architektur als eine farbig gestaltete textile Raumumgrenzung demonstrierte der Autor z. B. mit der Ornamentik eines indischen Teppichs aus dem Londoner »Museum für praktische Kunst und Wissenschaft«. Um seine Bekleidungstheorie als *universelles* Prinzip zu verankern, ergänzte Semper die Darstellungen der von ihm rekonstruierten Ornamente des Theseustempels durch konkrete Beispiele aus verschiedenen Kulturen: so einer vielfarbigen Wand aus der Casa Salustio in Pompeji, dem erwähnten indischen Teppich, einer figürlichen byzantinischen Kuppelmalerei aus Athen (Abb. 26), einer abstrakten mittelalterlichen Deckenmalerei aus der Cappella St. Catharina in Assisi und der bemalten hölzernen Dachkonstruktion der Florentiner Kirche S. Miniato al Monte.

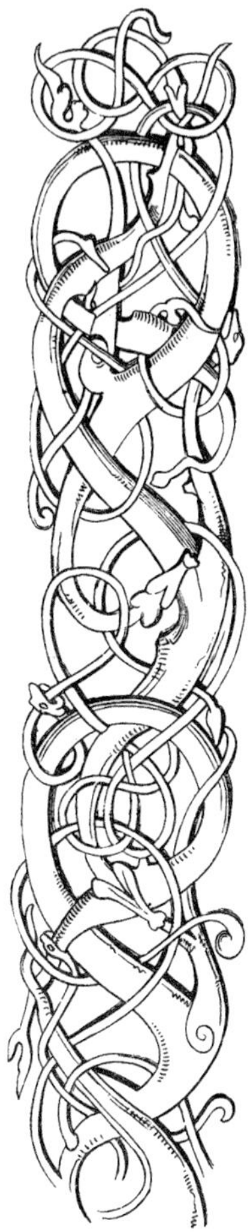

Abb. 24: Aus einer Naht entwickeltes Ornament, Textillustration aus G. Semper, Der Stil in den technischen und tektonischen Künsten, Bd. 1, Frankfurt 1860

Mit den chromolithografischen Tafeln markierte Semper zum einen seine Position im Polychromiestreit und verschaffte zum anderen der damit verbundenen These des universellen »Prinzips Bekleidung« visuelle Evidenz. In den Schlussbemerkungen der zweiten, von Sempers Sohn bearbeiteten Ausgabe von »Der Stil« von 1878 findet sich eine entsprechende Abrechnung mit Polychromiegegnern und Meinungsmachern, die empirische Beweise ignorierten. Während Semper seine Erkenntnisse aus einer Vielzahl von realen Artefakten und deren Herstellungsverfahren gewann, führten die farbigen Tafeln sinnlich vor Augen, dass Bauwerke in unterschiedlichen Kulturkreisen und in verschiedenen Epochen farbig gestaltet waren, und dass deren farbige Oberflächen keineswegs nur als oberflächliche Dekoration zu verstehen sind, sondern z. B. die architektonischen Konstruktionen – den Aufbau einer Wand oder die Elemente einer Kuppel – sichtbar machen.

Sempers differenzierte Illustrationsmethode entspricht einem tradierten ästhetischen Verständnis von den Potenzialen grafischer Verfahren einerseits, denen der Farbe andererseits. In Fortschreibung ei-

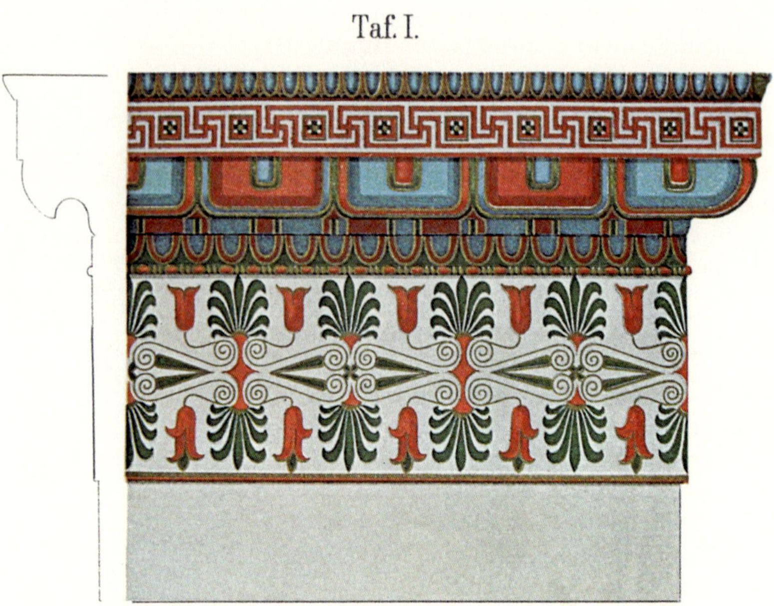

Abb. 25: Rekonstruktion der Bemalung des Theseus Tempels in Athen, Chromolithografie aus G. Semper, Der Stil in den technischen und tektonischen Künsten, Bd. 1, 1860

ner bis auf Leon Battista Alberti zurückreichenden Tradition argumentierte z. B. der französische Maler und Kunstkritiker Roger de Piles im legendären Streit zwischen Poussenisten und Rubenisten an der Französischen Akademie in seiner Verteidigung der Farbe, dass die Vielfalt der Farben die unübersichtliche Welt der Dinge individualisiere,[170] wohingegen das Hell-Dunkel der formschaffenden Linie nicht das Einzelne, sondern das Genre charakterisiere.[171] Diese Auffassung kursierte auch noch im 19. Jahrhundert. Entsprechend äußerte sich Owen Jones in der »Grammar of Ornament« über die »grenzenlose Mannichfaltigkeit der [...] Tinten«,[172] und entwarf 1862 ein Tempelchen für John Gibsons Skulptur der »Tinted Venus« (s. o., S. 51 f.) mit der Inschrift, die auf die Individualisierung durch Farben hinwies. Dort war zu lesen: »The sweet variety of colours enhances dark forms of things, differenciates what is confused [...]«.[173] Farbe war dementsprechend für das Konkrete, das Individuelle zuständig, die monochrome Zeichnung dagegen für die Verallgemeinerung, die Abstraktion.

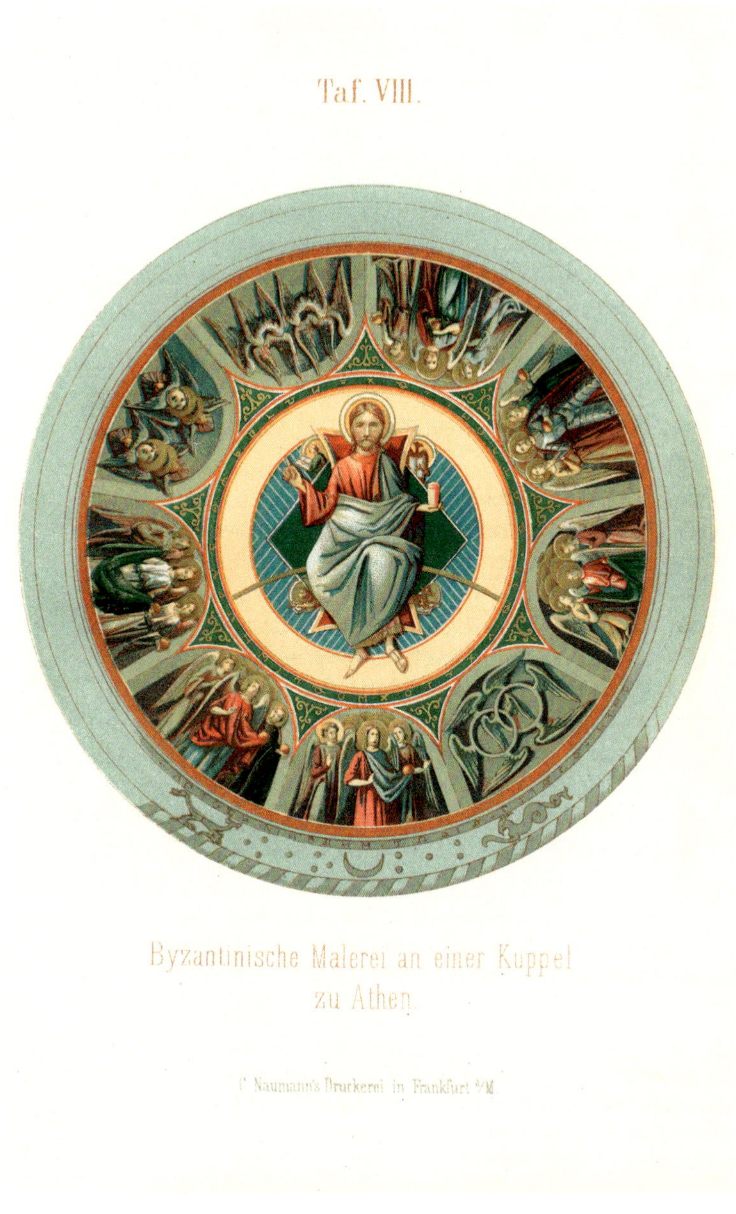

Abb. 26: Byzantinische Kuppelausmalung in einer Athener Kirche, Chromolithografie aus G. Semper, Der Stil in den technischen und tektonischen Künsten, Bd. 1, 1860

Semper nutzte in »Der Stil« die als populäres Medium verbreitete, aber für die Reproduktion von Kunstwerken diskreditierte Chromolithografie ohne jede Berührungsangst – selbst für die Darstellung höchster Bauaufgaben und deren malerische Ausstattung. Solange nicht die Würdigung des Einzelwerks in seiner spezifisch ästhetischen Bedeutung im Fokus stand, sondern die Werke Sempers Argumentation dienten, erfüllten die chromolithografischen Reproduktionen ihre Zwecke. In der Kombination von flächiger Farblithografie und dem als Massenmedium verbreiteten linearen Holzstich suchte der Architekt in seinem Grundlagenwerk zur Formgenese, Theorie und Empirie, Modelle und historische Evidenz auf anschauliche Weise miteinander zu verschränken.

Riegls Interesse an Fotoreproduktionen

Der Wiener Kunsthistoriker Alois Riegl schloss mit seinen ebenfalls der Stilgeschichte zuzurechnenden Studien zum Kunstgewerbe zunächst an Sempers epochemachendes Werk an. Wie Semper pflegte auch Riegl direkten Umgang mit den physischen Objekten seines wissenschaftlichen Interesses. Während er von 1894 an als außerordentlicher Professor an der Universität Wien tätig war, begleitete er noch drei Jahre lang seine 1885 angetretene Stelle am 1863 gegründeten k.k. Österreichischen Museum für Kunst und Industrie (heute MAK, Museum für angewandte Kunst). Als Leiter der Abteilung für Textilien war er mit Artefakten des Kunstgewerbes bestens vertraut und kannte viele – auch private – Sammlungen der Donaumonarchie aus eigener Anschauung. Das heißt, auch Riegl entwickelte – ähnlich wie Semper – seine Überlegungen an den Artefakten selbst und war nicht auf Abbildungen angewiesen.

Gleichwohl zeigte Riegl lebhaftes Interesse an den spezifischen Möglichkeiten der Reproduktion. In einem Aufsatz von 1891 über »Spätantike Stickereien«, deren Reliefcharakter er im Verhältnis zum gewebten Stoff untersuchte, finden sich Beobachtungen zum fotografischen Dispositiv als Instrument, das sichtbar zu machen vermag, was sich dem Auge entzieht: »Was nämlich am Original den Betrachter verwirrt, ist die tiefe Färbung der gekräuselten Purpurwolle«, die den Fadenverlauf nicht nachvollziehen lasse, »während in der Abbildung die Fäden und Stiche durch Anbringung von Licht und Schatten deutlich getrennt werden konnten«.[174] Das heißt, die Aufnahme wurde durch die Ausleuchtung für Riegls Anliegen dienstbar *gemacht*, um die textilen Techniken, wie in diesem Fall, ein gesticktes Ornament von einem gewebtem Grund unterscheiden zu können. Um die Hell-Dunkelkonstellation von Figur und Grund hervorzutreiben, nutzte er die Schwarz-Weiß-Reproduktion. Demgegen-

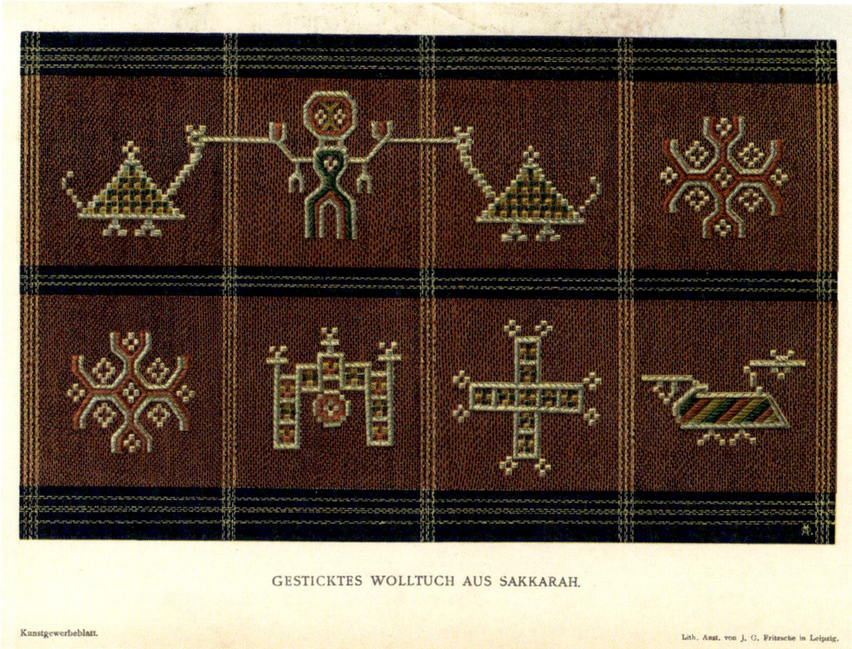

Abb. 27: Bestickter Stoff, aus A. Riegl, Spätantike Stickerei, Kunstgewerbeblatt 1891

über wurde eine vielfarbige helle Stickerei, die sich vom dunkleren Wollgewebe deutlich abhebt, in prägnanten Farben und herausragender Genauigkeit wiedergegeben (Abb. 27). In einer Publikation von 1895, in der sich Riegl mit vielfarbigen, stark gemusterten orientalischen Teppichen befasste,[175] nutzte er für die beiden zentralen Objekte, die er in Wiener Sammlungen untersucht hatte, den aktuellen fotolithografischen Dreifarbendruck,[176] der sich erst seit den 1880er Jahren durchsetzte[177] und differenzierte Zwischentöne und Farbübergänge erlaubte.

Mit Interesse verfolgte Riegl auch die Reproduktionspraxis in Publikationen seiner Zeitgenossen. So lobte er die »vorzügliche« Qualität der Abbildungen in Cornelius Gurlitts frisch publizierter zweibändiger »Geschichte der Kunst«, die u.a. chromolithografische Abbildungen enthält.[178] In Gurlitts Überblickswerk sei »auch in der Illustration ein Zurücktreten des einzelnen Kunstwerkes zugunsten des Verknüpfenden, Allgemeinen« zu bemerken,[179] was Riegl begrüßte, während er sich gegen »das Überhandnehmen des Bildes« verwahrte, wie es aufgrund der verbesserten Fotoreproduktion modisch wurde. Denn das angestrebte Allgemeine, und damit der charakteristische Stil einer Zeit, könne »nicht durch Bilder, sondern nur durch Worte anschaulich gemacht werden«.[180] Doch zugleich konstatierte der Formanalytiker, es müsse sich bei Gurlitt schon wegen der »bloß je 15 Abbildungen pro Band«, durch die »die Wandlungen der Kunststile nicht entfernt erschöpfend repräsentiert sein können, offenbar von vorn herein mehr um eine zugleich anregende und zerstreuende Pause in der Abwicklung des Textes als um eine Entwicklung der Formen gehandelt haben«.[181] Zum einen bestand Riegl auf dem erklärenden Wort, zum anderen hielt er jedoch gerade die »Entwicklung der Formen« für die Aufgabe der visuellen Repräsentation, galten sie ihm doch als Symptome epochaler Veränderungen. Sie mit den Mitteln der Kunstgeschichte auch an Artefakten des Kunstgewerbes zu zeigen, war sein Anliegen.

Bildregie in der »Spätrömischen Kunstindustrie«

Das erhellt seine 1901 publizierte Schrift »Die Spätrömische Kunstindustrie nach den Funden in Österreich-Ungarn«, in der Riegl bekanntermaßen entgegen der allgemeinen Annahme vom Verfall der antiken Kunst in spätrömischer Zeit die These von deren Weiterentwicklung auf der Basis formanalytischer Untersuchungen und entsprechend signifikanter Abbildungen vertrat. Die Publikation wurde vom Österreichischen Archäologischen Institut herausgegeben und von der Kaiserlichen Hofdruckerei in Wien als Folioband realisiert. Wie Semper argumentiert Riegl in der »Spätrömischen Kunstindustrie« sowohl mit Hilfe schwarz-weißer als auch farbiger Illustrationen. Und wie in Sempers »Der Stil« geht es auch bei Riegl nicht um das einzelne Werk um seiner selbst willen, sondern um das Kunstwerk als Indikator von Entwicklungen des Gestaltungsinteresses, das allerdings bei Riegl stärker historisch gefasst ist.

Riegls Wertschätzung des gut 50 Jahre älteren Gottfried Semper veränderte sich trotz – oder vielleicht wegen – grundlegender Vergleichbarkeiten.[182] In seinen 1893 erschienen »Stilfragen« würdigte Riegl Semper noch als den »großen Künstler-Gelehrten«, den es von der materialistischen Simplifizierung der »Semperianer«, »scharf und streng zu unterscheiden« gelte.[183] Der »technisch-materiellen« Begründung aller Kunstformen seitens der Semperianer stellte Riegl bereits in den »Stilfragen« ein »Kunstwollen« entgegen, worunter er die »Entwicklungsrichtung« einer kulturellen Epoche verstand. In der vielbeachteten »Spätrömischen Kunstindustrie« charakterisierte er die Semper'sche Theorie dann als überholtes »Dogma der materialistischen Metaphysik«,[184] wobei er überging, dass Semper von einem »Kunsttrieb« gesprochen hatte, den er dem anthropologischen Selbsterhaltungstrieb gleichsetzte.

In der aufwändig gestalteten Erstausgabe der »Spätrömischen Kunstindustrie« finden sich neben einhundert Schwarz-Weiß-Abbildungen innerhalb des Textes, bei denen es sich meist um fotografische Reproduktionen handelt, großformatige Tafeln in technisch unterschiedlichen Aufnahme- und Wiedergabeverfahren. Die Abbildungen im Text umfassen dem Buch entsprechend – aber anders als der Buchtitel zunächst erwarten lässt – alle Gattungen.[185] Dem solchermaßen in ein umfassenderes zeitspezifisches »Kunstwollen« eingebetteten Kunstgewerbe sind hingegen sämtliche Foliotafeln vorbehalten. Sie sind nicht allein eng mit dem Text, sondern auch mit den Textabbildungen verknüpft. Im Unterschied zu den übrigen Bereichen von Architektur, Skulptur und Malerei finden sich in den Abschnitten des Kunstgewerbes – ähnlich wie bei Semper – auch lineare Umzeichnungen, Schemata, Abstraktionen empirischer Befunde und damit dasjenige, was weder die reine Objektbetrachtung noch die Fotografie zu leisten vermag. Bei den Bildtafeln handelt es sich um zwölf monochrome und elf farbige, technisch aufwändig hergestellte Visualisierungen am Ende des Bandes.

Rematerialisierungen

In der zweiten, wesentlich handlicheren Edition, die 22 Jahre nach Riegls Tod, im Jahr 1927, von Otto Pächt herausgegeben wurde, ist die Anzahl der Farbtafeln von elf auf zwei reduziert, um, wie es im Vorwort heißt, Kosten zu sparen. In der dritten Auflage von 1964, bei der es sich laut Impressum um den »unveränderten fotomechanischen Nachdruck der zweiten Auflage von 1927« handelt, entfielen sämtliche Farbabbildungen. Farbe, das zeigt sich auch andernorts bei angeblich unveränderten Auflagen, zählt offensichtlich nicht zu den nennenswerten Faktoren, sonst müsste auf Veränderungen hingewiesen werden, wenn farbige Abbildungen durch schwarz-weiße ersetzt werden. In der Formulierung drückt sich ein Verständnis aus, das zwar mit dem Authentizitätsversprechen des Fotografischen hausieren geht, die informative und ästhetische Bedeutung der Farbe jedoch ausblendet. Jüngere Ausgaben der »Spätrömischen Kunstindustrie« enthalten wiederum (wie schon 1927) zwei Farbtafeln. Riegls Argumentation, in der sich Text und Bild eng aufeinander beziehen, wird durch die Reduktion bzw. das gänzliche Wegfallen der Farbtafeln geschwächt.

Otto Pächt, dem 1927 die Bildredaktion der Neuausgabe oblag, tauschte neben der Reduktion der Farbabbildungen von elf auf zwei auch 14 Schwarz-Weiß-Fotos aus. Jesse Lockard hat gezeigt, inwiefern nahezu sämtliche der 14 ausgetauschten Schwarz-Weiß-Abbildungen, die veränderte Blickwinkel der-

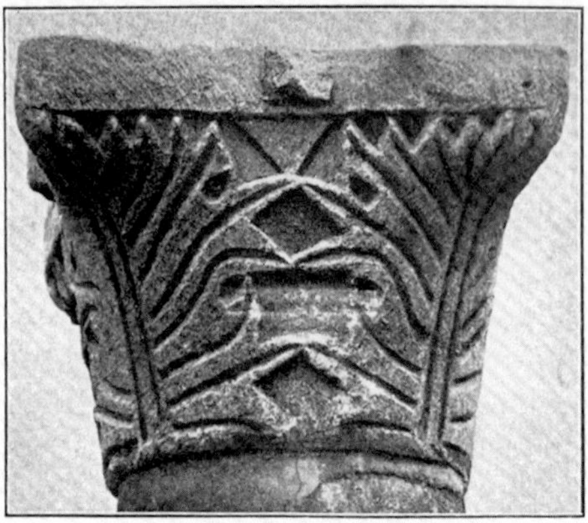

Fig. 2. Marmor-Capitäl in Salona, Seitenansicht.

Abb. 28: Kapitell aus Salona,
Fotoreproduktion aus A. Riegl,
Spätrömische Kunstindustrie… 1901

selben Objekte zeigen, dem Text Riegls geradezu widersprechen.[186] Die ausgetauschten Fotos wurden bis heute in allen Ausgaben beibehalten. Der Akanthus z. B., eines der für Riegl beispielhaften Motive, an dem er stilistische Veränderungen zeigt, interessierte den Autor unter formalen Gesichtspunkten wie Symmetrie und Flächenbezug der ornamentalen Gestaltung. Unter den Abbildungen der Erstausgabe findet sich die vergleichende Gegenüberstellung der »Eckansicht« eines Kapitells aus Salona mit einer zweiten fotografischen Abbildung desselben Kapitells in planparalleler Ansicht. Letztere akzentuiert die symmetrische Ordnung und Flächenbezogenheit des Ornaments vor einem hellen Grund (Abb. 28), während die 1927 ausgetauschte Abbildung durch eine dramatische, asymmetrische Ausleuchtung das plastische Hervortreten aus einem raumhaltigen Dunkel betont (Abb. 29). Wenn es bei Riegl zur Gestaltung dieses Kapitells heißt: »Es herrscht nicht mehr nach classischer Weise das erhabene Muster über dem ebenen Grunde, sondern es kämpft Muster gegen Muster; doch bleiben beide […] in der Ebene«,[187] so ist dies in der neuen Abbildung nicht mehr verifizierbar. Im Gegenteil, »the capital is transformed from a pattern flattened against the picture plane into a textured, modelled sculp-

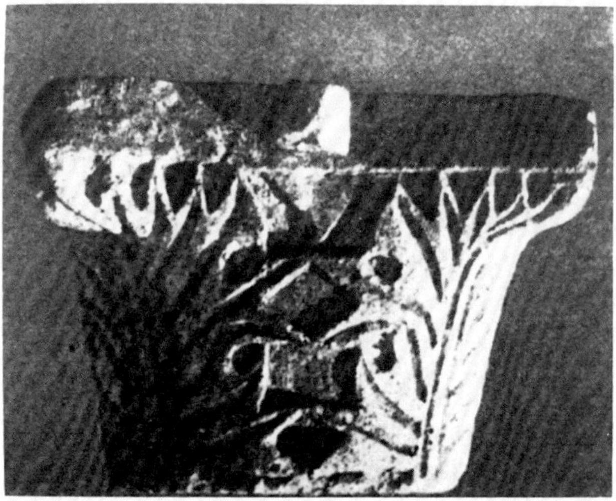

Fig. 9. Marmorkapitäl in Salona. Seitenansicht.

Abb. 29: Kapitell aus Salona, Fotoreproduktion aus A. Riegl, Spätrömische Kunstindustrie … 1927

ture in deep space«.[188] Während Riegl römische Sarkophage und Reliefs vom Konstantinsbogen vollkommen planparallel abbildete, um die Figur-Grund-Beziehung anschaulich werden zu lassen, zeichnen sich Pächts Fotos durch die Schrägsicht aus, die den dreidimensionalen Objektcharakter betonen. Damit wird Riegls Auslotung des Flächenbezugs als Seismograf der formalen Kunstentwicklung nicht allein die bildliche Evidenz streitig gemacht; vielmehr führen die Abbildungen einen Gegendiskurs.

Zu Recht erinnert Lockard daran, dass auch die Fotografie keineswegs einem Objektivitätsdogma folge, sondern als eloquentes Medium im Dienst der jeweiligen Argumentation stehe. In dieser Hinsicht unterscheidet sich die Fotografie kaum von älteren Medien, bleibt sie doch – wie etwa im frühen 19. Jahrhundert die Radierungen bei Séroux d'Agincourt – an der Konstruktion von Thesen beteiligt. Doch wurde das Objektivitätsparadigma der Fotografie dadurch keineswegs angetastet. In der »Spätrömischen Kunstindustrie« entsteht durch die ausgetauschten Fotos ein Widerspruch zu Riegls zentralem Argument einer Entwicklung aller Kunstäußerungen des Untersuchungszeitraums vom Haptischen zum Optischen, was einer Tendenz zur Dematerialisierung entspricht. Pächts Abbildungsstrategie unternimmt dagegen eine *Re*materialisierung, indem die neuen Reproduktionen die Flächigkeit der Figurationen zurücknehmen und stattdessen den physischen Objektzusammenhang betonen. Das mag den einzelnen Kunstwerken in ihrem funktionalen Zusammenhang betrachtet durchaus angemessen sein, läuft aber Riegls Argumentation im Hinblick auf eine epochale Stilentwicklung zuwider.

Vom Haptischen zum Optischen – vom Material zur Farbe

Auch die Reduktion der Farbabbildungen wirkt sich kontraproduktiv aus. Bereits in der Einleitung zur »Spätrömischen Kunstindustrie« betonte der Autor, dass alle vorherigen Untersuchungen der zentralen Ornamentik in spätrömischer Zeit »vom Motiv und seiner gegenständlichen Bedeutung und nicht – wie ich es unternahm – von der Behandlung des Motives als Form und Farbe in Ebene und Raum ausgegangen waren«[189]. Unter einer formalen Analyse verstand der Autor im Unterschied zu vielen seiner Interpreten nicht allein die lineare Form, sondern ebenso die Farbe: Der Analyse des an den Denkmälern »zutage tretenden rein künstlerischen Charakters – als Umriß und Farbe in Ebene oder Raum«[190] galt Riegls Interesse.

Seine minutiösen Beobachtungen von Veränderungen an kleinteiligen Beschlägen und Schmuckstücken ließen sich wohl nur an den Originalen gewinnen. Die These einer kontinuierlichen stilistischen Entwicklung des Kunstgewerbes von der Antike in das christliche Zeitalter belegt Riegl in besonders relevanten Bereichen mit farbigen Abbildungen, die vermutlich eigens angefertigt wurden. Die zwölf monochromen Tafeln mit Abbildungen von Metallobjekten zeigen vornehmlich materialsichtige bronzene Schnallen, eiserne Schwerter und Beschläge im Lichtdruck. Ihre zunächst durchbrochene Ornamentik, die in Riegls entwicklungsgeschichtlicher Ordnung allmählich von Keilschnitttexturen und Punzungen abgelöst wird, kommt in den vollständig planparallel aufgenommenen Schwarz-Weiß-Fotos deutlich zum Ausdruck. Im Streiflicht treten die ornamentalen Muster hervor, bei denen sich in der visuellen Abfolge Figur und Grund sukzessive verschränken (Abb. 30) und die Metallornamente gleichermaßen als Reliefs wie als Gravuren beschrieben werden können.[191] In den qualitätvollen, monochromen Lichtdrucken vermittelt sich zudem etwas von der Materialität der kontextfrei im Maßstab 1:1 aufgenommenen einfarbigen Metallobjekte.[192]

Die andere Hälfte der Tafeln zeigt kleinteilige, ebenfalls meist in Originalgröße reproduzierte Goldschmiedearbeiten, wie etwa emaillierte Gefäße und insbesondere Schmuckstücke mit Granateinlagen in Gold. Für diese vielfarbigen

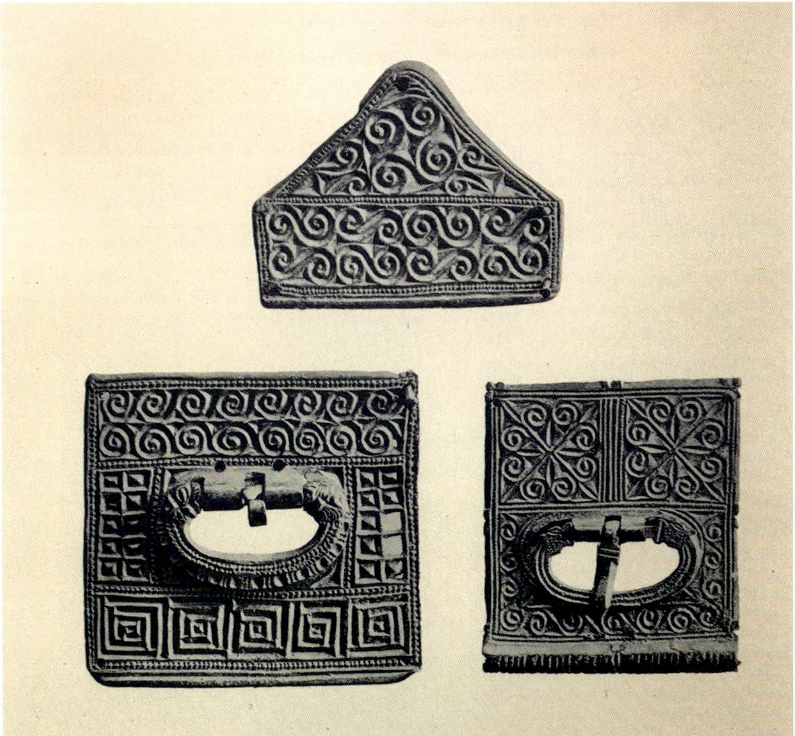

Abb. 30: Keilschnittbronzen aus Wien und Budapest, Lichtdruck aus A. Riegl, Die spätrömische Kunstindustrie… 1901

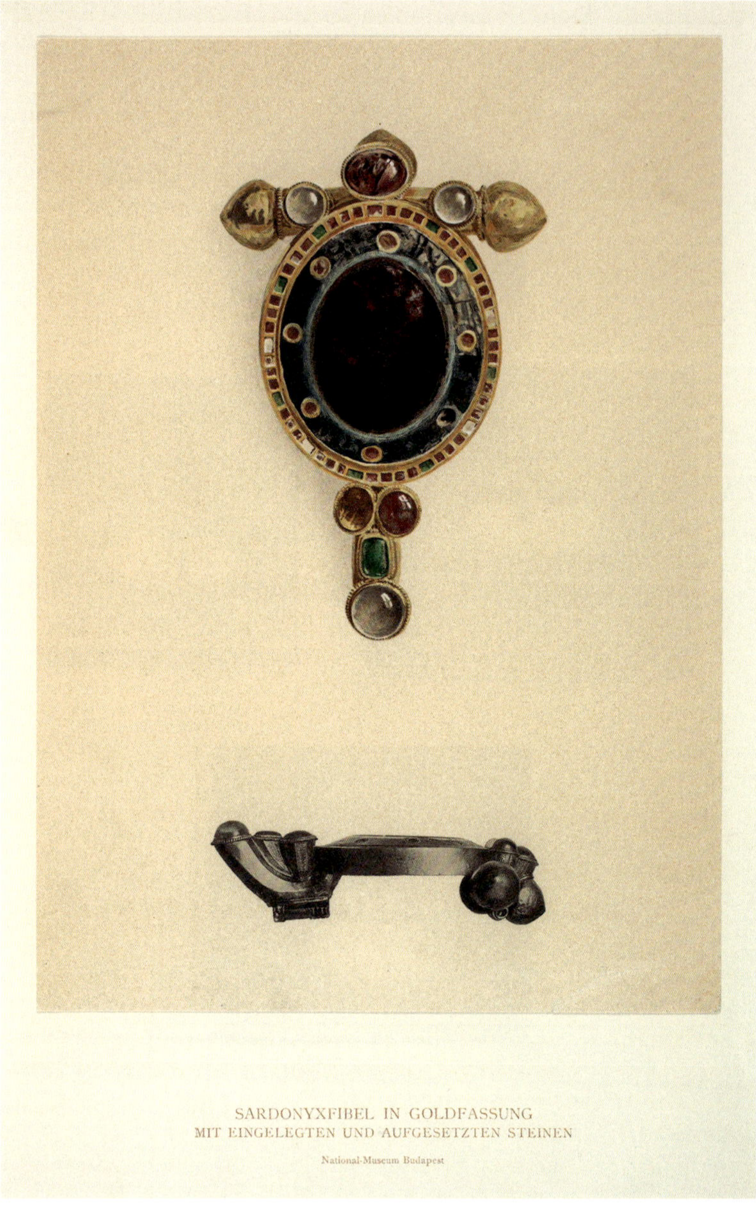

Abb. 31: Sardonyxfibel, Chromolithografie
aus A. Riegl, Die spätrömische Kunstindustrie… 1901

Objekte wurden durchweg farbige Abbildungen eingesetzt, die ein multi-mediales Spektrum zeitgenössischer Reproduktionsverfahren umfassen: so etwa die Chromolithografie, die farbige Radierung oder auch die verbreiteten zeitgenössischen Kombinationsverfahren von Fotografie und Lithographie. Entsprechend wurde z.B. auf Tafel III eine Schwarz-Weiß-Fotografie mit einer Chromolithografie, die händisch bearbeitet wurde, innerhalb einer Druckplatte kombiniert (Abb. 31): Die Tafel, die einer mit Edelsteinen besetzten und mit Granateinlagen geschmückten Fibel gewidmet ist, zeigt mit »aufgesetzten und eingelegten, farbig oszillierenden Steinen« ein Übergangsphänomen. Während im unteren Teil die seitliche Darstellung einer Fibel in einer Schwarz-Weiß-Fotografie die erhabenen Steine hervortreten lässt, das flache Mittelfeld mit dem in das Metall eingelegten großen Stein aber unsichtbar bleibt, enthält der obere Teil der Tafel die Aufsicht in Farbe und kann so das Muster, das die farbigen Edelsteine bilden und den vielfarbigen, flach eingelegten Sardonyx zeigen. In der Argumentation des Autors geht es auch bei den »Granateinlagen in Gold« um das sich verändernde Verhältnis von Figur und Grund. Das bedeutet in Riegls Ordnungsschema eine Entwicklung von haptischen zu optischen Werten. In den spätrömischen Arbeiten werde der Eindruck, den in früherer Zeit durchbrochene Ornamente etwa bei den Schnallen erzielten, wie sie die monochromen Tafeln zeigen, »rein in der Ebene, das heißt mit der Farbe allein, ohne alle natürlichen Licht- und Schattenwirkungen des Reliefs, hervorgerufen«.[193]

Die Broschen und Fibeln zeigen die Entwicklung von der »strengen Polychromie« der Antike mit körperlich erhabenen Edelsteinen, die auf das Metall aufgelegt wurden, hin zum »Kolorismus« der späten Kaiserzeit. Demnach habe die »klassische Kunst den Stein nicht allein auf seinen optisch-farbigen Wert, sondern vorwiegend auf seinen körperlichen Formwert hin angesehen«. »Erst von der Mitte des zweiten Jahrhunderts an […] begann man an der farbigen Wirkung des Steines allein als solcher künstlerisches Wohlgefallen zu finden und denselben in größeren Flächen vor Augen zu bringen«.[194] »Die taktische Kunstform ist am Stein auf den allgemeinen Umrisse beschränkt, dagegen die prächtige Farbwirkung in der Fläche, namentlich unter Hinzutritt der Nuancierung durch die Spiegelungen des Lichtes, mit bewußter Absicht angestrebt«.[195] Mit dem Hinweis auf die Farbigkeit der Flächen und den absichtsvollen Glanz des Lichtes wird die mit der Optizität einhergehende Dematerialisierung explizit thematisiert und das bereits bei Semper mit der Farbe verbundene Narrativ in einem anderen Kontext aufgenommen. Das heißt, zentral war in spätrömischer Zeit demnach nicht mehr die Dreidimensionalität und Materialität des Steins, sondern seine Erscheinung als farbige Fläche. In noch späterer Zeit seien die Granaten mit »unklarer Krümmung« vollständig in das Metall

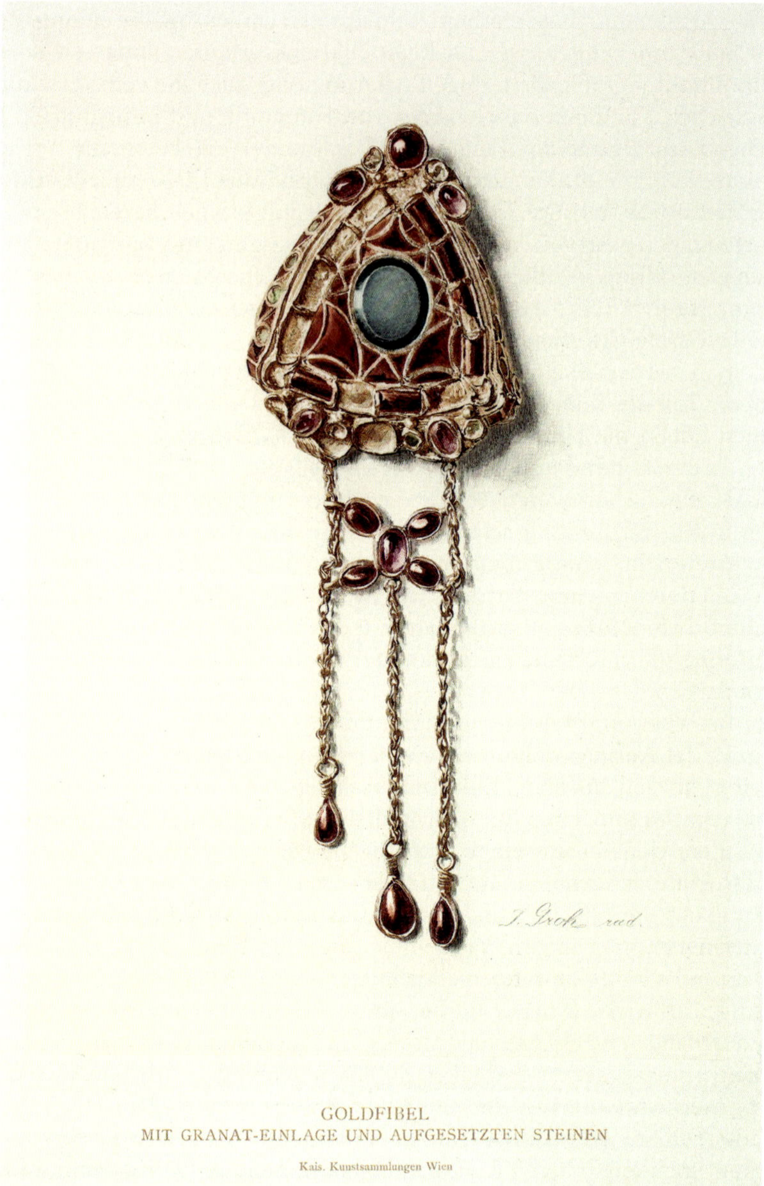

Abb. 32: Goldfibel mit eingelegten Granaten und aufgesetzten Steinen, farbige Radierung aus A. Riegl, Die spätrömische Kunstindustrie… 1901

eingelegt worden und bildeten zusammen mit dem Gold einen »bewegten Grund«.[196] (Abb. 32)

Von diesen subtilen, aber für Riegls Argumentation bedeutsamen Veränderungen vermittelt erst die Reihe der Farbabbildungen eine Vorstellung. Erst in der Sukzession werden die Veränderungen nachvollziehbar. Berücksichtigt man, dass Riegl mit seiner komplexen formgeschichtlichen Analyse anhand dieser kleinformatigen Objekte eine Entwicklung des »Kunstwollens« vom Haptischen (bzw. Taktischen) zum Optischen, vom Plastischen zum Koloristischen, vom Material zur Farbe anschaulich zu machen suchte, dann wird deutlich, dass es sich bei den Farbreproduktionen um keine Nebensächlichkeit handelte. Das Herausstellen der Optizität der farbigen Edelsteine, das mit dem Zurückdrängen ihrer haptischen Werte einhergeht, war in Riegls Argumentation ein Indikator signifikanter Veränderungen des spätrömischen »Kunstwollens«. Im Kernbereich seiner Arbeit, dem Kunstgewerbe, und speziell dem Edelsteinschmuck, ließ sich das am einschlägigsten mit farbigen Abbildungen demonstrieren. Warum dafür farbige Radierungen und nicht Fotolithografien eingesetzt wurden, ist ungeklärt. Möglicherweise war das in den Sammlungen von Budapest, woher die meisten als farbige Radierung abgebildeten Objekte stammen, nicht möglich. Wie dem auch sei, in Pächts Neuausgabe von 1927 und allen nachfolgenden Ausgaben wurden die Signaturen sämtlicher Radierungen wegretuschiert und die Abbildungsliste mit den entsprechenden Nachweisen der Stecher weggelassen.

Wolfgang Kemp betont im Nachwort zur Neuausgabe der »Spätrömischen Kunstindustrie« aus dem Jahr 2000, der die bildliche Ausstattung von 1927 mit den zwei Farbabbildungen zugrunde liegt, zu Recht, in Riegls Arbeit sei »kein Argument ohne Beispiel, kein Beispiel ohne Argument«.[197] Abbildungen – selbst wenn sie nicht dieselbe Verallgemeinerungsfähigkeit besitzen wie das Wort – sind bei Riegl durchaus Argumente. Daher bleibt festzuhalten, dass die Reduktion der Farbabbildungen ebenso wie der Austausch der Schwarz-Weiß-Abbildungen die Argumente des Autors schwächt.

Nachdem die Ausstellungskataloge der internationalen Welt- und Gewerbeausstellungen in der Mitte des 19. Jahrhunderts mit chromolithografischen Abbildungen für Waren warben, nutzte auch die stilanalytisch und formgeschichtlich ausgerichtete Erforschung des Kunstgewerbes ganz selbstverständlich die Möglichkeiten der farbigen Reproduktionstechniken für ihre Argumente. Im Bereich der Kunstwissenschaft war das Kunstgewerbe zunächst Vorreiter der farbigen Reproduktion. Das wurde durch den – im Vergleich zur Malerei und der Skulptur – als nieder angesehenen Status der zudem meist autorlosen Objekte der ›nützlichen Künste‹ begünstigt. Zugleich erforderte die von Semper vertretene These einer Dematerialisierung durch farbige Bekleidung ebenso die Farbabbildung wie Riegls Konstruktion der Wertschätzung von Edelsteinen auf Schmuckstücken der Antike in ihrer haptischen Qualität gegenüber der optischen Privilegierung von Farbe und Glanz in spätrömischer Zeit. Doch wurde dem intensiv rezipierten Autor Alois Riegl, dessen Überlegungen zur Flächigkeit und der Figur-Grundkonstellation für die Kunst nach 1945 interessant werden sollten,[198] im Verlauf des 20. Jahrhunderts die Farbe wieder ausgetrieben. Während die Neuauflagen der »Spätrömischen Kunstindustrie« weiterhin Farbabbildungen meiden, hat inzwischen die Digitalisierung von Bibliotheksbeständen neben manchen chromolithografischen Katalogen des 19. Jahrhunderts und Gottfried Sempers »Der Stil« auch die Erstausgabe der »Spätrömischen Kunstindustrie« mitsamt ihren farbigen Abbildungstafeln wieder verfügbar gemacht. Das lässt hoffen, dass auch die Farbe in die Diskussion um die Formanalyse zurückkehren wird.

IV. Berührungsprobleme: Farbreproduktionen in der Malerei

Wölfflins Medienreflexion

Im Bereich der Kunstbücher waren also die mit dem »Stilbegriff Kunstgeschichte« betreibenden Untersuchungen zur Theorie und Geschichte des Kunstgewerbes, wie sie in der zweiten Hälfte des 19. Jahrhunderts als ein wissenschaftliches Fundament der Disziplin entwickelt wurden, Vorreiter der farbigen Reproduktion. Die wichtigste Basis der wissenschaftlichen Arbeiten Gottfried Sempers und bedingt auch Alois Riegls bildete noch nicht das schwarz-weiße Fotoarchiv, sondern der Umgang mit den Objekten. Demgegenüber entwickelte die sich etablierende universitäre Kunstgeschichte ihre medialen Arbeits- und Vermittlungsinstrumente in Gestalt schwarz-weißer Foto- und Diatheken. Das bedeutete zwar allgemein betrachtet eine zunehmend fotografisch vermittelte, also reproduktionsbasierte Wissenschaft, doch finden sich Unterschiede in der Art, wie und zu was die Reproduktionen genutzt wurden.

Während Semper und Riegl also zumindest phasenweise mit den Gegenständen ihrer Forschungen praktisch arbeiten konnten, hatte Heinrich Wölfflin als Universitätsprofessor für Kunstgeschichte andere Arbeitsbedingungen. Die mediale Kommunikation war von vornherein Teil seiner beruflichen Arbeit. Im Unterschied zu Semper und Riegl war er nicht mit dem Kunstgewerbe, sondern mit Architektur und vor allem mit Malerei befasst. Gemälde enthielten andere Farbangebote an die Betrachter und stellten andere Anforderungen an die Farbwahrnehmung und an die Farbreproduktion als die nützlichen Künste. Heinrich Wölfflin, dessen Werk in den letzten Jahrzehnten ausführlich zu analysieren und neu zu edieren begonnen wurde,[199] dessen »Kunstgeschichtliche Grundbegriffe« internationale Resonanz fanden,[200] lehrte an den Universitäten von Basel, Berlin, München und Zürich – Städten also, die über reiche Sammlungsbestände verfügten. Er unternahm zudem ausgedehnte Reisen u. a. nach Italien, Spanien, Frankreich, Holland, Belgien und England, also in jene Länder, in denen sich Sammlungen mit Gemälden seiner wichtigsten Interessensfelder, Renaissance und Barock, befanden. Angesichts der zunehmenden Mobilität dank der neuen Verkehrsmittel schien ihm jedoch mitunter der »Nutzen gegenüber dem Schaden der Zersplitterung gering.« 1902 notiert er in sein Notizheft: »Zu viel Eile und Eisenbahn dabei«.[201] Wölfflin klagte über die »Verpflichtung, alles gesehen zu haben […] denn auf diese Weise sieht man eben zu viel, das heißt, man sieht gar nichts«.[202] Trotz der kritischen Reflexionen über die Wahrnehmungsbedingungen angesichts der veränderten Reisegeschwindigkeit ermöglichte sie überhaupt erst einem Universitätsprofessor wie Wölfflin, während der Semesterferien die Originale seiner wissenschaftlichen Neugier persönlich in Augenschein zu nehmen. In der Regel war für Wölfflin also die zeitlich begrenzte Anschauung der Originale Grundlage seiner wissenschaftlichen Arbeit. Wie wichtig ihm dies war, belegt neben den zahlreichen Reisen z. B. auch das Notizheft von 1909. Dort heißt es: »Mich eckelt fast mich wieder ganz in den Kreis der ital. Photographien zurückzubegeben«.[203] Fotos, die Wölfflin selbst vor Ort oft gezielt erwarb – darin seinem Lehrer Jacob Burckhardt folgend –, die für seine Forschungen als Erinnerungshilfen wie für die universitäre Lehre unentbehrlich waren, ließen ihn den lebendigen Kontext der Originale schmerzlich vermissen. Im Zusammenhang mit seinen Überlegungen, an der Berliner Universität zu bleiben, heißt es im Notizheft von 1910: »Dann meine Methode in acad. Vortrag darlegen: Dass nur weniges demonstrirt wird und in allerbesten Projectionen, mit durchgängigem Bezug auf das Original«.[204] Die reflektierte Relation von Original und dessen medialer Reproduktion ist zentral, denn Wölfflin war sich nicht allein der Möglichkeiten der Medialisierung von Kunstwerken, sondern auch der damit verbundenen Probleme wie wohl kein zweiter Kunsthistoriker seiner Generation bewusst.

Er stattete die Institute, an denen er lehrte, mit zeitgemäßen Medien und Apparaturen aus, bzw. er baute – wie in Berlin, wo Hermann Grimms Institutssammlungen den Grundstock bildeten,[205] das Foto- und Diaarchiv weiter aus. Er hielt Vorlesungen mit Lichtbildprojektionen,[206] was als Beleg für seine Aufgeschlossenheit für neue Medien gilt.[207] Darüber hinaus verfasste Wölfflin 1896 zwei Aufsätze zum angemessenen Fotografieren von Skulpturen.[208] Doch damit nicht genug. Er reflektierte – was hier von Interesse ist – in einigen seiner kunsthistorischen Schriften die zeitgenössischen Abbildungsmodalitäten – und zwar auch die der Farbreproduktion.

Farbe in der formalen Analyse

Wölfflins Verhältnis zur Farbe und deren medialer Vermittlung wurde bisher nicht untersucht. Das veranlasste den Philosophen Lambert Wiesing zu der weitreichenden Behauptung, für Wölfflin sei »die Farbigkeit keine formale Bildeigenschaft [...] Die Unwichtigkeit der Farbigkeit ergibt sich konsequent aus Wölfflins Formbegriff.« Farbe sei für Wölfflin lediglich »die ästhetisch unwichtige Füllung der Formen [...]. Daß etwas in der bestimmten Farbe wiedergegeben wird, ist nicht durch die Bildsprache bedingt, sondern durch den abgebildeten Gegenstand«.[209] Kaum eine Charakterisierung von Wölfflins formalem Analyseverfahren dürfte unzutreffender sein, impliziert die Annahme doch, der Kunsthistoriker sei lediglich an Lokalfarben interessiert gewesen. Die Verengung des Formbegriffs auf Kontur, Liniengerüste und Hell-Dunkel-Verhältnisse lässt den Autor selbst als Opfer schwarz-weißer kunsthistorischer Reproduktionsgepflogenheiten erscheinen.

Der Formanalytiker Wölfflin spielte dagegen Form und Farbe ebenso wenig gegeneinander aus wie Semper oder Riegl; Farbe war Bestandteil seiner Formanalyse. Allerdings sahen die konkreten Befunde in der Malerei anders aus als im Kunstgewerbe. Vom Frühjahr 1892, dem Jahr, bevor er als Nachfolger seines Lehrers Jacob Burckhardt dem Ruf an die Universität Basel folgte, datiert eine programmatische Äußerung in seinem Reisenotizheft. Bereits dort heißt es: »Es wird eine Kunstgeschichte geben, die von viel elementareren Dingen spricht, von Farben und Farbharmonien, von Linien und Flächen«.[210] Die formschaffenden Linien ebenso wie die zuerst genannten Farben wurden von Wölfflin demnach für eine zukünftige Kunstgeschichte als gleichermaßen wichtige Kategorien betrachtet. Seine eigene Arbeit verstand er als Beitrag auf dem Weg zu einer solchen Wissenschaft, die genuin bildnerische Mittel ins Zentrum stellt. An seinem 45sten Geburtstag, am 9. Juni 1909, notierte er in sein Tagebuch im Hinblick auf das geplante Buch der »Grundbegriffe« folgende Frage: »Ob das Buch nicht auf Zeichnung zu beschränken sei? Darin wäre alles gegeben, was ich exakt behandeln kann.«[211] Wölfflin nahm selbst Zeichenunterricht bei Fritz Burger und bemühte sich, an der Berliner Universität einen universitären Zeichenunterricht einzurichten,[212] doch zeigt bereits der Konjunktiv in der Antwort auf die selbstgestellte Frage, dass es für ihn mehr gab als das, was sich »exakt behandeln« lässt. 1912 skizzierte er dieses Andere der Malerei in seinem Vortrag über die »Grundbegriffe« in der Königlich Preußischen Akademie der Wissenschaften als »fast völlige Entwertung der Linie zugunsten des unbegrenzten Flecks«.[213] Er werde allein durch die Farbe generiert.

Seine formanalytische Arbeit wollte Wölfflin nicht mit Nahsichtigkeit verwechselt wissen. Im Tagebuch ermahnte er sich 1903 im Kontext der Vorbereitungen für seine Dürermonografie selbst, nicht in die Partikularität einzelner Kunstwerke zu versinken: »Beschreibungen von Kunstwerken müssen ohne die direkte Anschauung gemacht werden, ohne Modell«.[214] Das klingt zunächst ungewöhnlich und ist Diderots Wunsch, vor dem Objekt zu schreiben, diametral entgegengesetzt. Die Selbstermahnung macht deutlich, dass Wölfflin Beschreibungen nicht als Substitutionen des Kunstwerks betrachtete. Im Unterschied zu Diderot, dessen handgeschriebene Salonbesprechungen die neuesten Pariser Exponate an den europäischen Fürstenhöfen bekannt machen sollten, ging es bei Wölfflin nicht um die Beschreibung als Mittel zur Evokation einzelner Bilder. Vielmehr zielten seine Beschreibungen auf die signifikanten Phänomene eines Kunstwerks als Baustein zu einer vergleichenden Stilanalyse und waren damit Riegl eng verbunden; auf dieser Metaebene dienten die Kunstwerke, ihre Formen und Farben, ihre Malweisen und Wahrnehmungsangebote als Charakterisierung von Epochenstilen. In dem schwarz-weiß illustrierten Beitrag »Die Stimmung als Inhalt der modernen Kunst« von 1899 heißt es bereits, das »Grundgesetz erscheint an den einzelnen Bildern bei nahsichtiger Betrachtung stets von trübenden Zufälligkeiten überwuchert und erschließt sich in begehrter Klarheit erst demjenigen, der eine ganze Gruppe solcher Einzelerscheinungen aus der Ferne überblickt«.[215] Von daher war die Selbstaufforderung, ohne direkte Anschauung zu schreiben, auch der Herstellung einer gewissen Distanz zu den Partikularitäten wie zu den affektiven Wirkungen eines Kunstwerks verpflichtet – einer Art »Denkraum«, wie Aby Warburg dies nannte.[216] Daraus resultierte das Problem, ob Abbildungen in der Vermittlung eine entsprechende Zusammenschau leisten können.

Ein Irrtum in Schwarz-Weiß

Aus zu großer Distanz konnte allerdings auch ein Fehlurteil resultieren. Joseph Imorde hat auf eine solche Fehleinschätzung aufmerksam gemacht, die Wölfflin im ausgehenden 19. Jahrhundert ohne Kenntnis des Originals, ausschließlich auf der Grundlage von Schwarz-Weiß-Reproduktionen ausgerechnet bei einem Heroen wie Michelangelo unterlief.[217] In seiner 1891 erschienen Monografie »Die Jugendwerke des Michelangelo«, in der Wölfflin die Stilentwicklung des Künstlers aus den Werken zu destillieren suchte, urteilte der junge Autor über ein Gemälde des Renaissancemeisters, das er zu diesem Zeitpunkt nur aus fotografischen Reproduktionen kennen konnte. Das Gemälde, die sogenannte Madonna von Manchester, die in der Londoner National Gallery aufbewahrt wird, hatte er noch nicht in Augenschein nehmen können, da er England noch nicht besucht hatte. Im zweiten Teil seiner Publikation versammelte Wölfflin »Unächte Werke«, zu denen er auch die »Madonna von Manchester« zählte (Abb. 33). Die ungenügende Qualität seiner Arbeitsmittel, im Fall der »Madonna von Manchester« offenbar bräunliche Heliogravüren, wie sich zwei in Wöfflins Sammlung in der ETH Zürich erhalten haben, schrieb er dem Kunstwerk selbst zu. Die unvollendet gebliebene »Manchester Madonna« erschien Wölfflin »von einer ganz unsäglichen Lahmheit in der Bewegung«, so daß er sie als »eine rechte Stümperarbeit« verwarf.[218] Er bemängelte den »grauenhaft zerfetzten Rock« der Madonna, die »Hülflosigkeit im Faltenwurf« und

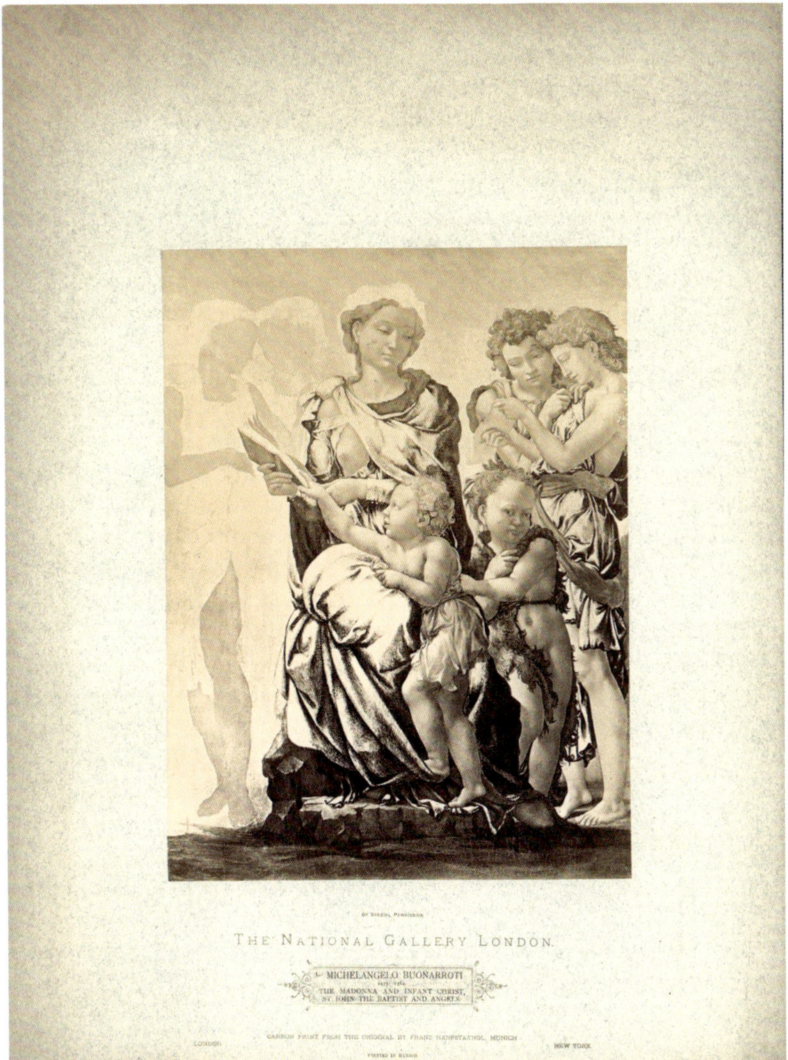

Abb. 33: Michelangelo, Madonna von Manchester,
Foto, um 1890, Kunsthistorisches Institut der Universität Zürich, Mediathek

das »Fetzchen, das über dem linken Arm des Kindes hervorlugt«.[219] Die elaborierte Farbigkeit des Gemäldes, das starke Changieren insbesondere der roten Gewänder der Madonna sowie eines der Engel wurde von Wölfflin bezeichnenderweise mit keinem Wort erwähnt. Über die Farbigkeit von Michelangelos Heiliger Familie in den Uffizien, einem Gemälde, das Wölfflin vor Ort studiert hatte, gab er jedoch auch im Hinblick auf die Farbe Auskunft. Dort heißt es recht prosaisch – den Farbnotizen Fritz Saxls vergleichbar (vgl. Abb. 19): »eine helle, kühle, fast ans Bunte streifende Färbung. Das Fleisch bräunlich; der Mantel hellblau, innen grün; der Rock kaltröthlich, an den hellen Stellen beinahe in's Weiße gelichtet«.[220] Allenfalls in dieser frühen Michelangelo-Publikation, in der sich der junge Wölfflin den »linearen Stil« des Renaissancemeisters erarbeitete, ließe sich in Wiesings Sinn von der Auffassung der Farbe als »Füllung der Formen« (s. o.) sprechen. Wölfflin verglich »die Farbbehandlung im Ganzen [...] mit derjenigen des späteren Florentiner Cinquecentisten. Bei Bronzino kann man die gleichen kalten hellen Töne finden, die gleiche Lichtung der Farben in's Weissliche«.[221] Ein Farbvergleich mit dem Florentiner Bild Michelangelos hätte zeigen können, wie eng die Verwandtschaft der faltenreichen Gewänder in ihrem kühlen, bis ins Weiß gebrochene Rot ist. Doch das blieb in einer Schwarz-Weiß-Reproduktion, wie Wölfflin sie genutzt haben muss, unsichtbar. Die fehlende Autopsie und der mangelnde Farbeindruck waren im Fall der »Manchester Madonna« für Wölfflins Verriss und seine Abschreibung verantwortlich. Zu Recht erkannte Imorde darin den Beginn einer »neuen epistomologischen Ausrichtung des Faches, einer akademischen Kunstgeschichte nach Reproduktionen«.[222] Trotz dieser Symptomatik blieb für Wölfflin jedoch die völlige Unkenntnis des Originals, über das er schrieb, die Ausnahme.

Fotogene und fotoresistente Farben: Wölfflins »Grundbegriffe«

Knapp 25 Jahre später begegnete Wölfflin den Farben in seiner berühmtesten Publikation »Kunstgeschichtliche Grundbegriffe. Das Problem der Stilentwicklung in der neueren Kunst« auf subtilere Weise; er ging auf die verschiedenen Arten der Farbbehandlung in Renaissance und Barock ein und äußerte sich ebenso zur farbigen Reproduktion von Kunstwerken. Zwar meinte Heinrich Dilly, die Orientierung am »technischen Stand der Reproduzierbarkeit« werde in den »Grundbegriffen« »auch im Verzicht Heinrich Wölfflins auf die Analyse von Farbe und Farbigkeit deutlich«,[223] doch erweist sich Wölfflins Position als komplizierter. Im Vorwort zu den ›Grundbegriffen‹, die 1915 erschienen, erläuterte Wölfflin, dass sich »mitten im Kriege« kein Verleger auf »die kostspieligen Bilderhefte« einlasse, wie sie eine umfangreichere Auseinandersetzung mit den Genres der Malerei erfordert hätte.[224] Er reflektierte das Fehlen farbiger Reproduktionen, vor allem aber die Unmöglichkeit, bestimmte Farbphänomene der Malerei überhaupt adäquat in die Fotografie übersetzen zu können. Im Vorwort heißt es weiter: »Über die grundsätzliche Schwierigkeit, daß Bilder, die mit der Farbe als einem selbständigen Kompositionswert rechnen, nicht zu photographieren sind, hilft freilich nichts hinweg«.[225] Derartige Gemälde einer »malerischen Malerei« widersetzten sich in Wölfflins Verständnis ihrer fotografischen Reproduktion. Das lasse sich durch nichts kompensieren. Vielfach kommt der Autor auf die Defizite fotografischer Schwarz-Weiß-Reproduktionen zu sprechen. So heißt es in einer Anmerkung zu Joos van der Cleves vielfiguriger Altartafel »Tod der Maria« in der Alten Pinakothek: »Die Abbildung läßt freilich die ordnende Kraft der Farbe vermissen«.[226] In der Tat gliedert die breite mittlere Bahn, die aus dem frontal dargestellten roten Bett Mariens und einem roten Baldachin gebildet wird, im Gemälde die zentrale Altartafel nahezu triptychonartig. In anderen Fällen bemerkte Wölfflin, »daß es sich kaum lohnt, eine Abbildung ohne Farbe hierher zu setzen«.[227] So auch im Fall von Jan Vermeers »wundervoller Ansicht der Stadt Delft« mit ihrem Komplementärkontrast von Ocker und Blau. »Die Farbe erklärt erst vollkommen, wieso das Ganze so ausgesprochen im Tiefensinn wirkt, und wie der Gedanke, als ob die Komposition in Streifenfiguren sich erschöpfe, gar nicht aufkommen kann«.[228] Daher verzichtete der Autor lieber ganz auf eine Abbildung, als das Gemälde in Schwarz-Weiß zu reproduzieren. Denn »die Häuser das Wasser und das diesseitige Ufer in fast reinen Farben ausgebreitet« erzeugten eine eigene Farbräumlichkeit, die eine Schwarz-Weiß-Fotografie lediglich in horizontale »Streifenfiguren« übertragen würde. Damit berührte Wölfflin eines der zentralen Probleme der Schwarz-Weiß-Reproduktion von Gemälden, das auch nachdem die Gradierung der Graustufen bei der Transformation der Farbwerte gelungen war,[229] weiterhin bestand. Denn die spezifische farbräumliche Qualität, die einer Farbfläche zukommt, entsteht nicht allein durch ihre jeweilige Helligkeitsstufe oder ihre farbige Umgebung, sondern vor allem durch den Grad ihrer Sättigung. Dies ging in der Schwarz-Weiß-Reproduktion verloren. Wölfflins subtile Beobachtung zeugt ebenso von seiner Farbsensibilität wie von seiner Beschäftigung mit den zeitgenössischen Möglichkeiten der fotografischen Reproduktion.[230]

Trotz seiner Aufmerksamkeit für die Qualitäten der Farbe, dem Interesse an der Gestaltung seiner Publikationen[231] sowie der guten Bekanntschaft mit dem Münchner Verleger Bruckmann,[232] der die »Grundbegriffe« publizierte, kam es zu Lebzeiten Wölfflins in den zahlreichen Auflagen, die nach dem Ende des Ersten Weltkriegs erschienen, zu keinen farbigen Abbildungen.[233] Das ist insofern erstaunlich, als der Bruckmann-Verlag für die Qualität seiner in unterschiedlichen Formaten publizierten Farbabbildungen bekannt war und über ein umfangreiches Verlagsarchiv verfügte.[234]

Doch wird bei genauerer Lektüre plausibel, warum Wölfflin trotz seines Interesses an Farbe und den konstatierten Defiziten der Schwarz-Weiß-Reproduktionen an ihnen festhielt. Sein Konzept, die formalen Grundkategorien der Kunst in den fünf inzwischen legendären dualen Gegenüberstellungen – »Das Lineare und das Malerische«, »Fläche und Tiefe«, »Geschlossene Form und offene Form«, »Vielheit und Einheit«, »Klarheit und Unklarheit« – an Beispielen aus Renaissance und Barock zu analysieren, wird von den oft kritisch gewürdigten Bildpaaren exemplifiziert.[235] Die motivisch ähnlichen Arbeiten stehen sich jeweils auf Doppelseiten gegenüber. Die abstrahierenden Schwarz-Weiß-Reproduktionen und die Angleichung der Formate durch die Verkleinerung erleichtern die Vergleichbarkeit und unterstützen Wölfflins Anliegen, die Abbildungen als kategoriale Exempla der unterschiedlichen Stilepochen erscheinen zu lassen. Die Farblosigkeit macht sich bei den verschiedenen Gegensatzpaaren allerdings auf unterschiedliche Weise bemerkbar.

»Formentfremdete« Farbe

In der ersten Gegenüberstellung von Linearem und Malerischem geht es um die Unterscheidung eines die Lokalfarben berücksichtigenden Stils der Renaissance und eines sich von den Gegenständen lösenden Kolorits des Barock. Seinen Beobachtungen zu dem letztgenannten Punkt widmete Wölfflin besondere Aufmerksamkeit: In der Malerei des Barock ereigne sich die Farbigkeit gewissermaßen zwischen den dargestellten Gegenständen und dem Auge des Betrachters. »Man merkt«, so der Autor, »daß der Akzent nicht mehr auf dem Sein liegt, sondern auf dem Werden und Sich-Wandeln. Dadurch hat die Farbe ein ganz neues Leben bekommen. Sie entzieht sich der Bestimmbarkeit und ist an jedem Punkt und in jedem Augenblick wieder eine andere«.[236] Damit rief Wölfflin in seiner Wortwahl die traditionellerweise monierte Veränderlichkeit, das Oszillieren und Fluktuieren der Farberscheinungen zur Charakterisierung der Barockmalerei auf und wies der Loslösung der Farben von den Formen eine entscheidende Funktion zu. Gegenüber der Malerei der Renaissance, so heißt es über die des Barock, »können hier die Pigmente unvermittelt nebeneinander stehen. Dadurch verliert die Farbe noch mehr das Materielle. Das Wirkliche ist nicht mehr die Farbfläche […], sondern das Wirkliche ist jener Schein, der sich von den einzelnen Farbflecken -strichen, -punkten ablöst. […] in letzter Linie ist es auf jene Wirkung des Unfaßbaren abgesehen, die […] ganz wesentlich bedingt ist durch die formentfremdete Faktur«.[237] Erst ein solcher »malerischer Stil«, so Wölfflin, »kennt eine Schönheit des Körperlosen«.[238] Wo sich Farbe und Duktus als selbstständige Akteure von der linearen Form emanzipiert haben, führen sie ein »von den Gegenständen abgelöstes Leben«.[239] Wölfflins Formanalysen billigen der Farbbehandlung nicht einzelner Gemälde, sondern eines Stils durchaus semantische Qualitäten zu, eine Qualität, die dem Formalismus lange Zeit abgesprochen wurde.[240]

In seiner Epochencharakterisierung folgt Wölfflin strukturell dem bereits von Alois Riegl vertretenen entwicklungsgeschichtlichen Konzept von der taktilen zur optischen Gestaltung und Wahrnehmung: »Das Umreißen einer Figur mit gleichmäßig bestimmter Linie hat noch etwas vom körperlichen Greifen an sich […] Eine malerische Darstellung dagegen […] wendet sich nur an das Auge […] so hat die Menschheit sich abgewöhnt das Bildwerk auf das Tastbare zu prüfen. Eine entwickeltere Kunst hat gelernt, der bloßen Erscheinung sich zu überlassen. […] das Tastbild ist zum Sehbild geworden, die kapitalste Umorientierung, die die Kunstgeschichte kennt«.[241] Diese Umorientierung sei zwischen Renaissance und Barock zu fassen und habe im Impressionismus eine letzte Steigerung erfahren.

Wölfflin befasste sich nicht allein mit der Charakterisierung und Wahrnehmung einer solchen nicht-konturbezogenen Malerei des Barock, sondern ebenso mit der Frage, wie es mit deren Transfer in das Medium Fotografie und weiter in das Kunstbuch bestellt sei. Während es 1899 in »Die Kunst Albrecht Dürers« noch um die allgemein schlechte Reproduktionsqualität ging, so entstand in den Epochenvergleichen der »Kunstgeschichtlichen Grundbegriffe« von 1915 ein anderes Problem. Denn die mediale Übersetzung hatte in Wölfflins Urteil unterschiedliche Folgen für Gemälde der gegenübergestellten Epochen. Der Autor warnte in der Einleitung die Leser vor seiner eigenen Abbildungspraxis: »Man kann klassische Gemälde photographieren, und sie werden dem Original zwar nicht entsprechen, aber ihm doch auch nicht widersprechen, bei Bildern des Barock dagegen bedeutet die Photographie fast immer eine Entstellung«.[242] Während die formgebundenen Flächenfarben der Renaissance demnach eine fotografische Übersetzung zuließen, lasse sich die raumhaltige Farbbehandlung des Barock mit ihrer »formentfremdeten« Farbe nicht in der statischen Fotografie bannen. Obwohl Wölfflin offenließ, ob er dabei nur Schwarz-Weiß-Fotos im Sinn hatte, wäre in seinem Verständnis selbst eine zeitgenössische Farbreproduktion kaum in der Lage gewesen, dem Phänomen, wie der Autor es diagnostizierte, überzeugend zu begegnen.

Die nicht mehr an die Formen gebundenen Farben agieren dynamisch. Wie Michel Eugène Chevreuls folgenreiche Untersuchung der Simultankontraste von 1839 deutlich gemacht hat, verändern und bewegen sich etwa aneinanderstoßende Komplementärfarben im Auge des Betrachters.[243] Ihrer fluktuierenden Beweglichkeit werden die Farben in der Schwarz-Weiß-Fotografie jedoch beraubt. Wie es im Abschlusskapitel der »Grundbegriffe« heißt:

> das Kolorit des Barock ist immer eine Farbbewegung und mit dem Eindruck des Werdens verbunden [...] man muß vom Bildnis des Barock sagen, nicht das Auge, sondern der Blick sei sein Inhalt, und nicht die Lippen, sondern das Sprechen. Der Körper atmet. Der ganze Bildraum ist erfüllt von Bewegung.[244]

Doch dann kommt die Ernüchterung: »Für Abbildungen sind diese Dinge unzugänglich«.[245]

Mehrfach wurde bereits zu Recht auf Wölfflins Unterscheidung hingewiesen: »Malerisch und farbig sind zwei ganz verschiedene Dinge«. Das erläuterte Wölfflin bereits in dem 1913 erschienen Aufsatz »Über den Begriff des Malerischen« ausführlich, allerdings in der Terminologie von Hell und Dunkel. In den »Kunstgeschichtlichen Grundbegriffen«, wo er die Unterscheidung wieder aufnahm, heißt es, »es gibt eine malerische und eine nicht-malerische Farbe und davon soll hier noch – wenigstens andeutungsweise – die Rede sein. Der Mangel an Demonstrationsmöglichkeiten mag die Kürze der Darstellung entschuldigen«.[246] Konkret bedeutet das, die schwarz-weißen Reproduktionen ließen keine entsprechende visuelle Vermittlung der Unterschiede von malerischer und nicht-malerischer Farbe zu. Die Qualitäten der Farben und ihre unterschiedlichen künstlerischen Behandlungsweisen konnten den Leser*innen der »Kunstgeschichtlichen Grundbegriffe« nicht visualisiert werden. Da die Sprache die mangelnde Anschauung nicht kompensiere, sah der Autor sich nolens volens genötigt, sich kurzzufassen.

Die Farbe, die sich seit dem Barock von den Gegenständen zu lösen beginne, und damit – wie Wölfflin ganz zum Schluss formulierte – auf dem Weg zum Impressionismus sei, bringe eine neue Art malerischer Komplexität mit sich. In diesem anderen Register könne »jenes geheimnisvolle Ineinanderfließen von Form und Farbe wirksam werden«, durch das »das Undingliche und Körperlose hier ebensoviel bedeuten muß wie das Körperlich-Gegenständliche«.[247] In einer späten Aufzeichnung ist sogar im Zusammenhang mit den Wandlungen der Farben vom »Flüssigwerden der Form« die Rede.[248] Derartige Sinneseindrücke hatten in der zeitgenössischen Fotografie keinen Ort. Wie Wölfflins Medienreflexion zeigt, widersetzten sich die Abbildungen letztlich seinem methodischen Anliegen, den Stilvergleich zwischen linearem Renaissance- und malerischem Barockstil in Gegenüberstellungen anschaulich werden zu las-

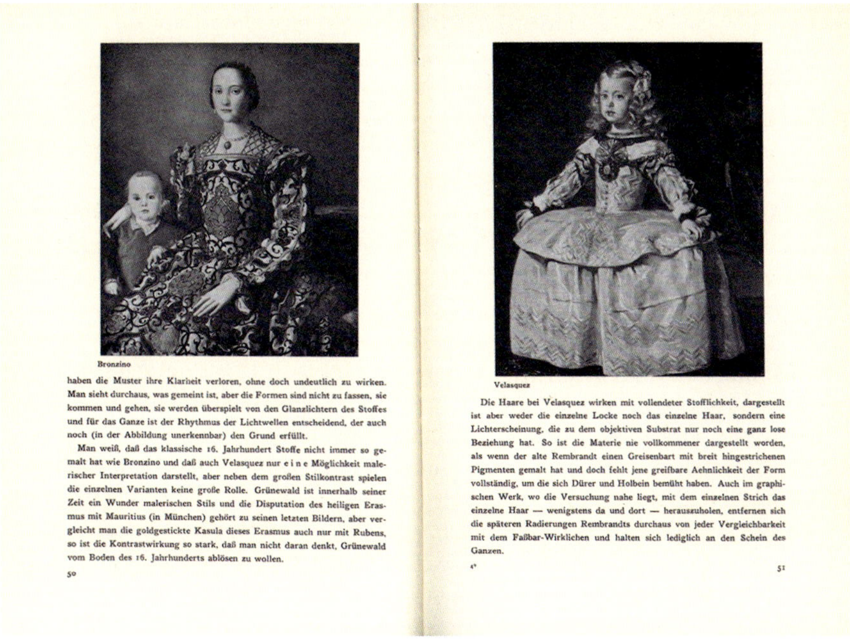

Bronzino

haben die Muster ihre Klarheit verloren, ohne doch undeutlich zu wirken. Man sieht durchaus, was gemeint ist, aber die Formen sind nicht zu fassen, sie kommen und gehen, sie werden überspielt von den Glanzlichtern des Stoffes und für das Ganze ist der Rhythmus der Lichtwellen entscheidend, der auch noch (in der Abbildung unerkennbar) den Grund erfüllt.

Man weiß, daß das klassische 16. Jahrhundert Stoffe nicht immer so gemalt hat wie Bronzino und daß auch Velasquez nur e i n e Möglichkeit malerischer Interpretation darstellt, aber neben dem großen Stilkontrast spielen die einzelnen Varianten keine große Rolle. Grünewald ist innerhalb seiner Zeit ein Wunder malerischen Stils und die Disputation des heiligen Erasmus mit Mauritius (in München) gehört zu seinen letzten Bildern, aber vergleicht man die goldgestickte Kasula dieses Erasmus auch nur mit Rubens, so ist die Kontrastwirkung so stark, daß man nicht daran denkt, Grünewald vom Boden des 16. Jahrhunderts ablösen zu wollen.

50

Velasquez

Die Haare bei Velasquez wirken mit vollendeter Stofflichkeit, dargestellt ist aber weder die einzelne Locke noch das einzelne Haar, sondern eine Lichterscheinung, die zu dem objektiven Substrat nur noch eine ganz lose Beziehung hat. So ist die Materie nie vollkommener dargestellt worden, als wenn der alte Rembrandt einen Greisenbart mit breit hingestrichenen Pigmenten gemalt hat und doch fehlt jene greifbare Aehnlichkeit der Form vollständig, um die sich Dürer und Holbein bemüht haben. Auch im graphischen Werk, wo die Versuchung nahe liegt, mit dem einzelnen Strich das einzelne Haar — wenigstens da und dort — herauszuholen, entfernen sich die späteren Radierungen Rembrandts durchaus von jeder Vergleichbarkeit mit dem Faßbar-Wirklichen und halten sich lediglich an den Schein des Ganzen.

4*

51

Abb. 34a/b: Doppelseite aus H. Wölfflin, Kunstgeschichtliche Grundbegriffe... 1915

sen. Die Abbildungsstrategie der paarweisen Gegenüberstellung von »Bild und Gegenbild«[249] erweist sich als Verfälschung. Denn die »malerische Malerei« des Barock unterliegt im Wettstreit mit der nicht-malerischen Malerei der Renaissance aufgrund von deren höherer Affinität zum Reproduktionsmedium Fotografie. In Wölfflins Diagnose kann es in der medialen Vermittlung des Kunstbuchs keine Gleichrangigkeit des linearen und des malerischen Stils geben. Folglich handelt es sich bei den zunächst so überaus plausibel erscheinenden Vergleichspaaren fotografischer Schwarz-Weiß-Reproduktion letztlich um völlig ungleiche Paare (Abb. 34a/b). Das Dispositiv der Schwarz-Weiß-Fotografie macht die Bildpaare in den »Kunstgeschichtlichen Grundbegriffen« zwar optisch vergleichbar – doch erfolgt dies zu Lasten der malerischen Malerei.

Zwanzig Jahre später, 1936, notierte Walter Benjamin in den »Pariser Briefen«, in denen er den Paragone von Malerei und Fotografie diskutierte, über die Impressionisten, deren Malerei der Fotografie »zu entgehen« suche, eine ähnliche Beobachtung: »Das gemalte Bild entschlüpft der zeichnerischen Armatur; es entzieht sich dadurch in gewissem Maße der Konkurrenz durch die

Kamera«.[250] Das impressionistische Bild entzog sich damit aber auch seiner medialen Existenz – so lange jedenfalls, bis Reproduktionen in der Lage waren, auch Bildern ohne »zeichnerische Armatur« Genüge zu tun. Bis dahin verstärkte die Fotografie einseitig die konturbestimmte Malerei. Wölfflin hat offenbar eine Asymmetrie von vergleichenden Gegenüberstellungen bemerkt und davon in seinen späteren Publikationen abgesehen.[251]

Für Wölfflins Theorie einer Entwicklung vom Haptischen zum Optischen bedeutete die Asymmetrie ebenfalls ein Problem. Denn die jüngere, als optisch gewertet Malerei verschließt sich demnach ausgerechnet dem Medium, das wie kein anderes die neue Optizität verkörperte. Unter anderen Voraussetzungen – namentlich einer fotografischen und reproduktionstechnischen Weiterentwicklung – sollte André Malraux (s. Kap. 1). den Überlegungen zum defizitären Medium Fotografie zehn Jahre nach Benjamins Notiz energisch widersprechen, als er hoffnungsfroh die neue Ära der Farbfotografie ankündigte, in der die malerische Malerei »nicht mehr ohne Waffen gegen Michelangelo zu kämpfen haben« werde.[252] In der Begründung für die ungleiche Fotogenität der verschiedenen Stile der Malerei aber war Wölfflin Malraux weit voraus. Für den Analytiker formaler künstlerischer Ausdrucksmittel, so lässt sich resümieren, waren Farben ebenso wie die Art ihrer künstlerischen Bearbeitung ein der Formanalyse zugehöriger Bestandteil. Daher konnte der Stilvergleich, wie Wölfflin ihn in den »Grundbegriffen« praktizierte, sich nicht allein aus den Archiven der Schwarz-Weiß-Fotografie speisen. Vielmehr blieb das Original wichtig. Der Vergleich von Epochenstilen, für den Wölfflins Grundbegriffe methodisch stehen, widersetzte sich jedoch aus zwei Gründen einer überzeugenden *visuellen* Argumentation: Zum einen ließen sich die stilrelevanten Indikatoren nur aus der Sichtung vieler Kunstwerke herausdestillieren, sich aber kaum in einem einzelnen Werk zeigen. Zum anderen konnte die Schwarz-Weiß-Fotografie die relevanten Farberscheinungen, wie sie in Wölfflins Verständnis für die Barockmalerei ausschlaggebend waren, nicht erfassen. Wenn die Epochengegenüberstellungen der Abbildungen gleichwohl zu überzeugen vermögen, so dürfte dies wohl an Wölfflins präzisem sprachlichen Ausdrucksvermögen liegen: Man meint zu sehen, was man liest.

Bemerkenswert bleibt, in welchem Maße und wie differenziert Wölfflin das Verhältnis von Farbe als Bildakteur, Wahrnehmung und zeitgenössischer Reproduktionstechnik reflektierte und artikulierte.

Panofskys Farbenbann

Demgegenüber ging Erwin Panofsky grundsätzlich auf Distanz zur »Magie der Farbe«. Als Ikonologe war er vornehmlich auf die Bedeutung von Kunstwerken bzw. einzelne ihrer Motive ausgerichtet. Panofsky, der neben Aby Warburg einflussreichste Vertreter der »Hamburger Schule«, entwickelte eine spezifische ikonologische Methode, die er programmatisch verankerte. Er steht hier im Zentrum, während Warburgs ältere, wesentlich offenere kulturhistorisch vergleichende Ikonologie, die seit geraumer Zeit weltweit Resonanz findet, in einem Unterkapitel herangezogen wird. Die Asymmetrie ist nicht allein Panofskys langer Lehrtätigkeit und zunächst größeren Wirkung, sondern auch der Tatsache geschuldet, dass Panofsky sich Zeit seines Lebens – und das heißt auch bei immer besseren Farbqualitäten – farbigen Abbildungen von Kunstwerken gegenüber dezidiert ablehnend äußerte. Nicht die Ikonologie war zwangsläufig farbenfeindlich, aber ihren transnationalen und transmedialen Vergleichen und Motivwanderungen kamen in ihrer historischen Genese die schwarz-weißen Fotoarchive entgegen.

Panofsky jedenfalls hat die Ikonologie zu einer schwarz-weißen Angelegenheit werden lassen. Selbst bei einem Künstler wie Tizian, dem Wölfflins Schüler Theodor Hetzer 1935 die Publikation »Tizian. Geschichte seiner Farbe« widmete,[253] interessierten ihn nicht die Farben, sondern in erster Linie ikonologische Probleme. Lediglich in der Einleitung seines letzten Werkes (s. u.), in der Panofsky auf Hetzer Bezug nimmt, geht er kurz auf die Farben des venezianischen Künstlers ein, dessen Oeuvre seit Vasari als Inbegriff malerischer Malerei gilt. Doch auch hier stellte der Autor in deutlicher Abgrenzung von Hetzers nationalistisch grundierter Farbeinfühlung klar: Niemals finde sich in Tizians Gemälden »undigested paint«, und »Titian never sacrificed plastic, spacial and luminary values at the altar of color«.[254] Die Formulierungen demonstrieren, dass Panofsky Farbe am höchsten schätzte, wenn sie als Material nicht mehr in Erscheinung trat, und wenn Plastizität, Räumlichkeit und Licht nicht von der Farbe modifiziert wurden. Unter Verweis auf Hetzer sprach er von drei Phasen in Tizians Malerei, für die chronologisch gesehen »object color«, dann »picture color« und schließlich »space color« signifikant seien. Im Spätwerk Tizians erscheine Farbe als »abstract quality« und als »triumph of [...] a colorful monochrome«.[255] In den nebulösen Schwarz-Weiß-Abbildungen von Panofskys Tizianpublikation, wie sie für Kunstbücher Ende der 1960er Jahre noch immer üblich waren, lässt sich allerdings nicht einmal erahnen, auf welche Befunde in den Gemälden seine Aussagen referierten. Für die ikonologischen Probleme, denen das Buch gewidmet ist, mögen die Abbildungen hingegen ausreichen, denn farbikonografische Ebenen werden nicht berührt.

Während Panofsky sich im Fall von Tizian, dem gefeierten Koloristen, offenbar genötigt sah, wenigstens in der Einleitung auf dessen Farbe Bezug zu nehmen, spielte sie für die Untersuchung der einzelnen Gemälde indessen keine Rolle. Generell hielt Panofsky die Farbe für akzidenziell und lehnte farbige Reproduktionen von Kunstwerken auch in seinen übrigen Publikationen entschieden ab.

Farbige Federzeichnungen – ein »stilwidriges Produkt«

Panofskys antagonistische Konzeption von Farbe und linienbezogener Form zeigte sich bereits 1915, dem Jahr seiner Promotion und zugleich dem Erscheinungsjahr der »Kunstgeschichtlichen Grundbegriffe« des knapp 30 Jahre älteren Heinrich Wölfflin. In dem kurzen, ohne Abbildungen publizierten Aufsatz »Über das Zeichnen mit farbiger Feder« in einem fachwissenschaftlichen Periodikum[256] verwarf der junge Panofsky »die bunten Linien« des Nürnberger Manieristen Virgilius Solis aus der Zeit um 1560 als ein »nun wirklich stilwidriges Produkt«. Er sah die monochrome, formbestimmende Linie durch die farbigen Tinten gefährdet. Panofskys Begründung lässt erkennen, dass es ihm dabei nicht allein um die Zeichnungen des Manieristen, sondern auch um Grundsätzliches ging. In dem Beitrag heißt es: »dieser Versuch, die an und für sich nur formgebende und dekorative Linie der Federzeichnung zugleich zum Träger eines stoffbezeichnenden Farbwertes zu machen«, sei geradezu kontraproduktiv, weil dies der »flächigen Natur der Farbe«, widerspreche. Das heißt, Panofsky ging es um die Trennung der als ideell bewerteten Linie und der als materiell und flächig bewerteten Farbe. Bei Virgilius Solis fungiere die farbige Linie hingegen gleichzeitig als »eine mittelbare und *ideelle* Ausdeutung der Körperlichkeit […] und als eine unmittelbare und *materielle* Wiedergabe der Lokalfarbe«.[257] Diese Vermischung der in der Kunsttheorie tradierterweise unterschiedlich bewerteten bildnerischen Mittel – der ideellen, als ›geistig‹ charakterisierten Linie und der als materiell verstandenen Farbe – gehe »auf Kosten der Linienreinheit«.[258] Das hielt Panofsky für verwerflich und er verglich die farbige Zeichnung mit den für ihn ebenfalls unbefriedigenden Materialimitationen in der Malerei.

Dieses normative Konzept der Aufgaben von Linie und Farbe verfolgte Panofsky auch in seinen späteren Werken. 1924 fundierte er dies in »Idea. Ein Beitrag zur Begriffsgeschichte der älteren Kunsttheorie«. Darin zeichnete er paradigmatisch die zweitausendjährige Geschichte der Konzeptionalisierung der Idee als Zentrum des Kunstwerks nach, die im inneren Bild, dem *disegno interno*, ihren idealen Ausdruck finde. Dieser immer wieder erneuerten Vorstellung vom ideellen Kunstwerk schien die Linie als Realisationsmittel am nächsten zu kommen. Entsprechend ist in dieser Tradition die lineare Form das *Medium* der künstlerischen Idee, während die Farbe als latent verunreinigende Materialisation figuriert – übrigens eine zutiefst materialistische Argumentation, wurde die Hierarchie doch mit dem geringeren Materialaufwand der Zeichnung begründet. Eine farbige Federzeichnung stellte in einer solchen dualen Konzeption von vornherein – ganz unabhängig von der Art ihrer Realisierung – eine Kontamination der »Reinheit« der Linie dar.

Abstraktionsübungen

1924/25 folgte in den Vorträgen der Bibliothek Warburg Panofskys umfangreiche Studie »Die Perspektive als symbolische Form«. Die Argumentation ist auf strukturelle Merkmale der perspektivischen Raumorganisation ausgerichtet und nutzt Schemata zu deren Visualisierung. Kompositionsanalysen von Gemälden durch abstrakte Liniengerüste waren in den 1920er Jahren verbreitet und visuell mit dem in dieser Zeit von Johannes Itten (vgl. Abb. 14) und Wassily Kandinsky in der Bauhauslehre praktizierten analytischen Zeichnen vergleichbar.[259] Auf halbtransparenten, über die Reproduktion eines Gemäldes gelegten Pauspapieren wurden – neben den Farbanalysen – in Ittens »Analyse Alter Meister« die Kompositions- oder Perspektivlinien eingetragen. Zu ähnlichen Ergebnissen führte Kandinskys Unterricht, in dem die Umrisse der Objekte eines im Atelier aufgebauten Stilllebens sukzessive so weit abstrahiert wurden, bis schließlich die ungegenständlichen, kompositorischen Schemata hervortraten, die linear fixiert wurden (Abb. 35).[260] Hans Christian Hönes hat darauf aufmerksam gemacht, dass auch Theodor Hetzer auf ähnliche Weise versucht habe, der Auratisierung des Bildes entgegenzuwirken, indem er »über die Abbildungen Kompositionsskizzen [legte]«.[261]

Panofsky nutzte die (als Übernahme ausgewiesene) diagrammatische Darstellung der Fluchtlinien in Jan van Eycks »Madonna v. d. Paele«, um seine These von der Vereinheitlichung des Raums durch die Zentralperspektive dem Werk direkt einzuschreiben (Abb. 36). Bei dem Schema handelt es sich um die einzige Abbildung des im Text zentralen Gemäldes innerhalb des Fließtextes. Demgegenüber wurden die fotografischen Schwarz-Weiß-Reproduktionen des Gemäldes dem Text nachgestellt. Das dürfte drucktechnischen Bedingungen geschuldet sein, doch nutzte Panofsky den Umstand optimal, weil es ihm auf diese Weise gelang, höchste visuelle und sprachliche Abstraktion zu verbinden und die Linearperspektive – ungestört von allen Farbbeziehungen und Farbräumlichkeiten – höchst anschaulich zu einer symbolischen Form zu erheben.

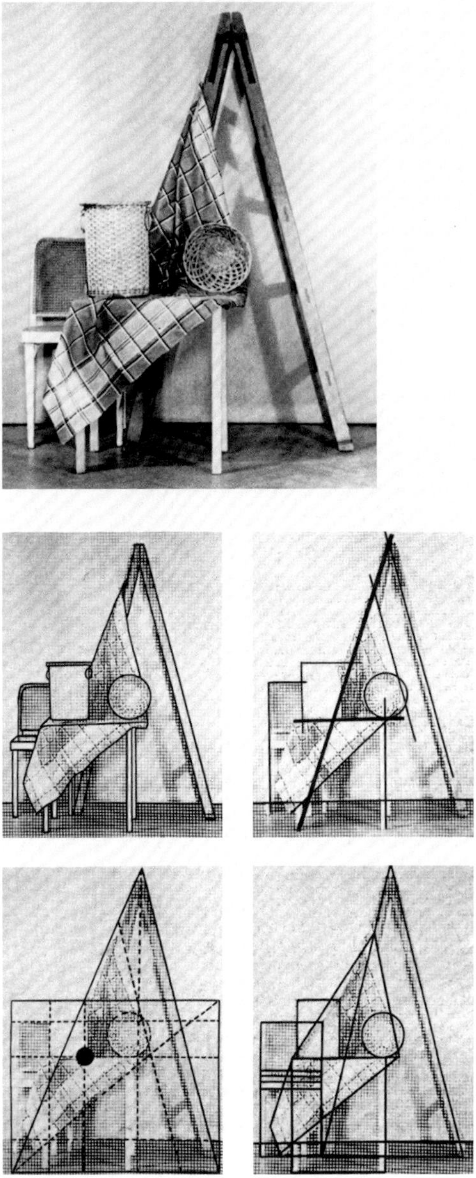

Abb. 35: H. Beckmann, Abstraktionsübung
aus W. Kandinskys Bauhausunterricht, 1929

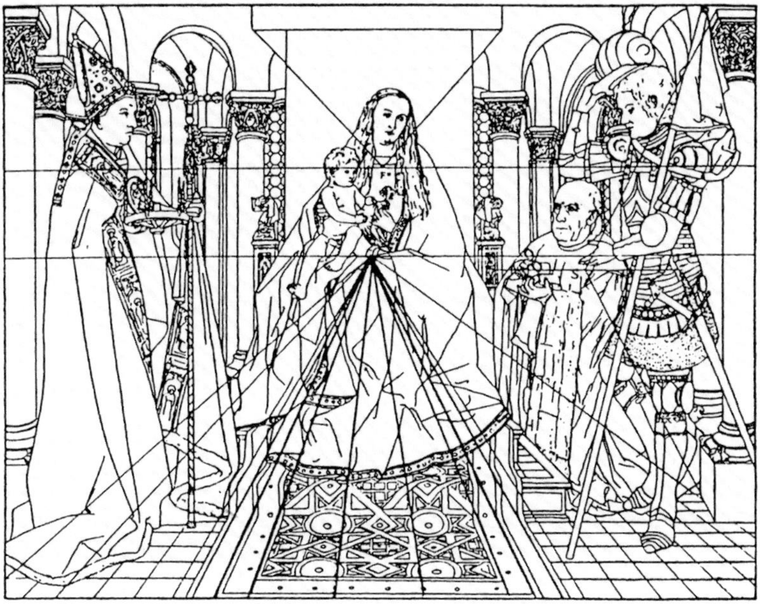

Abb. 36: Zentralperspektivisches Schema von J. van Eycks Madonna v.d. Paele »mit Benutzung des Diagramms von G.J. Kern«, aus E. Panofsky, Die Perspektive als symbolische Form, 1924/25

Die ikonologische Methode, wie Panofsky sie entwickelte, zielte auf die Bedeutung der Form, die Farbe blieb darin unsichtbar. Panofsky transferierte gewissermaßen das Idea-Konzept der künstlerischen Produktion in ein Arbeitsinstrument der Kunstgeschichte. Dem kam – wie erwähnt – die Schwarz-Weiß-Fotografie, die von Farbe und Material zugunsten der Form abstrahiert, in hohem Maße entgegen.

Unwissenschaftliche Farbreproduktion[262]

Die farbige Reproduktion von Gemälden lehnte Panofsky nicht allein ab, vielmehr hielt er sie grundsätzlich für unwissenschaftlich und schädlich. Explizit kommt dies in einem Schreiben zum Ausdruck, das er in seiner Eigenschaft als Direktor des Kunstgeschichtlichen Seminars der Universität Hamburg 1928 verfasste. Darin antwortet Panofsky dem Bruckmann-Verlag in München, der sich in einem vom 12. Mai datierten Anschreiben mit der Übersendung »einige[r] Gratis-Proben nebst Katalog« seiner sogenannten Medici-Drucke empfahl, »[...] dieser bedeutendsten aller Sammlungen von Farblichtdrucken nach Gemälden großer Meister«. Weiter heißt es dort: »Ihr Urteil über das Unternehmen sowohl als über die Güte der Reproduktionen wäre wertvoll für uns; dürfen wir Sie darum bitten?«[263] Panofskys Antwort ließ nicht lange auf sich warten. Am 16. Mai dankte der Kunsthistoriker dem Verlag für die »gütige Übersendung der Medici-Drucke«, fügte jedoch hinzu, »es tut mir sehr leid, daß ich diese freundliche Aufmerksamkeit nicht mit einem rückhaltlosen Ausdruck der Begeisterung erwidern kann. Ich gehöre nämlich grundsätzlich nicht zu den Freunden farbiger Reproduktionen [...] nicht nur wenn sie schlecht, sondern auch gerade dann, wenn sie gut sind, – ein Standpunkt, den ich natürlich in einem kurzen Brief nicht zu begründen vermag«.[264] In einer Anmerkung seines Antwortschreibens bekräftigte Panofsky stattdessen seine Vorbehalte gegenüber der »wissenschaftliche[n] Brauchbarkeit« von Farbreproduktionen. Auf die Qualität der »Farblichtdrucke« und damit der seinerzeit bestmöglichen Reproduktionstechnik, die der Bruckmann-Verlag ihm zugeschickt hatte, ging er mit keinem Wort ein, sondern betonte, er sei diesbezüglich »in allen Fällen skeptisch«.[265] Das waren entschiedene Worte gegenüber dem expandierenden Industriezweig der Farbreproduktion.

Maßstabsfragen in der Farbreproduktion

Ein ungewöhnliches, aus heutiger Sicht eher bei der Abbildung immersiver Farbräume auftretendes Argument führte Panofsky gegen Farbreproduktionen von Kunstwerken in seinem Antwortschreiben an die Firma Bruckmann näher aus. Er vertrat die Ansicht, selbst derjenige, der die Farbreproduktion von Gemälden bejahe,

> wird darauf dringen müssen, daß die absolute Bildgröße nicht verändert werde«. Er hielt es für wesentlich, »ob ein Pinselstrich 1 oder 1/2 cm breit ist, und hinzu kommt vor allem, daß Farbwerte in viel höherem Maße als Formwerte den Charakter des Intensiven bzw. des Qualitativen und daher durch eine Veränderung der Größe auch wesensmäßig Beeinflussten tragen, d.h., daß die Phantasie des Beschauers wohl bei Formen nicht aber bei Farben die Möglichkeit hat, durch einfache Vergrößerung oder Verkleinerung das »richtige« Format wieder herzustellen: 4 qucm gelb sind nicht einfach die Verdoppelung von 2 qucm gelb, sondern etwas essentuel, nicht graduell anderes.[266]

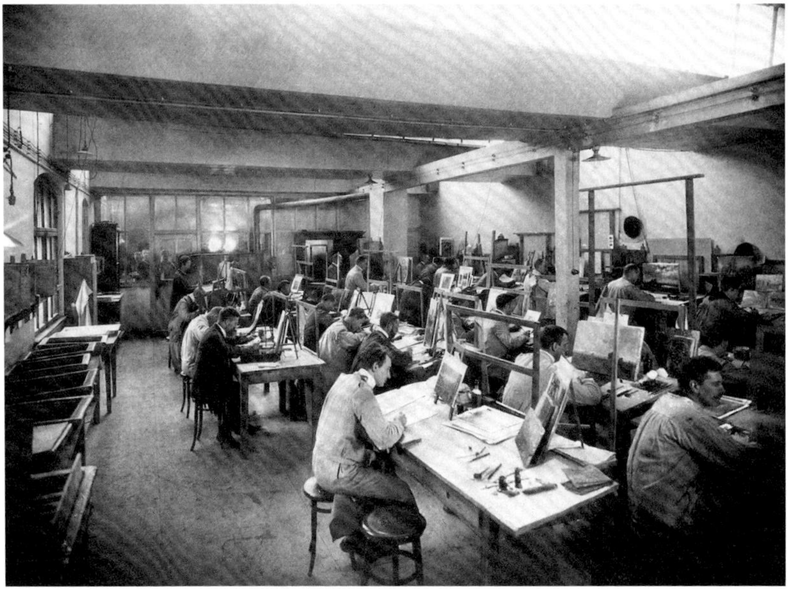

Abb. 37: Werkstatt (Chromosaal) der Bruckmann AG, München, um 1907

Das hier angesprochene Problem der Größenverhältnisse für Kunstreproduktionen insgesamt und insbesondere der Farbwirkung bei veränderten Reproduktionsformaten wurde bereits seit der Zeit um 1900, als die farbige Gemäldereproduktion Verbreitung fand, intensiv diskutiert. Zunächst ging es vor allem um die Wirkung von Farbkontrasten bei Verkleinerungen. Der Leipziger Verleger Arthur Seemann, selbst Produzent und Befürworter von Farbreproduktionen, gab 1902 zu bedenken: »Bei sehr starken mechanischen Verkleinerungen freilich stossen sich die Details und die Farbenkontraste werden leicht grell«.[267] Daraufhin unterbreitete Woldemar von Seidlitz in einem »Schreiben an den Verleger« seinen Vorschlag, den Seemann in der von ihm herausgegebenen »Kunstchronik« veröffentlichte. Der Dresdner Museumsdirektor hielt es für nötig, »dass starke Verkleinerungen, und zwar eben so wohl mit Rücksicht auf die Form wie die Farbe, nicht einfach auf mechanischem Wege vorgenommen werden können, sondern die Herstellung einer neuen Vorlage erfordern, die das Vorbild in die veränderten Bedingungen umsetzt«.[268] Die Sorge galt »der Schärfe und Härte« der Fotografie, die bei der Verkleinerung entstünde und durch eine dazwischen geschaltete Kopie des Gemäldes abgemildert werden sollte (Abb. 37).[269] Das vielfach praktizierte Verfahren, für die farbige Foto-

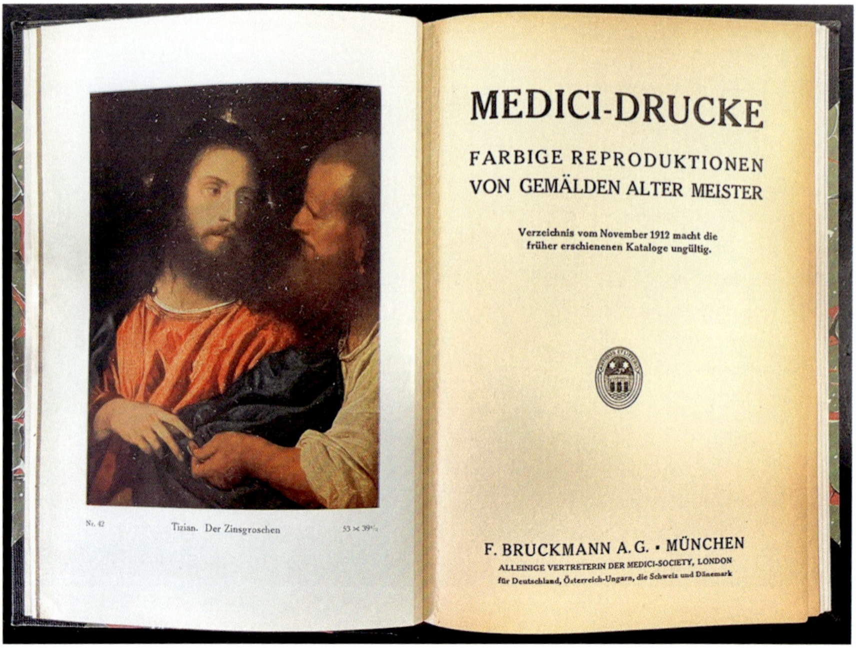

Abb. 38: Katalog der Medici-Drucke, 1912, Bruckmann AG, München

grafie eines Gemäldes zunächst eine besonders fototaugliche Kopie herstellen zu lassen, war zu Beginn des 20. Jahrhunderts ebenso verbreitet wie umstritten.[270] In Bezug auf die Farbreproduktion von Tizians Dresdner »Zinsgroschen« (Abb. 38), die in der Reihe der »Medici Drucke« bei Bruckmann erschienen war, hatte von Seidlitz allerdings keine Bedenken: »Bei der Wahl einer Größe, die *fast die Hälfte des Originals* erreicht, konnte man einen guten Erfolg erzielen, da ein solches Bild durch die Verkleinerung dieses Grades nicht wesentlich verändert wird«.[271] Das blieb allerdings Ansichtssache. 1910, und damit nach den wesentlichen technischen Verbesserungen durch das Autochrom, kritisierte Max J. Friedländer, der spätere Direktor der Berliner Gemäldegalerie, ebenfalls in der »Kunstchronik«, das »Vorurteil« der »Kunstforscher« gegenüber den farbigen Abbildungen. Er vertrat die Ansicht, »das Publikum muß lernen, sie zu verwenden«. Das sei notwendig, denn »die Farbigkeit des Originals« könne »schon wegen des Formatunterschiedes nicht eigentlich wiedergegeben werden«.[272] Auch Friedländer ging also von unterschiedlichen Farbwirkungen bei veränderten Formaten aus.

Das Thema der Größenrelation farbiger Abbildungen blieb auch in den 1920er Jahren weiterhin umstritten.[273] Bei Gegnern der Farbreproduktion konnten selbst Reproduktionen im Maßstab 1:1 keine Zustimmung finden. 1926 veröffentlichte Georg Poensgen, Volontär an den Staatlichen Museen zu Berlin, im nationalistischen »Kunstwart« eine Polemik gegen »Buntdrucke und farbige Reproduktionen«. Auch die maßstabsgetreue Reproduktion wertete er als Verstoß gegen die »lebendige Würde« eines Kunstwerks. »Wenn aber nun gar [...] die Reproduktion eine erhebliche Verkleinerung des Originals darstellt, dann wird sie, farbig, zur völligen Verbildung und Banauserei. Die einzelnen Farben haben bei gleicher Intensität eine bedeutend geringere Grundfläche, sie prallen aufeinander, drängen sich in den Vordergrund und machen den Inhalt der Darstellung zur Nebensache.«[274] Die Behauptung von Poensgen, der Farbabbildungen für Kitsch hielt, basierte auf der Annahme, dass die Farbe Formen verunkläre, keine semantische Qualität besitze und daher für den »Inhalt« eines Gemäldes bedeutungslos sei.

Was die Farbkontraste betrifft, so beschrieb bereits Eugène Chevreul die optischen Bewegungen beim Zusammentreffen zweier Farbflächen. Diese Agilität der Farbe[275] verstärkt sich bis hin zum Flimmern bei der Verkleinerung der betreffenden Flächen. Innerhalb der breit gefächerten Diskussion um farbfotografische Verkleinerungen von Gemälden lässt sich zwar feststellen, dass Museumsleute eher Farbreproduktionen akzeptierten, schon weil sie eine Vermittlerrolle zum Publikum einnahmen, doch galt dies, wie Poensgens Haltung zeigt, keineswegs für alle. Auch ideologisch lassen sich keine festen Zuordnungen treffen.

Panofskys Argumentation stellte eine spezifische Facette innerhalb der Diskussion um Maßstabsfragen dar,[276] ging es für ihn doch um den Umschlag von Farbquantitäten in -qualitäten. Das beschäftigte auch einen Maler wie Wassily Kandinsky. In einem Brief an Arnold Schönberg vom Januar 1912 heißt es über Maßstabsveränderungen von Farbflächen ebenso lapidar wie grundsätzlich: »Mathematisch ist 4:2 = 8:4. Künstlerisch [...] nicht«.[277]

Auch Panofskys Annahme, der Betrachter sei – anders als im Fall von Farben – in der Lage, fotografisch vermittelte Formen leichter im »richtigen« Format zu imaginieren, ging eine kontroverse Diskussion voraus. Bereits Georg Hirth hatte deutlich gemacht, dass Größen sich im Netzhautbild nur relational bestimmen ließen. Kunstgeschichtliche Aufnahmen insbesondere von Gemälden und Skulpturen vermieden und vermeiden bis heute jedoch nach Möglichkeit jede Relation, indem sie das Werk vor einem neutralen Grund freistellen. Das eröffnete der Imagination wie der Interpretation einen gewissen Spielraum. Während der Berliner Ordinarius Hermann Grimm die Vergrößerung z. B. von Michelangelos »David« in der Lichtbildprojektion für den erwünschten Eindruck der ›Terribilita‹ förderlich hielt,[278] meinte Seemann 1902 im Hinblick auf die fotografische Verkleinerung: »Den David des Michelangelo stellen sich die meisten Menschen, die das Original oder den Gipsabdruck nicht gesehen haben, als eine höchstens lebensgroße Statue vor [...] Die Monumentalität des Werkes ist, wenn sie überhaupt empfunden wird, vom Metermaß unabhängig«.[279]

In einer von Panofsky andernorts zitierten Dissertation von 1921 über die »Struktur des Sehraums« argumentierte Rudolf Peter, dass für eine perspektivische Raumwirkung »verkleinerte Zeichnungen und Photographien nur als Hilfsmittel« dienen könnten.[280] Die fotografisch nahezu beliebige Vergrößerung – etwa in der Diaprojektion – wurde ebenso wie die Verkleinerung eines Kunstwerks immer wieder diskutiert. Es waren gerade die reproduktiven Qualitäten der Fotografie, ihre Exaktheit in der Wiedergabe und die Vorstellung vom fotografischen Bild als einem chemischen Abdruck, die die Größe der Wiedergabe zu einem sensiblen Feld werden ließen. Heute scheint die Größe einer Kunstreproduktion seltsamerweise keine Rolle mehr zu spielen, haben wir uns doch offenbar daran gewöhnt, selbst monumentale Werke im Handyformat zu betrachten.

Für Panofsky war, wenn überhaupt, allenfalls eine Farbreproduktion im Originalformat vorstellbar.[281] Das ließ sich höchstens für farbige Zeichnungen und Aquarelle realisieren, wie dies in den Mappenwerken der von Julius Meier-Graefe initiierten Marees Gesellschaft geschah (s.u.). In der Maßstabstreue lag – neben der Gleichheit des Trägermaterials – ein wichtiger Grund für die höhere Akzeptanz von farbigen Reproduktionen grafischer Arbeiten; für Gemälde war dagegen eine 1:1 Reproduktion in aller Regel unmöglich.

Faksimile-Ängste

Panofskys Schreiben an den Bruckmann Verlag mit der Ablehnung farbiger Reproduktionen von Kunstwerken fügt sich in eine größere, öffentlich ausgetragene Debatte, an der sich der Hamburger Kunsthistoriker zwei Jahre später beteiligte. An der als »Hamburger Faksimile-Streit« bezeichneten Auseinandersetzung[282] waren neben Panofsky zahlreiche weitere Kunsthistoriker, unter ihnen Carl Georg Heise, der damalige Direktor des Lübecker St. Annen Museums, Max Sauerlandt vom Museum für Kunst und Gewerbe in Hamburg, Alexander Dorner von der Technischen Hochschule Hannover und andere beteiligt. Allerdings ging es dabei nicht allein um fotografische Reproduktionen, sondern um Kunstreproduktionen aller Art – vom Gipsabguss über die Galvanoplastik bis zur Gemäldereproduktion.

In seinem Aufsatz von 1930 »Original und Faksimilereproduktion«, der als Sondernummer der Hamburger Kulturzeitschrift »Der Kreis« erschien, führte Panofsky seine Vorbehalte gegenüber der farbigen Reproduktion näher aus. Er hielt das Faksimile allgemein betrachtet zwar für produktiv, wandte sich jedoch – wie dies zunächst auch Julius Meier-Graefe vertreten hatte – energisch gegen die Reproduktion von Ölgemälden im farbigen Lichtdruck. Panofsky wollte sich weder als »Originalfanatiker« noch als uneingeschränkter »Faksimilist«, wie er die Vertreter der beiden sich bekämpfenden Fraktionen nannte, verstanden wissen. In seinem Zeitschriftenbeitrag machte er nun als Hauptargument gegen die farbige Reproduktion geltend, dass diese noch nicht vollständig mechanisiert, sondern »durch die Dazwischenkunft von Menschen« charakterisiert sei (Abb. 37). Panofsky kam zu dieser Einschätzung, weil »die Druckfarben, mit denen die Lichtdruckplatten eingefärbt werden, [...] von Menschen gewählt und gegeneinander abgestimmt werden [müssen], bis das definitive Tonverhältnis erreicht ist.«[283] Die farbigen Druckvorgänge erforderten in der Tat Erfahrung und Sensibilität; sie konnten, wie bereits dargelegt (s. o.), durchaus zu unterschiedlichen Resultaten führen. Wollte Panofsky die »Dazwischenkunft von Menschen« bei der Reproduktion ausschließen, so hatte von Seidlitz noch zu Beginn des Jahrhunderts in der Debatte um grafische oder fotografische Reproduktionen gerade ein »Dazwischentreten der menschlichen Hand oder vielmehr des menschlichen Geistes« gefordert,[284] ähnlich wie im 19. Jahrhundert Moritz Thausing und andere in der Begründung ihrer Ablehnung der fotografischen Reproduktion gegenüber der Radierung.[285] Die fotografische Schwarz-Weiß-Reproduktion akzeptierte Panofsky offenbar als Ergebnis eines chemisch-mechanischen Prozesses. Doch wie der Fotograf Fritz Goetz 1922 detailliert darlegte, war für besonders zuverlässige Schwarz-Weiß-Reproduktionen von Kunstwerken gleichwohl eine intensive Abgleichung mit dem Original und eine entsprechende Korrektur der »menschlichen Hand« erforderlich (s. u.).

Hoffte Panofsky einerseits auf eine ›automatische‹ Reproduktion der Farbfotografie, so wollte er andererseits die so entstehende Abbildung keineswegs als Ersatz des Kunstwerks betrachtet wissen. Vielmehr plädierte er für etwas Drittes:

> So scheint mir nun auch die ›gute Reproduktion‹ eines Cézanne-Aquarells nicht insofern eine ›gute‹ zu sein, als sie mich überzeugt, ein Original vor mir zu haben, sondern insofern, als sie die aquarellistische Intention des Kunstwerks bis zum größtmöglichen Umfang in die Sphäre einer spezifisch ›reproduktiven Optik‹ übersetzt, die ebenfalls die Wesenszüge des Anorganisch-Mechanischen an sich trägt und an sich tragen soll:

> wir sehen die Pinselstriche und das Aquarellpapier Cézannes, aber gefärbt, und, wenn man will, verfärbt durch die optischen Bedingungen der Reproduktionsmaschinen, durch photochemische Prozesse, Druckfarbe und Druckpapier.[286]

Panofskys Vorstellung von einer gewissermaßen ehrlichen Reproduktionsoptik entsprach interessanterweise ziemlich genau der Position des wohl rührigsten avantgardistischen Experimentators und Anwalts der neuen Medien, Lázló Moholy-Nagy. Er zeigte sich 1927 überzeugt, »dass die mechanisch-optische farbige Darstellungsgestaltung: Farbenfotografie [...] zu gänzlich anderen Ergebnissen führen wird als die heutigen Lumière-Aufnahmen«.[287] Moholy-Nagy wie Panofsky sahen erst in einer zukünftigen Technisierung des gesamten Herstellungsverfahrens der Farbreproduktion positive Möglichkeiten jenseits des Faksimiles. Für den Hamburger Kunsthistoriker dürfte aber die nachdrückliche Ablehnung der zeitgenössischen Farbreproduktion darüber hinaus noch weitere Gründe gehabt haben.

Ikonologie in Schwarz-Weiß

Panofsky entwickelte in Interaktion mit den Schwarz-Weiß-Abbildungen seine spezifische kunstgeschichtliche Methode. Das wird in seinem als methodische Grundlage der Ikonologie gewürdigten Text deutlich, der 1932 unter dem Titel »Zum Problem der Beschreibung und Inhaltsdeutung von Werken der bildenden Kunst« erschien.[288] Der Autor demonstriert darin sein dreistufiges Modell der Ikonologie – vom Phänomensinn über den Bedeutungssinn zum Dokumentsinn – am Beispiel von Matthias Grünewalds Auferstehungstafel des Isenheimer Altars (Abb. 39 a/b) und an Franz Marcs Leinwandgemälde »Der Mandrill«.[289]

Der Isenheimer Altar zählte zu den Farbsensationen, die der Expressionismus als Inspirationsquelle neu entdeckt hatte.[290] Der Altar wurde während des Ersten Weltkriegs, 1917, aus sogenannten Sicherheitsgründen wie auch zur Restaurierung von Colmar nach München gebracht. Bis zu seiner Rückgabe im Jahr 1919 an das nach dem Versailler Friedensvertrag nun wieder französische Elsass gewann er enorme Beachtung und blieb nach dem verlorenen Krieg eine nationale Ikone.[291] Der Bruckmann-Verlag ebenso wie der Piper-Verlag würdigten den vielteiligen Altar auf der Grundlage neuer fotografischer Farbaufnahmen durch aufwändige Mappenwerke in verschiedenen Formaten.[292]

Panofskys Aufsatz von 1932 erschien unbebildert, was für einen methodischen Beitrag nicht ungewöhnlich war; bemerkenswert ist jedoch, dass Farb-

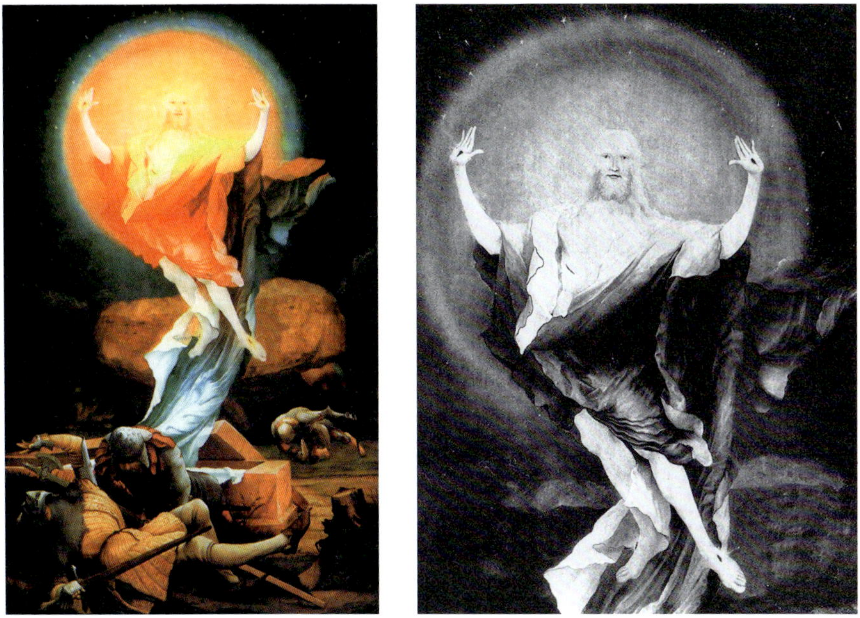

Abb. 39 a/b: M. Grünewald, Isenheimer Altar, Auferstehung, aus H. H. Josten 1921 (links) und Hausenstein 1919 (rechts)

bezeichnungen in dem gesamten Text, auch auf der beschreibenden Ebene des Phänomensinns, kein einziges Mal vorkommen. Die kreisrunde regenbogenfarbige Gloriole, die in Grünewalds Auferstehungstafel den emporschwebenden Christus umgibt und seinen Leib entrückt erscheinen lässt, wird von Panofsky als »Lichterscheinung« in Hell-Dunkelwerten beschrieben. Dem Autor gelang das Kunststück, diesen Inbegriff einer »Farbapotheose«, in der »Grünewalds Palette einen äußersten Triumph«[293] feiere, ohne Farbbezeichnungen zu beschreiben. Doch nicht allein der farbgewaltige Altar Grünewalds, sondern auch Marcs »Mandrill« von 1913, ein farbintensives Gemälde (Abb. 40 a/b), auf das Panofsky sein ikonologisches Modell übertrug, um die Tauglichkeit der Methode auch für die moderne, abstrahierende Kunst zu belegen, wird farbenfrei in Hell-Dunkel kommuniziert. Während sich für den Isenheimer Altar geltend machen ließe, dass er sich weit weg, (inzwischen wieder) in Colmar, befand, und die Farberinnerung für einen, der – wie Panofsky – den Farbreproduktionen misstraute, schwierig war, galt dies nicht für Marcs »Mandrill«. Das Gemälde befand sich im Besitz der Hamburger Kunsthalle, so dass der Autor

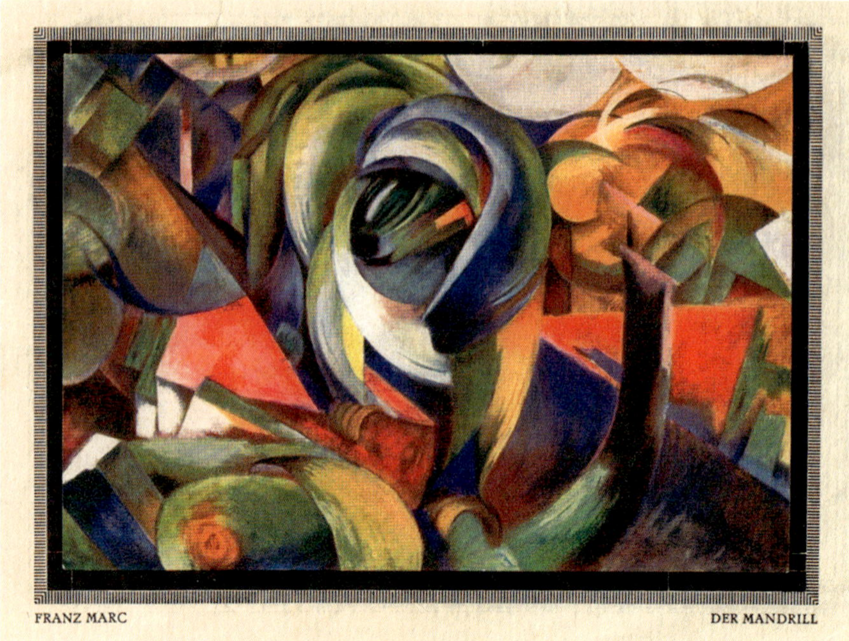

Abb. 40 a: F. Marc, Der Mandrill, aus G. Pauli, Franz Marc. Der Mandrill, 1931

jederzeit sein Farbengedächtnis hätte auffrischen können, zumal das Kunstgeschichtliche Seminar seinerzeit im Kellergeschoss der Hamburger Kunsthalle untergebracht war.

Panofskys ikonologische Methode mit ihrem Verzicht auf Farbanalysen figuriert als betont rationaler Gegenentwurf zur expressionistischen Kunstkritik etwa eines Theodor Däubler, in der die absolute Farbe propagiert und in Umkehrung der idealistischen Tradition die Form der Farbe unterordnet wurde.[294] Dass Panofsky mit Franz Marc ausgerechnet einen Exponenten des farbintensiven Expressionismus und mit Matthias Grünewald den wohl farbstärksten Maler der frühen Neuzeit als Exempel seiner kulturwissenschaftlichen Methode wählte, dürfte kein Zufall gewesen sein. Durch das Aussparen der Farbe stellte Panofsky den nationalistischen Aufladungen der Farbe im Isenheimer Altar etwa durch die Publikationen von Oskar Hagen oder Wilhelm Hausenstein[295] und den ekstatischen Farbhymnen des ›nordischen‹ Expressionismus in Kunst und Kunstliteratur ein betont sachliches Analyseverfahren gegenüber.

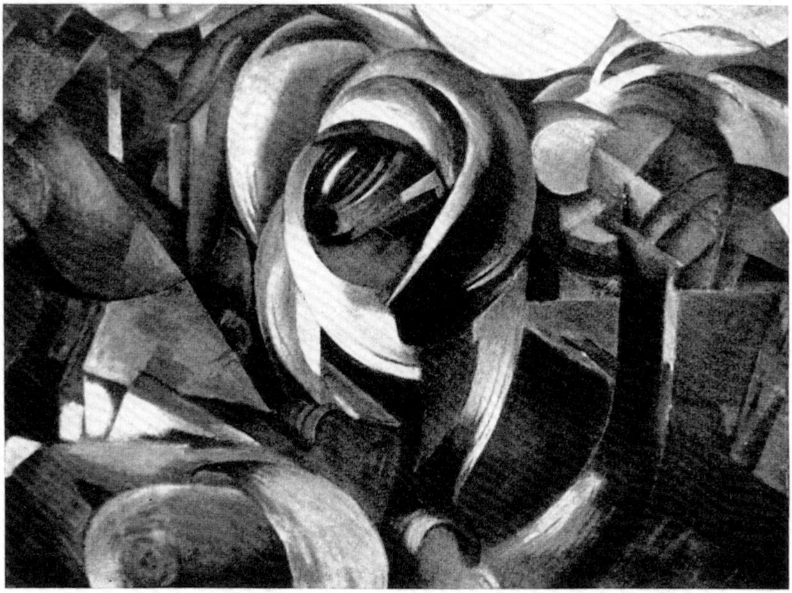

Abb. 40 b: F. Marc, Der Mandrill, aus A. J. Schardt, Franz Marc, 1936

Exkurs: Grünewald und die expressionistische Farbekstase

Panofsky demonstrierte mit der Auswahl der Gemälde als Exempla, dass die Ikonologie, wie er sie auf der Basis der Schwarz-Weiß-Fotografie entwickelte, selbst den Inbegriff der »gefühlssymbolischen und stimmungsfördernden Eigenschaften der Farbe«[296] samt ihrer nationalistischen Codierungen auf Distanz zu halten wusste. Der Maler Matthias Grünewald, der lange Zeit kaum beachtete Zeitgenosse Albrecht Dürers, war einer spektakulären Neubewertung unterzogen worden. Noch in der Mitte des 19. Jahrhunderts galt der Isenheimer Altar als Werk Hans Baldung Griens und war, wie Franz Bock in seiner Grünewald-Monografie empört schrieb, in Ernst Försters »Geschichte der deutschen Kunst« als »Ausdruck der höchsten Leidenschaft der Geschmacklosigkeit« in dem »der Wahnsinn als Phantasie wirthschaftet«, abgeurteilt worden.[297] Für die Neubewertung seit dem ausgehenden 19. Jahrhundert waren zwei Faktoren ausschlaggebend: zum einen das wachsende Interesse an einer nationalen Kunsttradition, zum anderen eine gegenstandsunabhängige, autonom und daher modern anmutende Farbigkeit. 1891 setzte der französisch-belgische Schriftsteller Joris-Karl Huysmans Grünewalds Malerei in seinem Roman »Là bas« ein Denkmal. Huysmans, der vom »Orkan einer entfesselten Kunst« sprach, wies in seinen literarischen Beschreibungen der Farbe die Funktion zu, den gemarterten Leib des Gekreuzigten geradezu physisch zu evozieren. »Noch bevor 1903 die erste Ausgabe in deutscher Sprache erschien, veröffentlichte die Kunstzeitschrift »Pan« in ihrem ersten Jahrgang von 1895 einen von Oskar Eisenmann, dem Kasseler Galeriedirektor, frei ins Deutsche übersetzten und gekürzten Auszug aus dem französischen Original von 1891«.[298] Dort heißt es über Grünewalds Tauberbischofsheimer Kreuzigung, die mit derjenigen des Isenheimer Altars aufs Engste verwandt ist: »Schweiss trieft von der Brust, von dem rotblauen, sich wallenden Fleisch über den zitternden Rippen; blutige Striemen ziehen darüber hin [...] Die Verwesung hebt an. Aus [...] der Brust beginnt Wasser zu fliessen, grünliche rötliche milchige Säfte rieseln über den Leib und tränken die schmutzigen Leinenfetzen über den Beinen«.[299] Durch die Farbattribute wird die beim Leser aufgerufene Körperlichkeit suggestiv an die Ekelgrenze getrieben. Es lässt sich kaum ein größerer Gegensatz als der zum klassischen Ideal des ›homo clausus‹, des geschlossenen Körpers, und seiner sprachlichen Vermittlung in der Tradition von Winckelmanns ›stiller Einfalt und edlen Größe‹ vorstellen. Begleitet wird der 1895 in der Jugendstilzeitschrift abgedruckte Textausschnitt Huysmans' von einer ganzseitigen Schwarz-Weiß-Reproduktion der Kreuzigung, die gewissermaßen die Projektionsfolie für die textuellen Farbsuggestionen des Autors abgab.

Dem Programm der Zeitschrift gemäß, eine Verbindung »der kunstschaffenden Kräfte unserer Zeit« mit »verwandte[n] Bestrebungen früherer Epochen«[300] herzustellen, wies Eisenmann einführend auf die Gemeinsamkeiten zwischen der zeitgenössischen Malerei und derjenigen Grünewalds hin, die nach seinem Dafürhalten in der Farbe als Stimmungsträger lagen.[301] Dort heißt es über Grünewald: Als

> Ausdruck seiner Empfindung, seiner inneren heftigen Erregung, seiner Affekte [...] bietet sich ihm als stärkstes Mittel die Farbe. Sie macht er sich denn auch als der Erste und im engeren Sinn Einzige unter den Altdeutschen dienstbar, um Stimmung zu erwecken. Dies aber ist modern, und deshalb liegt die richtige Würdigung seines Wesens sozusagen in der Luft.[302]

Jeder, der sich für die moderne Kunst interessiere, »wird auch für die packende Farbensprache Grünewalds nicht unempfänglich sein«.[303] Umgekehrt wurde Grünewald in Besprechungen zeitgenössischer Kunst zum Ahnherrn dekla-

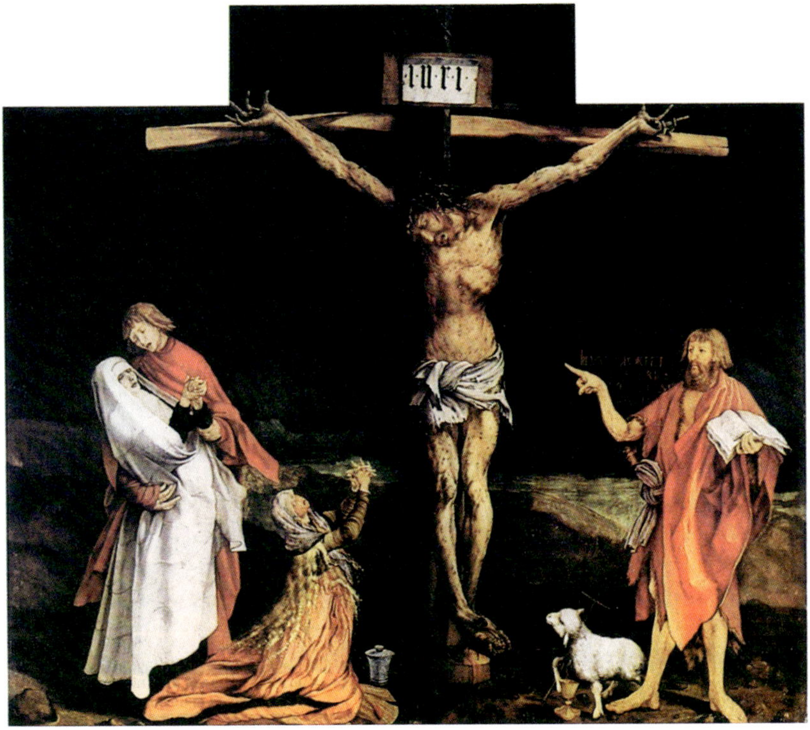

Abb. 41: M. Grünewald, Isenheimer Altar, Grünewald-Mappe 1908, Einleitung von M. Friedländer

riert: »[S]eit Grünewalds Tod«, so argumentierte Paul Ferdinand Schmidt in einer Rezension von Oskar Kokoschkas Beitrag zur Kölner Sonderbundausstellung von 1912, sei »in Deutschland noch nichts so Wildes und Phantasievolles mit Farben ausgedrückt worden«.[304] Grünewald, so heißt es bei Paul Fechner 1914, »schwebt unsichtbar sichtbar über vielen der Heutigen: die Gefühlsekstatik sowohl wie die rauschende Farbigkeit des Isenheimer Altars ist eine der Hauptquellen des neuen Kunstsuchens«.[305]

Zunächst entsprachen den verbalen Farbsuggestionen keine farbigen Abbildungen. 1909 rügte Franz Bock noch die »schlechten Abbildungswerke«, die »mit so großem Reklamelärm vertrieben« würden,[306] Grünewald als Meister der Farbe aber aussparten. Im Jahr zuvor war jedoch bereits eine Mappe im Folioformat mit insgesamt sechs farbigen Tafeln des Isenheimer Altars im Münchner Bruckmann-Verlag erschienen (Abb. 41). Der für derartige Mappen übliche kurze Begleittext stammt von Max J. Friedländer, der darin die Zeit

»reif für Grünewalds Kunst« hielt. Während er »die Neigung zum individuell Absonderlichen, Verschränkten, krampfhaft Verzogenen oder Krüppeligen« als typisch »deutsch« bezeichnete, erschien ihm das »lodernde Kolorit der Figuren« als geeignetes Mittel, um »das Mysterium« zu vergegenwärtigen.[307] 1913 und 1921 folgten Mappen mit Farbreproduktionen bei Seemann in Leipzig, begleitet von einem Text des Kunsthistorikers Paul Schubring.

Zwischen 1918 und 1919, als der nach München gebrachte Isenheimer Altar in der Alten Pinakothek ausgestellt wurde, entwickelte sich die Pinakothek zu einer nationalen Wallfahrtsstätte. Grünewalds »glühende« Intensität der Farben, die das »Wesen« seiner Kunst und eines spezifisch »germanischen« Ausdrucks sei, erschien als Gegensatz zur maßvollen Kunstform Italiens.[308] Oskar Hagen, der mit seiner Publikation 1919 »dem großen Germanen« Grünewald »viele Freunde werben« wollte, leitete die »tiefe, prächtige Glut seiner Farben«, die »heraus glühenden Gestalten« aus der »altdeutschen Glasmalerei« her.[309] 1920 folgte in Hagens »Deutsches Sehen« die Kapitulation vor der überwältigenden Farbenmacht des Isenheimer Altars: »Zunächst die Farbe; sie ist es vor allem, die das Werk aus jeder Vergleichbarkeit heraus hebt«.[310] Weiter heißt es: »unser sprachliches Vermögen ist nicht fähig, dem Wunderschauspiel irgendwie nahezukommen«.[311] Gleichwohl diente dieses Schauspiel der Farbe dazu, die Gefallenen des Ersten Weltkriegs zu überhöhen und in der Auferstehung nicht allein christliche, sondern vor allem nationalistische Zukunftsvisionen zu feiern.

Eine Publikation fällt aus den Lobpreisungen der Farbe heraus: Das auf fotografischen Neuaufnahmen des Altars beruhende Mappenwerk von Bruckmann erschien 1923 in riesigen, 74 x 42 cm messenden fotografischen schwarzweiß Reproduktionen (Abb. 42). Wilhelm Pinder schrieb dazu ein lediglich eine Seite umfassendes Vorwort. Der in Fraktur gedruckte Text empfiehlt die ungewöhnlichen schwarz-weißen Reproduktionen besonders für Kunsthistoriker, auch wenn dies im Falle Grünewalds, wie Pinder einräumte, angesichts »der Gewalt seiner Farben […] blasphemisch klingen [könnte]«. Doch wolle diese Publikation »nicht Gedächtnisstützen, sondern Studiengelegenheiten schaffen«. Wie viele Advokaten der Fotografie vor ihm machte der Autor geltend, dass sich auf den Fotos erheblich mehr erkennen lasse als vor dem Original.[312] Er betonte, dass dies insbesondere für emotional suggestive Kunstwerke wie den Isenheimer Altar gelte, denn »jeder ehrlich Erfahrene weiß, daß gerade überwältigende Originale ihre Geheimnisse zurückhalten, ja anfänglich gar unterdrücken«.[313] Fotos hingegen, so Pinder, könnten so lange betrachtet werden, bis auch das »vorderste Zeugnis deutschen Willens« sein Geheimnis preisgebe.

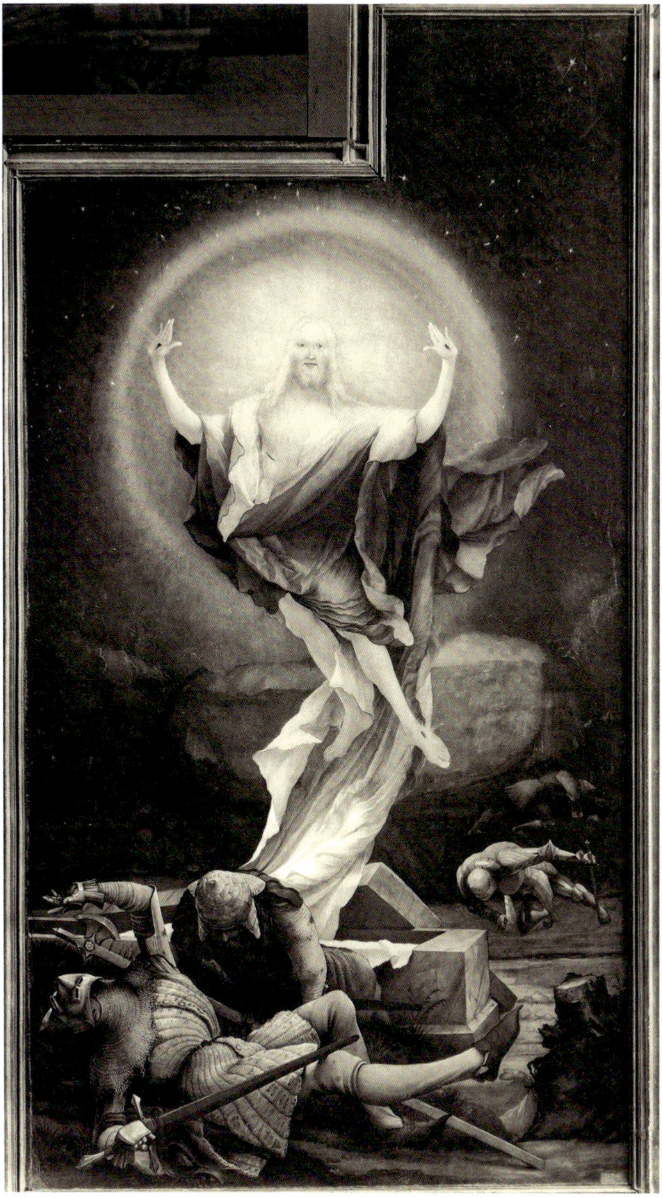

Abb. 42: M. Grünewald, Isenheimer Altar, Auferstehung, Grünewald-Mappe 1923, Vorwort von W. Pinder

Der Fotograf Fritz Goetz steuerte den eigentlichen Begleittext bei, der – höchst ungewöhnlich für ein solches künstlerisches Mappenwerk – die Geschichte der fotografischen Reproduktion darstellt, in der er auf das Verhältnis von mechanischer Fotografie und händischen Korrekturen in der drucktechnischen Übersetzung eingeht. Aufgrund der hohen Farbkontraste in der Malerei des Isenheimer Altars seien auch für die vorliegenden Schwarz-Weiß-Reproduktionen »ein lang andauerndes Vergleichen und Abstimmen der Negative auf die Eigenart in der Tonwiedergebung dieses Papieres vor den im Ausstellungsraum der Pinakothek gut beleuchteten Originalen erfolgt«. Es dürfte Panofsky überrascht haben, zu erfahren, dass bei manchen Tafeln »sechs bis neun Zustände bis zur Vollendung des Negativs« nötig waren.[314] Demnach erwies sich auch die Schwarz-Weiß-Reproduktion als Resultat der »Dazwischenkunft des Menschen«. Jedenfalls war Goetz überzeugt, dass die Schwarz-Weiß-Fotografie auf großformatigen Platten alle anderen Verfahren übertreffe und die Mappe mit den Platindrucken als wissenschaftliches Studienmaterial noch weit mehr Informationen liefere als das Original.

Franz Marc, der zweite Künstler, den Panofsky zur Erläuterung seiner Methode als Exempel heranzog (siehe Abb. 40 a/b), wurde als Inbegriff eines expressionistischen Farbvirtuosen gefeiert. Selbst die Tatsache, dass er im Ersten Weltkrieg bei Verdun gefallen war, trug zu seinem emotionalisierten Ruhm bei. Die Farben in Franz Marcs Malerei wurden als »nach allen Dimensionen unendlich drängende Kräfte, jubelnd, klar, feurig, tief, unbändig und doch archaisch« empfunden.[315] Sie besäßen eine »quellende Frische und robuste Stärke, deren Kindlichkeit und Einfachheit gegenüber der rassigen Sensibilität der Farben Henri Matisses den Deutschen […] erkennen« lasse.[316] Die Reihe der Charakterisierungen expressionistischer Farbverwendungen als genuin deutsch ließe sich fortsetzen; doch dürfte bereits deutlich geworden sein, dass Panofsky für die methodische Demonstration der transnational argumentierenden Ikonologie nicht zufällig Gemälde von zwei Malern auswählte, die zunehmend als Ausdruck nationaler »Farbgewalt« gefeiert wurden.

Überlegenes Schwarz-Weiß

Panofskys Ikonologie unterlief die nationalistischen Codierungen von Farbe als emotionsauslösendem Stimmungsträger, indem der Autor die individuellen psychischen wie die aktuellen politischen Rezeptionsbedingungen auszuschalten suchte. Panofskys Arbeit domestizierte auch die expressivsten Farben; seine Texte beziehen sich auf Schwarz-Weiß-Abbildungen (siehe Abb. 39 b, 40 b). Um sie zu verstehen, ist der Rezipient weder auf das Original noch auf eine

Farbreproduktion angewiesen; sie erhalten auch keine Anhaltspunkte zu spezifischen Farbimaginationen. Die der Irrationalität verdächtige Farbe blieb ausgeblendet. Interessant ist, dass Panofsky in seiner Manierismusvorlesung von 1926, die in einer Mitschrift des Lehrers Willy Meyne überliefert ist, offenbar auch als Lehrender so kritisch auf Farbgestaltungen einging, dass dies bei seinen Zuhörer*innen ankam: »Der Manierismus will den Farbengegensatz, die irrationale Buntheit der Farben als solche. Fast bengalischer Eindruck, wie wenn eine Figur von verschiedenen Seiten mit verschiedenfarbigem Licht beleuchtet wird«.[317] Auch wenn wir nicht wissen, welcher Künstler bzw. welche Werke damit gemeint waren, so wird doch deutlich, dass Panofsky den Manierismus, den er schon in seinem frühen Aufsatz über die farbigen Federzeichnungen des Virgilius Solis kritisierte (s. o.), aufgrund seiner Farbigkeit der Irrationalität bezichtigte.

Ganz anders beurteilte Panofsky Dürers Farben. Dem nicht nur stilistisch als Gegenpol zu Grünewald gehandelten Albrecht Dürer, dessen Farbeinsatz die Form unterstützt, widmete Panofsky grundlegende Studien. In »Das Leben und die Kunst Albrecht Dürers«, der 1943 zuerst in den USA in englischer Sprache erschienen Monografie zitiert Panofsky eine Passage aus Erasmus von Rotterdams Würdigung der Dürer'schen Grafik. Sie fußt ihrerseits auf Plinius' Lobrede des Apelles. Das Zitat kann als symptomatisch nicht allein für Panofskys Verständnis von Dürers Schaffen, sondern auch für sein eigenes Verhältnis zur Farbe insgesamt gelten:

> »Was bringt er nicht zum Ausdruck im Einfarbigen, das heißt, in schwarzen Linien? Licht, Schatten, Glanz, Erhabenheiten, Tiefen; […] Ja, er schildert selbst das, was nicht geschildert werden kann: Feuer, Lichtstrahlen, Donner, Wetterleuchten, Blitz […] Diese Dinge stellt er vor Augen in den angemessensten Linien – schwarzen Linien, doch so, daß du, wenn du Farben darauf setztest, das Werk beeinträchtigen würdest. Und ist es nicht wunderbarer, ohne die Schmeichelei der Farben zu vollbringen, was Apelles mit deren Hilfe vollbrachte?«[318]

Es scheint, als habe Panofsky in diesem Punkt in Erasmus von Rotterdam seinen Wahlverwandten gefunden und ihn zu seinem Sprachrohr erkoren (Abb. 43).

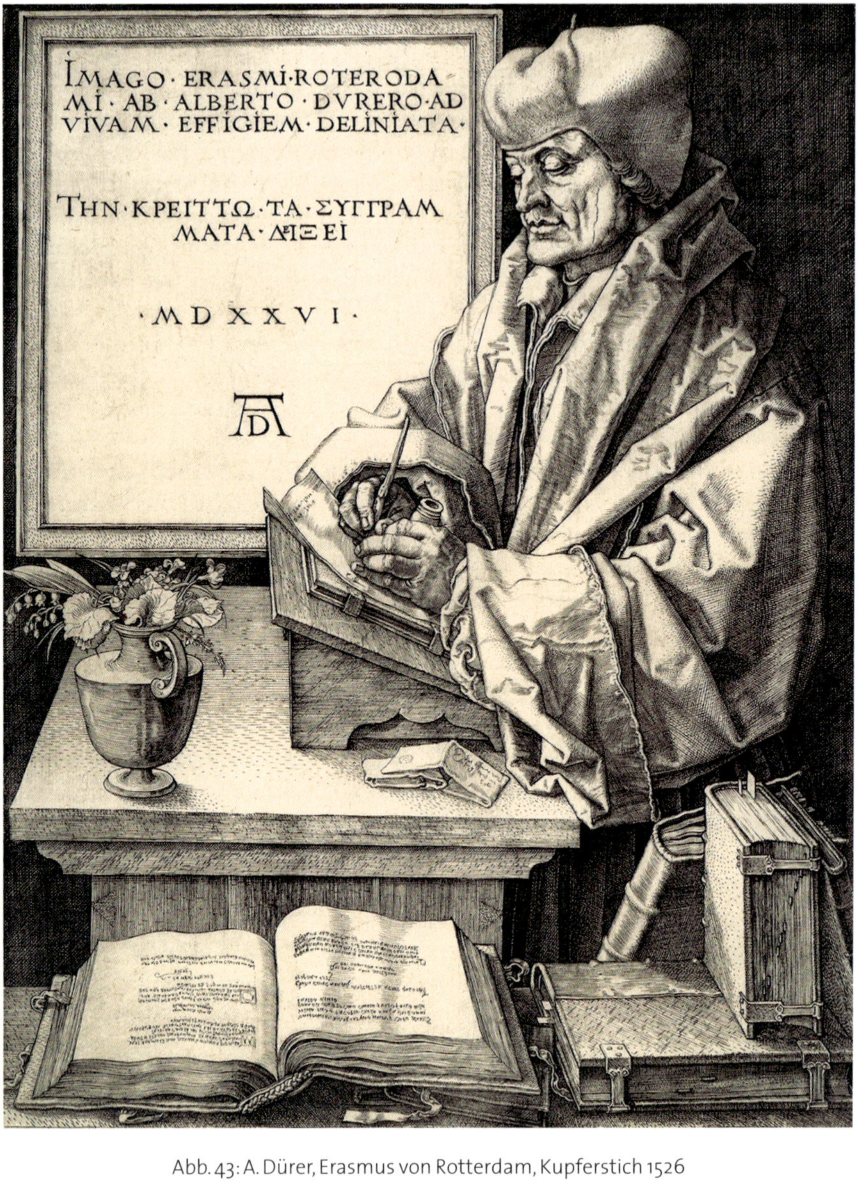

Abb. 43: A. Dürer, Erasmus von Rotterdam, Kupferstich 1526

Einschub: Warburgs Atlas-Tafeln

Panofsky war als Leiter des Kunstgeschichtlichen Seminars der Universität Hamburg[319] in den 1920er Jahren mit der Kulturwissenschaftlichen Bibliothek Warburg verbunden, er kannte Warburgs Forschungen und die Arbeit an den Atlas-Tafeln. Zusammen mit dem Philosophen Ernst Cassirer bildete die kulturwissenschaftlich arbeitende Trias die Hamburger Schule. Hier soll die Arbeit an der Kulturwissenschaftlichen Bibliothek Warburg nur unter dem Gesichtspunkt der Farbreproduktion in den Atlas-Tafeln vergleichend herangezogen werden.

Für den »Versuch kunstgeschichtlicher Kulturwissenschaft«,[320] wie Aby Warburg sein Lebensprojekt bezeichnete, waren Bilder fundamental. Die Untersuchungen zum Nachleben der Antike mündeten in Warburgs nicht vollendetem Projekt des »Bilderatlas Mnemosyne«, dessen umfangreicher Bildteil Motiv- und Formwanderungen transkulturell und gattungsübergreifend bis in seine eigene Gegenwart auffächert. Mit der Migration antiker Formprägungen in neue Kontexte und gesellschaftliche Praktiken gingen Übersetzungen in andere Medien und Materialien einher. Einen wesentlichen Gattungswechsel umfasst das in Warburgs Forschungen zentrale Nachleben der Antike in der Renaissance insofern, als die skulpturalen Werke einer monochrom überlieferten Antike in der Renaissance hauptsächlich in Malerei, d.h. in ein farbiges Medium transferiert wurden. Warburg reflektierte dies in einem zum Atlas-Projekt gehörenden Vortrag von 1929 über Manets »Dejeuner sur l'herbe«, indem er die Übersetzung eines antiken Sarkophagreliefs über einen Stich Marcantonio Raimondis nach Raffael bis in die Moderne verfolgte (Abb. 44). Bei Manet schließlich habe »das Farbespiel im weißen Licht die »accedia« zur göttlichen Frühstückspause« entführt.[321] Was sich jedoch zwischen der Antike und der Moderne abspielte, »bedurfte einer generationenlangen Erziehung des Auges, um das plastische Wunschbild durch ein malerisches zu ersetzen, denn dass diese Minderung des abtastbaren Besitzes eine unendliche Bereicherung in sich schloß, konnten eben nur die Begnadeten bemerken, vor denen in der Symphonie der Farbflecken des plein air die neue Welt der Totalität zwischen Mensch und Natur aufging«.[322] In einem anderen Zusammenhang reflektierte Warburg die Fotografie als »eine große einschmeichelnde Betrügerin, sie raubt die Farbe, zeigt ein falsches Format«.[323] Für die visuelle Vergleichbarkeit der Motive trotz des Materialtransfers und der Veränderungen im sozialen Gebrauch der Werke boten Schwarz-Weiß-Reproduktionen erhebliche Vorteile.

Bis zur Rekonstruktion der Atlas-Tafeln in der zuerst 2021 in Berlin gezeigten Ausstellung »Aby Warburg. Bilderatlas Mnemosyne« waren die insgesamt 63 Tafeln stets nur in Schwarz-Weiß reproduziert worden.[324] Die Rekonstruk-

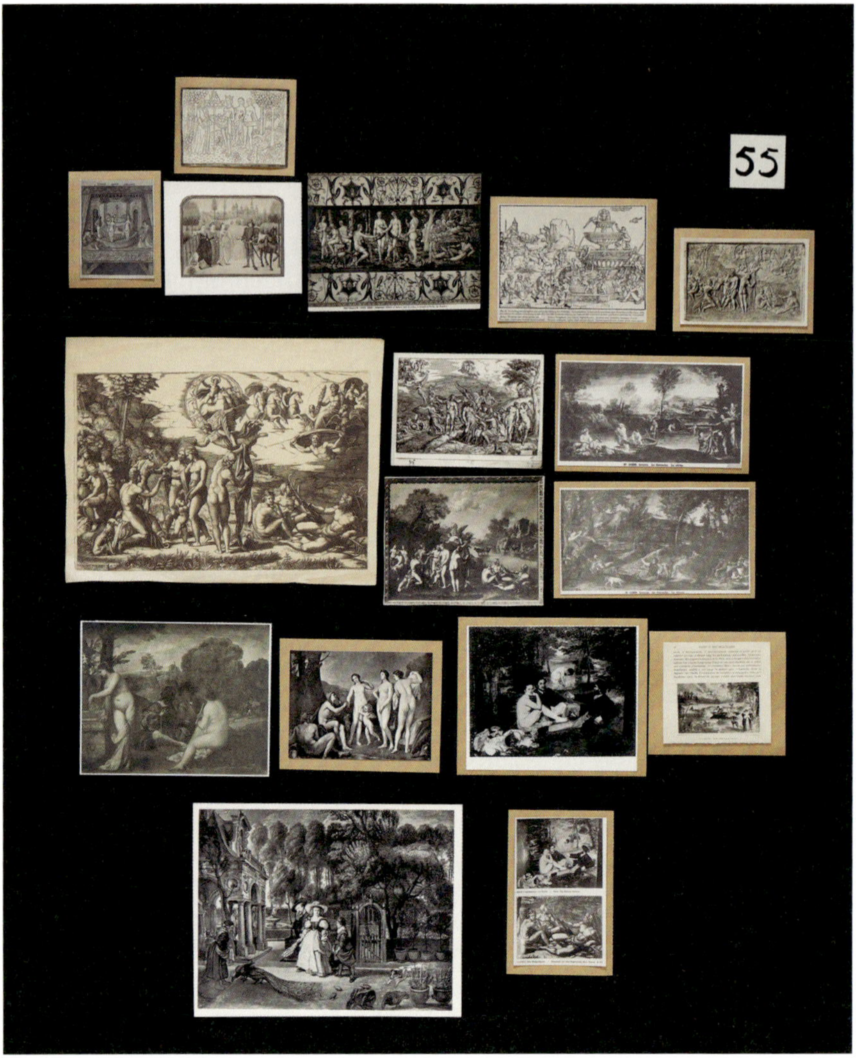

Abb. 44: A. Warburg, Bilderatlas Mnemosyne (1929), Tf. 55,
Rekonstruktion von A. Heil, R. Orth, 2020

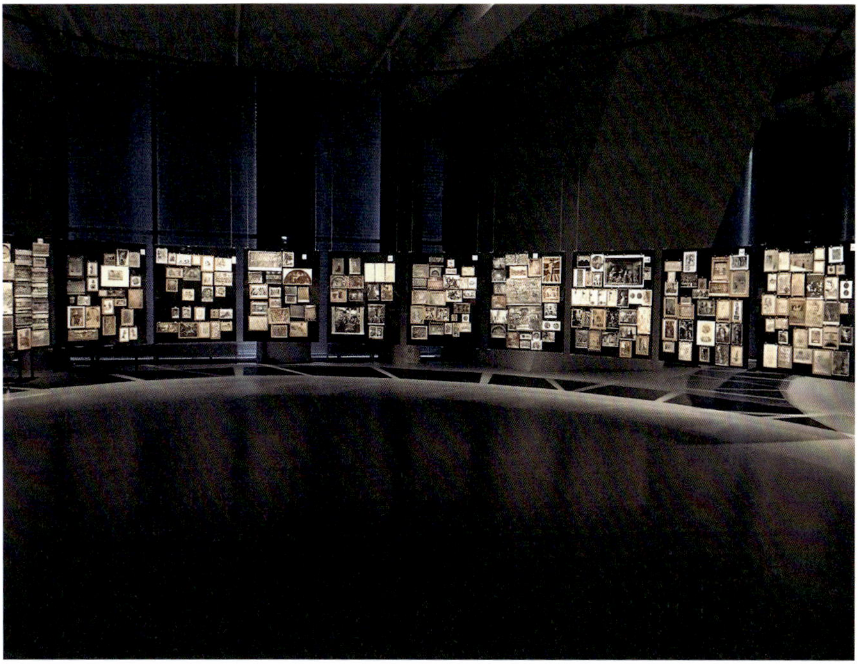

Abb. 45: Ausstellung Aby Warburg, Bilderatlas Mnemosyne (1929), Rekonstruktion von A. Heil, R. Orth, 2020, Haus der Kulturen der Welt, Berlin 2020

tion der ursprünglichen Bildtafeln basiert zum allergrößten Teil auf dem Warburg'schen Originalmaterial, wie es sich in der Fotosammlung des Warburg Institute erhalten hat. Durch die von Roberto Orth und Axel Heil erarbeitete Ausstellung und die entsprechende Foliopublikation werden nun erstmals auch die unterschiedlichen Reproduktionsmedien der Atlas-Tafeln anschaulich: Bei den Tafeln, die hauptsächlich die Adaption antiker Gesten und Formen in der Renaissance zeigen, handelt es sich überwiegend um monochrome Fotoabzüge, deren unterschiedliche chemische Verfahren in verschiedenen Tönungen der Abzüge zum Ausdruck gelangten. Ihre beigen und grauen Pappunterlagen verleihen dem Gesamtbild der Ausstellung eine gewisse unbunte Farbigkeit und Patina (Abb. 45). Darüber hinaus zeigen mehrere Tafeln einzelne Farbreproduktionen medial unterschiedlicher Art: So geht es z. B. in zwei Fällen um Blätter mit farbigen Reproduktionen aus Büchern, in einem anderen Fall um den kolorierten Kupferstich aus einem Buch des 17. Jahrhunderts, dann um kolorierte Zeichnungen von Mary Hertz, der Hamburger Künstlerin und

Frau Aby Warburgs; an anderer Stelle finden sich starkfarbige moderne Spielkarten. Tafel 77, die dem Nachleben der Antike in der Gegenwart gewidmet ist, enthält mit fünf farbigen Bilden fast die Hälfte aller Farbabbildungen (Abb. 46). Darunter befindet sich der Umschlag eines Fischkochbuches von 1928, farbige französische Briefmarken[325] sowie Reklame für die Reederei Hapag wie für Toilettenpapier. Das heißt, die massenhaft verfügbaren, alltäglichen Bildmedien der Gegenwart, die ihren »Sitz im Leben« haben, sind farbig geworden. Hier wird keine Fotografie als Vervielfältigungsmedium mehr eingesetzt, die farbigen Bilder selbst sind massenhaft im Umlauf.

Die Atlas-Tafeln dienten, so lange sie nicht gedruckt und damit fixiert waren, als experimentelle Arbeitsinstrumente, die immer wieder neu gruppiert wurden; aktuelle farbige Fundstücke ließen sich je nach Verfügbarkeit einbeziehen. Doch trotz der Integration farbiger Abbildungen etwa aus der Werbung geht es im Unterschied zu den Formbezügen nicht um Beziehungen zwischen den verschiedenen Farbigkeiten, um Farbwanderungen oder gar um die Bedeutung farbiger Gestaltungen. Im Unterschied zu den linearen Formen der Gesten und Bewegungsgestaltungen stehen die Farben der verschiedenen Blätter in keinem Beziehungsgeflecht untereinander. Es handelt sich bei den farbigen Abbildungen um solche, die mehr oder weniger zufällig zur Hand waren – mit einer Ausnahme: Über einen Zeitraum von gut 15 Jahren bemühte sich Warburg um Farbfotos nicht etwa eines bedeutenden Originalwerks, sondern um zwei wohl Ende der 1830er Jahre entstandene Aquarell*kopien* von Johann Anton Ramboux' nach Piero della Francescas Schlachtendarstellung in der Chorkapelle von San Francesco in Arezzo. Wie Claudia Wedepohl gezeigt hat, war Warburg das Anliegen so wichtig, dass er es über den Ersten Weltkrieg hinaus verfolgte.[326] Schon 1922 wurden beide Fotos der Ramboux'schen Aquarellkopien in Warburgs lediglich eineinhalbseitigem Aufsatz der Kongressakten des X. internationalen Kunsthistorikerkongresses von 1912 im Lichtdruckverfahren farbig publiziert. Allerdings bleibt unsicher, ob Ramboux' Aquarelle den tatsächlichen Erhaltungszustand Ende der 1830er Jahre wiedergeben oder ob sie selbst Rekonstruktionen der womöglich schon damals nicht mehr vollständig erhaltenen Fresken sind. Auch in der Atlas-Tafel 30 (Abb. 47) mit den farbigen Ramboux-Aquarellen neben einer Schwarz-Weiß-Aufnahme der teilweise zerstörten Fresken geht es nicht um die Farbigkeit der gebändigt dargestellten Schlachten und Devotionsreisen, die sich um die Durchsetzung des Christentums drehen, sondern um die Rekonstruktion des inzwischen verlorenen Freskoteils.

Dass Farben andere Bezüge eröffnen als die in den schwarz-weißen Abbildungen privilegierten linearen Formen, soll ein Experiment mit Tafel 47 des Atlas erhellen[327] (Abb. 48 a/b). In Warburgs Atlas-Tafel,[328] deren Einzelbilder

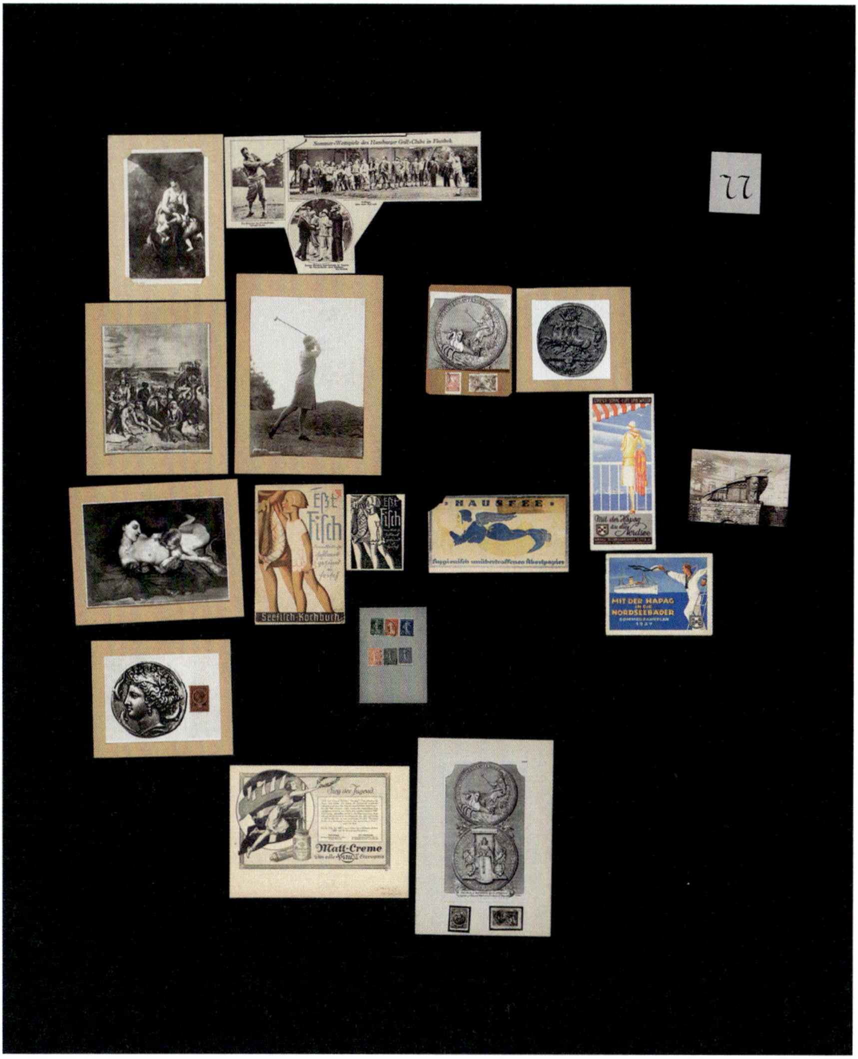

Abb. 46: A. Warburg, Bilderatlas Mnemosyne (1929), Tf. 77,
Rekonstruktion von A. Heil, R. Orth, 2020

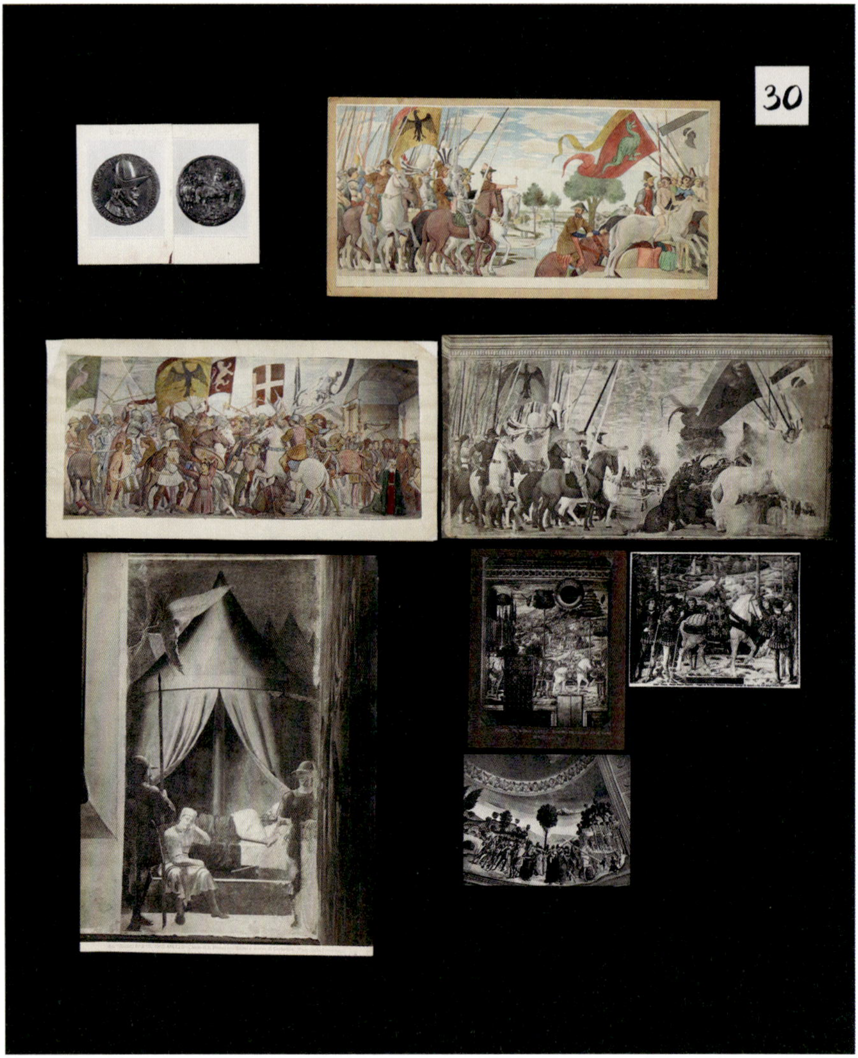

Abb. 47: A. Warburg, Bilderatlas Mnemosyne (1929), Tf. 30,
Rekonstruktion von A. Heil, R. Orth, 2020

netzwerkartige Beziehungen ermöglichen, geht es um zwei konträre Ausprägungen der *Ninfa* in der Renaissance: als Schutzengel und als Kopfjägerin. Ohne hier näher auf die einzelnen Werke und ihre Verknüpfung durch das »bewegte Beiwerk« wie den wehenden Rocksaum oder auf andere bedeutsame *For*melemente einzugehen, dürfte deutlich werden, dass für den Vergleich so unterschiedlicher Kunstgattungen wie Relief, Skulptur, Cassone, Buchmalerei, Grafik, Fresko und Tafelbild nichts besser geeignet war als die Schwarz-Weiß-Fotografie. Sie reduziert alle Gattungen auf zwei Dimensionen, nivelliert die Größen, so dass eine Briefmarke mit einem Fresko vergleichbar wird, und homogenisiert optisch die Farben und Materialien durch die Übersetzung in Grauwerte.

Setzt man aber anstelle der Schwarz-Weiß-Reproduktionen in Warburgs Atlas *farbige* Abbildungen ein, wie es digitale Werkzeuge heute erlauben,[329] so werden in den Tafeln andere Beziehungen der Kunstwerke untereinander begünstigt als die durch die Form vermittelten; privilegiert werden Gemälde und farbig gefasste Skulpturen etwa gegenüber der Zeichnung und der Druckgrafik, aber auch gegenüber der materialsichtigen Skulptur. Zunächst fällt in Tafel 47 auf, dass die Kopfjägerin Judith in Domenico Ghirlandajos Gemälde ein hoheitsvolles rot-blaues Gewand trägt, ähnlich der Madonna in Simone Martinis »Rückkehr Christi zu seinen Eltern« auf der gegenüberliegenden Schutzengelseite, so dass die Frage entsteht, ob Judith mit den Farben besonders ausgezeichnet wurde. Auch wäre nach der Rolle des intensiven Rots zu fragen, das mehrfach in Gewändern auftritt und Figuren hervorhebt. Zu untersuchen wäre, ob das gesteigerte Rot des Zeltes in Sandro Botticellis Judith mit dem Haupt des Holofernes für Judiths Körper, der von dem Zelt umfangen wird, eine vergleichbare Aufgabe übernimmt wie in den Gewändern, oder ob es sich um die Verschiebung der blutigen Tat auf den Ort des Geschehens handelt.

Jedenfalls hätte für Aby Warburg, der an affektgeschichtlichen Symbolisierungen interessiert war, Farbe als ein seitens der zeitgenössischen Wahrnehmungsphysiologie mit höchsten Emotionswerten belegter Faktor[330] durchaus semantisches Potenzial bergen können. Dafür waren allerdings die technischen Voraussetzungen noch nicht gegeben. Bei den rund 2000 Bildern, die für Warburgs Großprojekt, das Nachleben der Antike, zusammengetragen wurden, handelt es sich häufig um Reproduktionen von Reproduktionen. Ab 1926 war ein Fotograf im Warburg-Haus beschäftigt, der vor allem Abbildungen aus Büchern aufnahm.[331] Das heißt, angesichts von Warburgs interkulturellem Arbeitsfeld mussten die visuellen Vergleichsobjekte erst aus den Publikationen herausdestilliert werden, so dass es sich bei dem großen Bildfundus für den »Bilderatlas Mnemosyne« um Abbildungen von Abbildungen handelte.

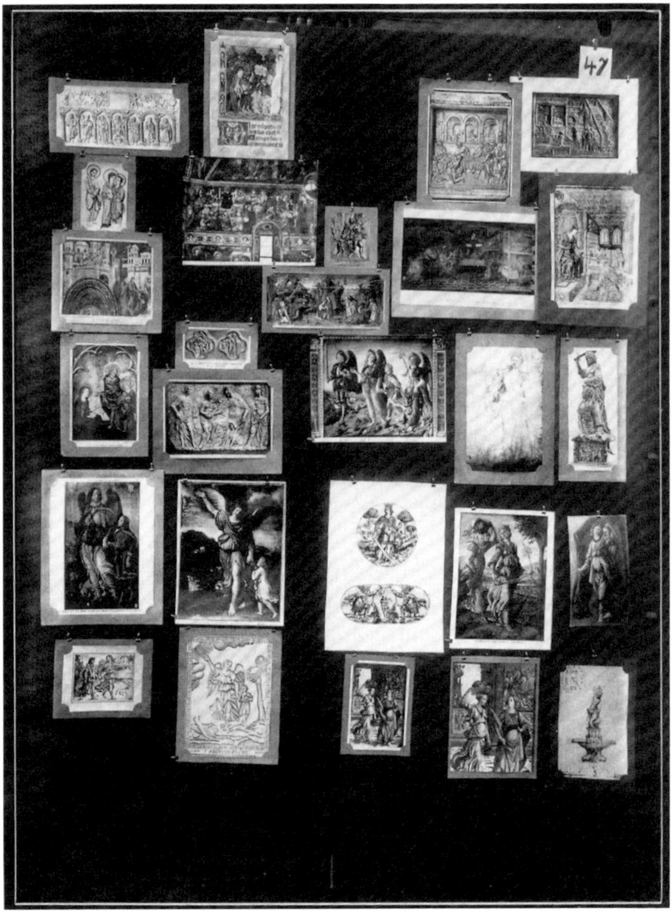

Abb. 48a: A. Warburg, Bilderatlas Mnemosyne, Tf. 47 aus Der Bilderatlas Mnemosyne, 2000

Das Atlas-Projekt wurde geradezu aus der Schwarz-Weiß-Fotografie heraus entwickelt. Ja, vielleicht war das Projekt nur unter diesen Voraussetzungen denkbar. Auch die Publikation eines derart umfangreichen Bilderatlas war selbstredend auf Schwarz-Weiß angelegt. Dass Warburg allerdings im Unterschied zu Panofsky die wissenschaftliche Brauchbarkeit farbiger Reproduktionen keineswegs bezweifelte, belegt die Integration farbiger Fotos, Reproduktionen und Druckerzeugnissen in die Arbeitsversion des »Bilderatlas Mnemosyne«.

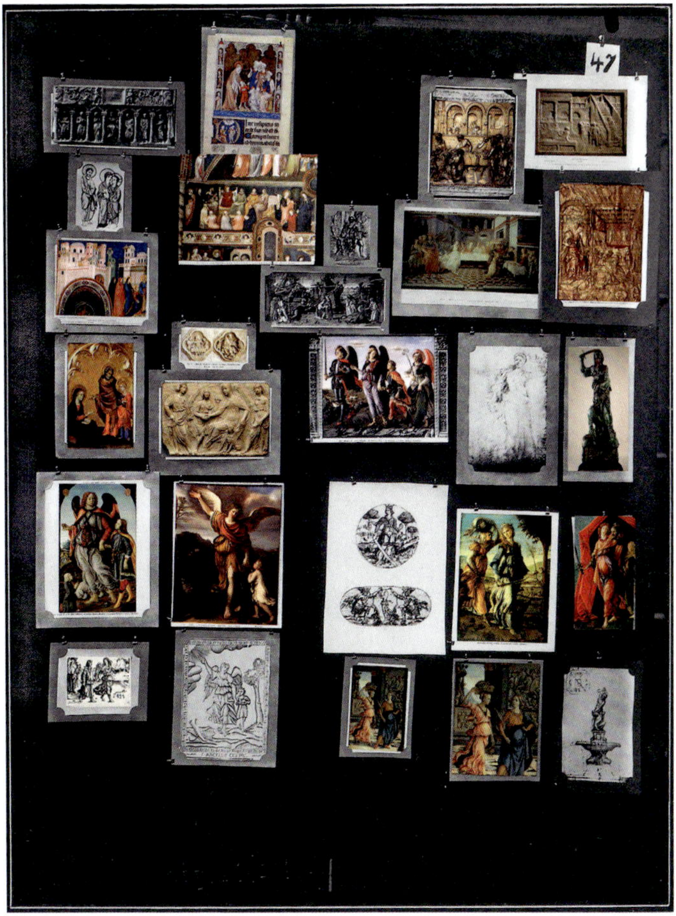

Abb. 48b: A. Warburg, Bilderatlas Mnemosyne, Tf. 47; farbige Übersetzung

Panofskys Farbaversion

Abschließend noch einmal zurück zu Panofsky: Dessen Ablehnung der Farbe war, wie bereits dargelegt, programmatisch und wurde durch seine theoriegeschichtlichen Forschungen zu »Idea« befeuert. Doch ließe sich Panofskys Farbaversion auch auf biografischer Ebene rekonstruieren: So schrieb der Kunsthistoriker Anfang der 1930er Jahre mit einer gehörigen Portion Selbstironie in einem Brief aus Rom über einen Ausstellungsbesuch in Venedig an

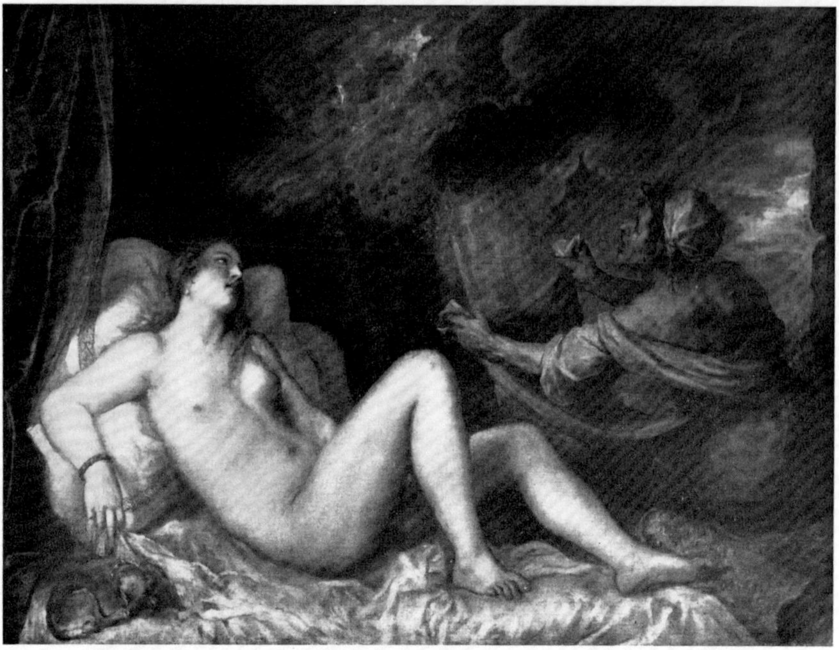

158. Titian, *Danaë*. Madrid, Prado

Abb. 49: Tizian, Danae
aus E. Panofsky, Problems in Titian, mostly iconographic, 1969

den Freund und Kollegen Fritz Saxl, Leiter der Kulturwissenschaftlichen Bibliothek Warburg in Hamburg: »Trotz meiner Abneigung gegen Original-Kunstwerke fand ich die Tizian-Ausstellung sehr schön«.[332] Aus Schülerkreisen wurde darüber hinaus kolportiert, Panofsky habe – sobald er ein Museum betrat – eine Sonnenbrille aufgesetzt, damit ihn die Farben der Bilder nicht so blendeten. Auch die von ihm mit Hoffnungen belegte Mechanisierung der Farbfotografie scheint an Panofskys Distanz zur Farbe nichts grundsätzlich verändert zu haben. Dafür spricht, dass er sich noch im amerikanischen Exil in seinen Einlassungen auf Barnett Newmans berühmtes, nahezu monochromes Gemälde von 1951 mit über 12 Quadratmetern intensiv roter Farbe bekanntermaßen nur für den korrekten Casus des lateinischen Titels »Vir heroicus sublimis« interessierte.[333] Demgegenüber blieb die immersive Qualität der intensiven Farbigkeit, die den Betrachter bei der Annäherung geradezu umspült und seine Selbstbehauptung provoziert, unerwähnt.

Panofskys bereits erwähntes letztes Werk, »Problems in Titian mostly iconographic« (s. o.), erschien als »The Whrightman Lectures« im Jahr nach dem Tod des Autors im Jahr 1969. Unter Bezugnahme auf die Wünsche des Verstorbenen hinsichtlich der Ausstattung des Buches heißt es im Vorwort des New Yorker Institute of Fine Arts: »He added something also about the illustrations: they ›were made from the best available originals and are all in black and white, not in spite but because of the fact that Titian was the greatest ›colorist‹ who ever lived'« (Abb. 49).[334] Panofskys Ablehnung der Farbreproduktion, die er 1928 in seinem Brief an den Bruckmann Verlag geäußert hatte, als er Farbreproduktionen im wissenschaftlichen Zusammenhang grundsätzlich ablehnte und zwar »nicht nur wenn sie schlecht, sondern auch gerade dann, wenn sie gut sind«, blieb auch vierzig Jahre später unverändert.

Nachleben der Farbenskepsis

Die Ablehnung der farbigen Reproduktion von Kunstwerken haben Schüler von Panofsky weiter gepflegt. Edgar Wind, der erste Schüler Erwin Panofskys, der 1933 nach London emigrierte und lange am Londoner Warburg Institute tätig war, wandte sich noch 1960 in seinen von der BBC gesendeten Reith Lectures, die 1968 in Deutschland unter dem Titel »Kunst und Anarchie« als Buch erschienen, energisch gegen die farbige Reproduktion von Kunstwerken. Fotoreproduktionen kamen bei ihm insgesamt nicht gut weg,[335] aber speziell die farbige Reproduktion machte Wind für den »regressiven Geschmack« seiner eigenen Zeit verantwortlich. Damit zielte der Autor allerdings nicht in erster Linie auf kunstgeschichtliche Publikationen, in denen ohnehin noch vorwiegend mit schwarz-weißen Bildern argumentiert wurde, sondern auf die zeitgenössische Malerei und deren populäre Verbreitungsmedien, die Magazine, Ausstellungskataloge usw. Magazine, wie etwa die US-amerikanische Wochenzeitschrift »Life«, erregten seit den späten 1940er Jahren mit großformatigen Farbabbildungen aktueller Malerei Aufsehen und verschafften damit zeitgenössischen Künstlern, allen voran Jackson Pollock, eine internationale Bühne.[336] Bei Wind heißt es: »[W]enn der Farbendruck dasjenige Medium zu werden droht, durch das ein Bild Aussicht hat, sich in Erinnerung zu halten«, dann werde dies auch Rückwirkungen auf die künstlerische Bildproduktion haben: »Bei zunehmender Anpassung an den Farbendruck liegt es nahe, daß Werke, die sich für ihn am besten eignen, denjenigen vorgezogen werden, die dafür zu kompliziert sind, so daß die Maschine die Auswahl trifft, die einen stilistisch regressiven Geschmack begünstigt«.[337] Nicht auf die farbige, sondern allgemein auf die Reproduktion bezogen, hatte sich schon Walter Benjamin in seinem legendären Aufsatz »Das Kunstwerk im Zeitalter seiner technischen Reproduzierbarkeit« ähnlich geäußert: »Das reproduzierte Kunstwerk wird in immer steigendem Maße die Reproduktion eines auf Reproduzierbarkeit angelegten Kunstwerks«.[338] Dabei zielte Benjamin allerdings auf den Film, dessen Reproduzierbarkeit in seiner Produktionstechnik bestehe, der kein Original zugrunde liege.

Wind dagegen befürchtete eine Entwicklung, in der Künstler im Hinblick auf die Reproduktion eine »flache und schematische Farbgebung« bevorzugten. Im Unterschied etwa zur venezianischen Malerei eines Tizian mit ihren oszillierenden Farblasuren erschien ihm Picassos Farbgestaltung plakativ und daher der Farbreproduktion besonders zugänglich. Doch nicht allein die Malerei Picassos, sondern die des gesamten 20. Jahrhunderts stellte Wind tendenziell unter den Generalverdacht der marktschreierischen Anpassung an die Publikationsmedien.

Die methodische Ausrichtung der Hamburger Schule, insbesondere die Ikonologie, wie Erwin Panofsky sie entwickelte, suchte den Textbezug als rationale Referenz. Farbe konnte sie nicht brauchen. Mehr noch, die Schwarz-Weiß-Fotografie, die den Vergleich unterschiedlicher Gattungen, der Zeichnung mit der Malerei, das Glasfenster mit einem Bronzeguss usw. begünstigt, lieferte geradezu die unverzichtbare Matrix von Panofskys Ikonologie. Sie ermöglichte die Vergleiche und Motivketten über die Form und die Begrifflichkeit des Hell-Dunkel. Farbe blieb in dieser Herangehensweise ein blinder Fleck.[339] Das trifft nicht in gleicher Weise für Warburg zu. Doch auch in seinem »Bilderatlas Mnemosyne« werden die Beziehungsgeflechte und Motivwanderungen nicht über die Farbe entwickelt. Die Ikonologie hat sich zwar weiterentwickelt und ist nicht mehr so stark textbezogen wie bei Panofsky, doch blieb sie lange Zeit farbenblind.

V. Farbe in der Kunstschriftstellerei

Gegenüber einem Stilananlytiker wie Heinrich Wölfflin und einem Ikonologen wie Erwin Panofsky, die sich wissenschaftlich nicht mit der Moderne befassten, war Farbe für Kunsthistoriker*innen, deren Interesse sich auf die jüngste Vergangenheit und Gegenwart richtete, von größerem Gewicht, gilt doch die Moderne als Zeitalter einer »befreiten« Farbe. Allerdings fiel die Beschäftigung mit moderner Kunst nicht in das Fachgebiet der Kunstgeschichte, das heißt, akademische Kunsthistoriker beschäftigten sich nicht mit ihr. Moderne Kunst widersprach dem Konzept der Kunst*geschichte*.[340] Sie wurde zumindest an deutschen Universitäten mit nur punktuellen Ausnahmen erst nach 1945 ganz allmählich zu lehren begonnen.[341] Auch am Museum waren Kunsthistoriker*innen, die sich der Moderne widmeten, die Ausnahme. Bei Kunsthistoriker*innen, die sich vor allem mit der Gegenwartskunst beschäftigten, sprach man stattdessen von Kunstkritikern und Kunstschriftstellern, ganz unabhängig davon, ob sie Kunstbücher verfassten, Ausstellungskataloge konzipierten oder Kritiken schrieben.

Kunstkritiker*innen bzw. Kunstschriftsteller*innen der Moderne agierten also in einem weit weniger klar umrissenen Berufsfeld und ihre Publikationen richteten sich an ein heterogeneres Publikum als die ihrer universitären Kollegen. Sie standen von daher auch unter keinem wissenschaftlichen Legitimierungsdruck. Gleichwohl handelte es sich keineswegs um populäre Kunstvermittlung, wie sie um die Jahrhundertwende und im frühen 20. Jahrhundert die großen Verlage mit ihren monografischen Reihen und Serienpublikationen,[342] später dann auch die Volksbildung der Weimarer Republik im Sinne einer kulturellen Demokratisierung im neuen Medium Rundfunk betrieben.[343] Die »Kunstkritik«, also die Befassung mit moderner Kunst, wurde, so etwa von Hermann Riegel, im Unterschied zu der als objektiv bewerteten Kunstgeschichte als subjektiv gefärbt und daher als weniger wissenschaftlich eingestuft.[344] Die Arbeiten der Kunstkritik bzw. Kunstschriftstellerei der Moderne waren jedoch für die weitere Entwicklung der Disziplin so grundlegend, dass dieses andere Genre hier unter dem Gesichtspunkt der Farbe als notwendiges Korrelat zur akademischen Kunstgeschichte betrachtet wird. Die nachfolgend als Kunstschriftstellerei bezeichnete Befassung mit der modernen und zeitgenössischen Kunst erforderte aufgrund der Entwicklung der Malerei eine Position zur Farbe und den Möglichkeiten ihrer Vermittlung. Denn Gemälde impressionistischer Fleckenmalerei, expressionistischer Farbexperimente oder abstrakte und ungegenständliche Malereien ließen sich weder allein mit Linien und Formen beschreiben noch in Schwarz-Weiß-Reproduktionen adäquat kommunizieren. Mit dem Problem der Reproduktion ›impressionistischer‹ Malerei des Barock hatte sich bereits Heinrich Wölfflin – wie oben dargelegt – in seinen ›Kunstgeschichtlichen Grundbegriffen‹ von 1915 eingehend beschäftigt.

Um überhaupt ihren potenziellen Arbeitsgegenstand kennenzulernen, mussten Kunstschriftsteller*innen erhebliche Aktivitäten an den Tag legen. Aktuelle Kunst wurde zu Beginn des 20. Jahrhunderts nur vereinzelt von Museen, wie etwa dem von Karl Ernst Osthaus gestifteten Folkwang Museum in Hagen gesammelt. Als Hugo von Tschudi für die Berliner Nationalgalerie Gemälde französischer Impressionisten sowie das erste Cézanne-Gemälde für ein deutsches Museum erwarb, kam es in der Folge zu Verwerfungen mit dem Kaiserhaus und der Wilhelminischen Kunstpolitik.[345] Kunsthändler, die in ihren Galerien temporäre Ausstellungen veranstalteten, und eine überschaubare Zahl privater Sammler waren die Kristallisationspunkte junger Kunst. Obwohl sich natürlich auch zahlreiche Werke der klassischen Malerei in privaten Sammlungen befanden, gestaltete sich die Arbeit über zeitgenössische Kunst anders als die über Werke früherer Epochen.[346] Wir haben es daher bei Kunstschriftsteller*innen mit einem anderen Typ als dem akademischen Kunsthistoriker zu tun. Kunstschriftsteller*innen mussten flexibel sein, um zwischen Künstleratelier, Handel und Sammlung zu agieren.

Für Publikationen über moderne, impressionistische und nachimpressionistische Malerei bestanden im Hinblick auf Reproduktionen – insbesondere farbige – noch erheblich größere Hindernisse als bei Werken der älteren Kunst. Den temporären Ausstellungen in Galerien kam aufgrund der häufigen Skandalisierungen in der Presse seitens der breiten Bevölkerung ein eher negatives Interesse zu. Die in aller Regel kurze Ausstellungszeit führte zu keiner auch nur annähernd vergleichbaren Aufmerksamkeit, wie sie den klassischen musealen »Meisterwerken« wie etwa Leonardos »Mona Lisa«, Raffaels »Sixtinischer Madonna« oder Dürers »Selbstporträt« entgegengebracht wurde. Entsprechend gering fiel das kommerzielle Interesse der Verlage an der Herstellung von Fotos, insbesondere der aufwändigeren farbigen Reproduktionen aus. Um für das eigene Arbeiten und für die Publikationen an Abbildungen zeitgenössischer Werke zu gelangen, waren Kunstschriftsteller*innen daher auch in dieser Hinsicht auf die Hilfe von Künstler*innen, Händler*innen und privaten Sammler*innen angewiesen.

In der Kunstschriftstellerei ging es um Annäherungen an den im ausgehenden 19. und frühen 20. Jahrhundert noch nicht akademisierten Bereich der Malerei, in dem sich *grosso modo* mit der Entstehung des Impressionismus Veränderungen im Gegenstandsbezug und eine Autonomisierung der Farbe abzeichneten. Mit Julius Meier-Graefe, der der Generation Aby Warburgs angehört, und Carl Einstein, der zur Generation Panofskys zu rechnen ist, stehen zwei höchst einflussreiche Kunstschriftsteller im Fokus, die ästhetisch und kulturpolitisch[347] ebenso wie in Bezug auf die Rolle der Farbe geradezu konträre Positionen vertraten. Sowohl Meier-Graefe als auch Einstein, die beide – wenn auch mit unterschiedlicher Gewichtung – schriftstellerisch tätig waren, verfolgten mit ihrer Arbeit eine kulturelle Modernisierung, Meier-Graefe durch die Herstellung von Traditionsbezügen der Moderne, Einstein durch die Beschwörung eines Traditionsbruchs.

Meier-Graefes transhistorische Farbverwandtschaften

Der überaus agile Meier-Graefe beriet Museen und Sammler, wirkte selbst an Ausstellungen mit, war in Berlin an der Gründung der Jugendstilzeitschrift »PAN« beteiligt, lebte zeitweise in Paris, dem Mekka der modernen Kunst, wo er ein paar Jahre lang die Jugendstilgalerie »Maison moderne« betrieb, gründete die Marées-Gesellschaft und vieles andere mehr.[348] In Paris, der »Hauptstadt des 19. Jahrhunderts«, waren Werke der von Meier-Graefe für die Erneuerung der Kunst hoch geschätzten Künstler wie Eugène Delacroix, Edouard Manet oder Paul Cézanne zu sehen. Meier-Graefe pflegte Beziehungen zu Händlern wie zu einigen Künstlern und war dadurch mit Originalen bestens vertraut.

Von »den« Kunsthistorikern grenzte er sich pauschal ab, da sie in seiner Sicht lediglich brav den Kanon reproduzierten. Gleichwohl war er für die Einschreibung französischer Kunst des 19. Jahrhunderts in die deutsche Kunstgeschichte – und damit seinerseits für die Bildung eines Kanons der Moderne – von größter Bedeutung. Mit seinen außerordentlich zahlreichen Publikationen zur französischen Malerei des 19. Jahrhunderts, zu Courbet, Manet, Gauguin, Guys, Pissarro, Renoir, Degas, Monet, zu van Gogh sowie seiner zuerst ab 1904 und später in mehreren revidierten Auflagen erschienen »Entwicklungsgeschichte der modernen Kunst. Vergleichende Betrachtung der bildenden Künste, als Beitrag zu einer neuen Ästhetik« trug Meier-Graefe wesentlich zu dem bei, was sich als europäische Moderne etablierte, »mit Auswirkungen auf das ganze 20. Jahrhundert«.[349]

Er scheute kein ästhetisches Urteil, auch wenn sich dies in erstaunlichem Maße verändern konnte.[350] In den mitunter krassen Wertungen des ebenso eloquenten wie weitschweifigen Schreibers spielte Farbe eine zentrale Rolle. Über Edouard Manet, den von ihm gewürdigten Pionier der Moderne, heißt es, er sei getrieben von der »leidenschaftlichen Sehnsucht nach einem in Farben zu bannenden Leben«. »Farbe ist das Ziel seines Empfindens, dem gelingen könnte, das zuckende Leben, das er in sich fühlt, das nach Gestaltung verlangt, zu sammeln. Die Linie reicht dazu nicht aus.«[351] Mit der Farbe war in Meier-Graefes Augen das Neue markiert, eine sinnliche Eindringlichkeit, die die Linie nicht erzeugen könne. »Manet war nur Maler, aber er war es so, daß man seitdem geneigt ist, Farbe und Pinselstriche als die höchsten Werkzeuge göttlicher Eingebung zu betrachten«.[352] Farbe differenziert wahrnehmen und schätzen zu lernen war in Meier-Graefes Sicht ein zentraler Schritt auf dem Weg zum Erlebnis moderner Malerei, zu dem er nach eigenem Bekunden durch seine Arbeit beitragen wollte.

Methodisch ist dem Autor nur schwer beizukommen. Er näherte sich immer wieder aufs Neue Werken und Künstlern über die Setzung von Wertmaßstäben, die er durch Gleichordnung mit bereits anerkannten Malern zu gewinnen suchte. Er verfolgte die Strategie, über die Farbe genealogische Verbindungen moderner Kunst zur Tradition der Malerei herzustellen. In seinem Kardinalwerk, der dreibändigen »Entwicklungsgeschichte«, die – wie bereits Karl Scheffler feststellte – keine Entwicklungsgeschichte war, werden in zahllosen Varianten Traditionslinien der »malerischen Maler« hergestellt. Über die Farborganisation von Paul Cézanne heißt es, um nur ein Beispiel zu nennen: »Der dunkle Ton gleitet nicht widerstandslos in den hellen, sondern in deutlichen Absätzen, die der Pinsel rhythmisch organisiert. Die Pinselschrift schafft Kadenzen. Schon Delacroix machte es so, und im Prinzip hat es Veronese nicht anders gemacht«.[353]

In anderen Fällen werden Farbtöne über Zeit und Raum hinweg in Verbindung gebracht. Selbst der heftig kritisierte Arnold Böcklin[354] wurde auf diese Weise nobilitiert: In »Mörder mit den Furien« seien die drei Racheweiber »mit den seidigen veronesehaften Farben bekleidet: die erste rosa, die zweite grün, die dritte oliv, […] die Farben finden sich in der Mördergruppe wieder; das venezianische Rosa in dem Toten, das Oliv verdunkelt in dem Braun des Mörders«.[355] Die Farbbenennungen verklammern nicht allein Mörder und Opfer mit den Rächerinnen, sondern Böcklin wird durch das Aufrufen von Paolo Veroneses Farbigkeit mit der theatralischen venezianischen Tradition verbunden. Die transhistorischen Bezüge dienen Meier-Graefe zur Positionierung zeitgenössischer und zur Aktualisierung historischer Malerei: »Um Delacroix bildet sich ein großer Kreis Venezianer. […] Bei Marées steht Rembrandt, bei Giorgione steht Corot […] Durch Zeit und Raum getrennt, nicken sie sich zu und helfen sich«.[356] Für Renoir wurden Rubens und Delacroix zu Ahnen deklariert, für van Gogh war es vor allem Rembrandt; für Cézanne, der als »Synthese« galt, wurde El Greco bemüht, den Meier-Graefe als Entdeckung seiner Spanienreise feierte – auch wenn Theodor Däubler behauptete: »Ich sehe keine Ahnen von Cézanne«.[357] Meier-Graefe erläuterte sein Vorgehen, indem er die Kunst mit der Natur verglich: »[E]s ist nicht das Neue, sondern Erneuerung im Alten, Wachstum, Fortsetzung, Verewigung. Neuheit ist Bruch und Ende. Kein größeres Mysterium als das geheime Leben anderer in einem«.[358] Mit der biologischen Metapher des Wachstums und Weiterlebens verband der Autor die Moderne mit aller vorausgegangenen Kunst. In seinen Rückbindungen ging es allerdings nicht um entwicklungsgeschichtliche Veränderungen im Sinne des evolutionären Paradigmas, das auch in der Kunstgeschichte Konjunktur hatte, sondern um individuelle Bezugnahmen. Der Künstler komme nicht mit »seinen Ahnen zur Welt, sondern schafft sie sich mit seiner Erkenntnis, kraft seines Enthusiasmus. Sie sind Trophäen eroberter Liebe«.[359] Die genealogischen Verweise verleihen den zeitgenössischen Künstlern eine imaginäre Vorgeschichte, wie sie umgekehrt historische Werke in die Gegenwart holen. Der Hamburger Maler und Kunstschriftsteller Friedrich Ahlers-Hestermann beschrieb die Wirkung von Meier-Graefes Schriften rückblickend folgendermaßen: »Nun schoß plötzlich eine gewaltige Lichtbahn von Rubens her zu Delacroix und von dort zu Renoir auf unsere Tage«.[360] Wilhelm Hausenstein bemerkt zu den transhistorischen Bezugnahmen in seiner Rezension der »Entwicklungsgeschichte« sehr treffend: »[A]lles ist uns gleich nahe. Das Historische wird müßig«. Für Meier-Graefe handele »es sich überall um Allgegenwärtiges«.[361] An derartigen Vergegenwärtigungen war in allererster Linie das Farberleben beteiligt. Daran arbeiteten auch zeitgenössische Künstlerkreise wie etwa der »Blaue Reiter«,[362] wenn auch mit anderen Wahlverwandtschaften.

Sehen mit »unschuldigen Augen«

Auch jenseits seiner verbalen Vergleiche mit Werken aus der Kunstgeschichte, die ihrerseits kanonisiertes Wissen aufrufen, hielt Meier-Graefe Farbe für den zentralen Ausdrucksträger der modernen Malerei. 1902 schrieb er in »Der moderne Impressionismus«, einem Band in der von Richard Muther herausgegebenen kleinformatigen Reihe, Toulouse-Lautrec charakterisiere das zeitgenössische Großstadtleben durch »Typen, Scenen […] hingewischt, wie diese Zeitgenossen ins Leben gewischt sind, fabelhaft placiert […] in Farben, die schon kilometerweit […] verraten, was hier vorgeht«.[363] Eröffnet wird das Büchlein mit dem Frontispiz der farbigen Reproduktion einer Kreidezeichnung von Toulouse-Lautrec, deren schreiendes Gelb heraussticht (Abb. 50). In Meier-Graefes Verständnis konnten Farben vor allem anderen Stimmungen und auf diese Weise auch die Thematik eines Bildes im Moment der Anschauung kommunizieren. Sie waren maßgeblich an dem beteiligt, »was der kleinste schnelle

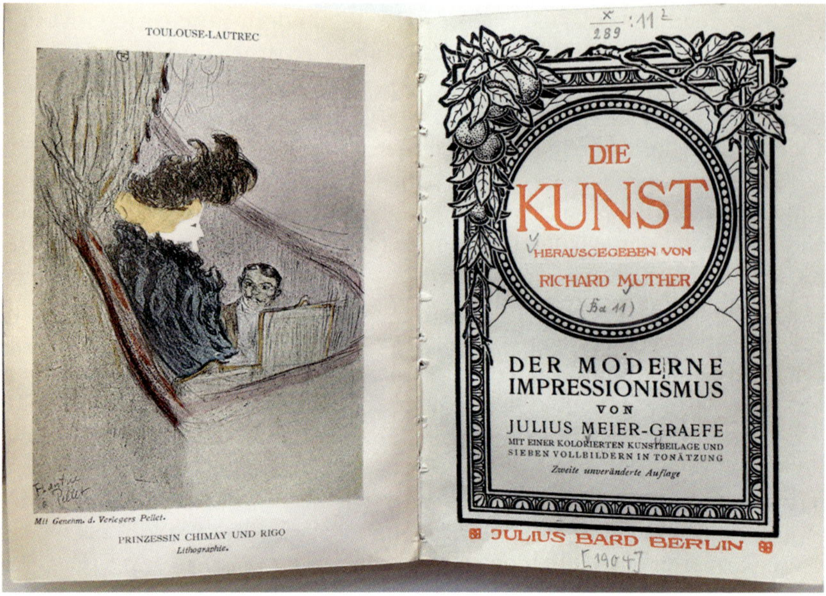

Abb. 50: H. Toulouse-Lautrec, Prinzessin Chimay und Rigo, Lithografie aus J. Meier-Graefe, Der moderne Impressionismus, 1904

Blick auf das Kunstwerk in einem Moment enthüllen kann«.[364] Delacroix gelinge das sogar auf abstrakte Weise, so dass »Farben ohne Gegenstände Dramen spielen, mit züngelnden Rots und lauernden Smaragds, mit glühenden und dumpfen, lächelnden und weinenden Farben«.[365]

Diese der Farbe zugeordnete Fähigkeit lässt an die formalistische Vorstellung vom »unschuldigen Auge« denken, die John Ruskin 1856 in seinen »Elements of Drawing« vertrat. Die Kraft der Malerei, so Ruskin in dieser oft zitierten Passage, »depends on our recovery of what may be called the *innocence of the eye*; that is to say, of a sort of childish perception of these flat stains of colour, merely as such, without consciousness of what they signify, — as a blind man would see them if suddenly gifted with sight.«[366] Unter Verweis auf die angeblich unverbildete Wahrnehmung von Kindern empfahl Ruskin angehenden Künstlern dieses retinale Sehen für die Konzeption ihrer Gemälde und die kompositorische Verteilung von Farben auf der Bildfläche. Meier-Graefe sprach hingegen nicht von der Produktion, sondern von der Rezeption und davon, wie der Betrachter eines guten Bildes dessen Gehalt allein durch die Farbe empfinde. In beiden Fällen ging es um die Annahme, dass sich das »Eigentliche« der Malerei jenseits aller literarischen Thematik über die farbige Gestaltung, vermittele. Das »unschuldige Auge« wurde in der Moderne zum Topos,[367] glaubte man doch mit diesem physiologischen,[368] scheinbar kulturell nicht codierten Sehen der Kunst der Moderne ohne emblematische Verschlüsselungen begegnen zu können. Damit war zugleich die Hoffnung verbunden, alle historischen Schranken zu überwinden. Im »reinen« Sehen schien auch der Zugang zur abstrakten und gegenstandslosen Kunst zu liegen.[369] Das ließ Farbe im frühen 20. Jahrhundert brisant werden, auch wenn die abstrakte Malerei jenseits von Meier-Graefes Interessen lag.

Das retinale Sehen barg allerdings auch die Gefahr, sich im Wahrnehmungsakt zu erschöpfen. Blieb es bei dem nur das Auge adressierenden Eindruck und führte nicht zu weiter reichenden Einsichten, konnte eine entsprechende Diagnose auch zum Instrument der Kunstkritik werden. So zog Meier-Graefe einerseits in seiner kleinen Marées Biografie von 1912 als Gegenpol zu dem hoch geschätzten deutschen Maler den Inbegriff des französischen Impressionismus, Claude Monet, heran, den er zwar ebenfalls würdigte, aber zugleich kritisch reflektierte und fragte: »Richtete sich Claude Monet nicht selbst mit seiner gefährlichen, nur auf das Auge gestellten Konsequenz«.[370] Ähnlich erging es William Turner, dessen Malerei in Meier-Graefes Urteil die letztlich doch geforderte Verweiskraft fehle.[371]

Andererseits heißt es 1918 über Cézannes Aquarelle: »Sie sind sehr selten vollständig, oft nur ein Schema für die Verteilung der Flecken, Farben-Notiz«[372] und »ohne die Hilfe der Linie nur durch dieses fabelhafte Farbenmosaik entstanden« (siehe Abb. 53).[373] Die Abstraktheit der schwebenden Farbflecken stellte Meier-Graefe wiederum in die Tradition der klassischen Meister: »Das Farbige, das bei großen Malern lose auf den Dingen liegt, die vibrierende Schicht auf einem Vermeer, malte er ohne die Dinge, und die Dinge entstanden von selbst, nein, sie waren ewig da«.[374] Farben als Ausdruck des Lichts bedürfen demnach nicht mehr der Gegenständlichkeit, vielmehr entsteht die Dingwelt im Oszillieren der Farben. Derartige Abstraktionen gingen Otto Grautoff bereits in seiner Besprechung der ersten Ausgabe der »Entwicklungsgeschichte« entschieden zu weit: »Symphonie in Blau, Violet und Roth. Zu solchen Consequenzen führen Meier-Graefes Theorien [...] vielleicht wird nächstens irgendwo einmal eine Palettenausstellung veranstaltet. Dann gehe ich aber vorher freiwillig in's Irrenhaus«.[375]

Ganz so unschuldig, wie von konservativer Seite befürchtet, blieb das Auge des Betrachters auch bei Meier-Graefe nicht, arbeitete der Autor doch beständig daran, durch seine Texte zu informieren und damit das Sehen zu lehren und zu lenken. Neu ist, in welchem Maße Meier-Graefe mit der sprachlichen Übersetzung seiner Farbempfindungen die Lenkung der Imagination betrieb.

Meier-Graefe verstand sich als Verbündeter der Maler – besonders jener im Umfeld des französischen Impressionismus wie Edouard Manet und Paul Cézanne; aber über allen stand für ihn der ewig unvollendete Hans von Marées. Ihm widmete er sein ambitioniertestes monografisches Projekt, eine dreibändige Publikation inklusive Werkkatalog, die 1909/10 erschien. Darin spielt Farbe auf unterschiedlichen Ebenen eine ebenso herausragende wie ungewöhnliche Rolle. Wie der damalige Direktor der Bremer Kunsthalle, Gustav Pauli, in seiner Rezension für die »Bremer Nachrichten« schrieb, verdiene »die Sorgfalt, die dem illustrativen Teil des Katalogs zugewendet ist«, ebenso wie »die Angaben der Farbenwerte, die der Verfasser schon bei dem Verzeichnis der Jahrhundertausstellung eingeführt hatte, und die sehr fein und richtig formuliert sind, vollste Anerkennung«.[376] Meier-Graefes monumentales Marées-Opus enthält insgesamt »über 500 Abbildungen in Heliogravüre, Farbendruck, Lichtdruck und Autotypie«.[377] Das heißt, die Bände waren mit modernsten Fotoreproduktionen ausgestattet.

Doch selbst die 30 Exemplare der sogenannten Museumsausgabe enthalten lediglich zwei auf dunklem Fotokarton eingeklebte Farbabbildungen von Pastellentwürfen. Bei den restlichen 498 Abbildungen handelt es sich um schwarzweiße Reproduktionen bzw. um Heliogravüren von Rötelzeichnungen in leicht bräunlichem Ton. Unabhängig davon, ob ein Gemälde oder eine Zeichnung des Künstlers farbig, monochrom oder gar nicht abgebildet ist, wurde jedes Werk, sofern es Farbe aufweist, in seiner farbigen Erscheinung sorgfältig beschrieben. Diese katalogmäßigen Farbbeschreibungen, die Gustav Pauli als Erfindung Meier-Graefes herausstellte,[378] sind betont sachlich gefasst. Die Platzierung der Farbbeschreibung nahe der jeweiligen kleinformatigen Schwarz-Weiß-Reproduktion (Abb. 51) scheint darauf angelegt zu sein, die dem Leser sprachlich übermittelten Farbwerte gewissermaßen auf die Abbildung zu projizieren.

Im dritten Band der Marées-Monografie werden Farbwirkungen im Unterschied zu den sachlichen Katalognummern als Stimmungswerte emphatisch gefeiert.[379] So heißt es über Marées' »Farbenskizze«, den im zweiten Band farbig reproduzierten Pastellentwurf zur »Werbung« (Abb. 52): »Eine ganz erhabene Zeremonie geht in lodernden Farben vor sich. Der Farbenrausch entzündet sich an ihrer Feierlichkeit. Es ist, als bräche in einen dunklen Dom aus hundert vorher unsichtbaren bunten Fenstern das Licht«.[380] Zu dem ausgeführten Gemälde heißt es:

> Man spürt in dem Schatten das Glimmen des Farbigen. Marées nahm nicht, wie es die Modernen machen, den auf der Palette hergestellten Ton, sondern

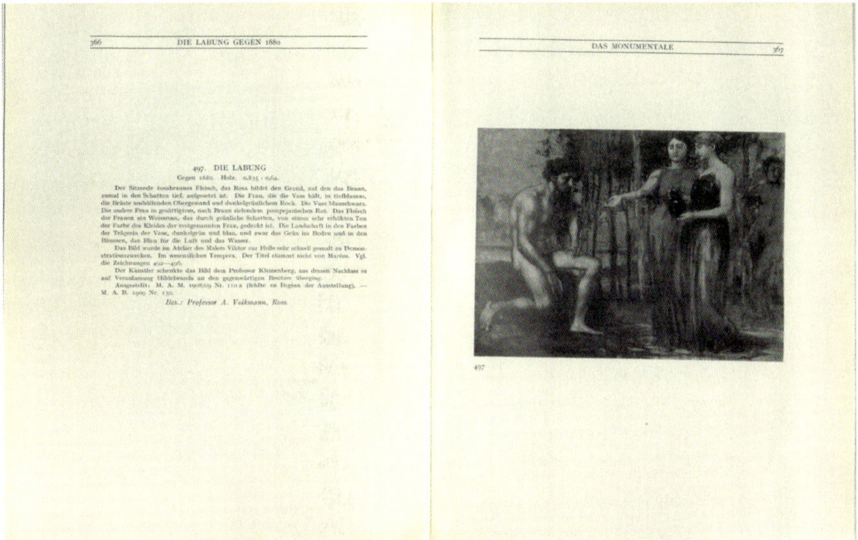
366 DIE LABUNG GEGEN 1880

497. DIE LABUNG

Gegen 1880. Holz. 0,835 : 0,64.

Der Sitzende rosabraunes *Fleisch*, das Rosa bildet den Grund, auf den das Braun, zumal in den Schatten tief, aufgesetzt ist. Die Frau, die die Vase hält, in tiefblauem, die Brüste umhüllenden Obergewand und dunkelgrünlichem Rock. Die Vase blauschwarz. Die andere Frau in gesättigtem, nach Braun ziehendem pompejanischen Rot. Das Fleisch der Frauen ein Weissrosa, das durch grünliche Schatten, von einem sehr erhöhten Ton der Farbe des Kleides der erstgenannten Frau, gedeckt ist. Die Landschaft in den Farben der Trägerin der Vase, dunkelgrün und blau, und zwar das Grün im Boden und in den Bäumen, das Blau für die Luft und das Wasser.

Das Bild wurde im Atelier des Malers Viktor zur Helle sehr schnell gemalt zu Demonstrationszwecken. Im wesentlichen Tempera. Der Titel stammt nicht von Marées. Vgl. die Zeichnungen 402—406.

Der Künstler schenkte das Bild dem Professor Kleinenberg, aus dessen Nachlass es auf Veranlassung Hildebrands an den gegenwärtigen Besitzer überging.

Ausgestellt: M. A. M. 1908/09 Nr. 110a (fehlte zu Beginn der Ausstellung). — M. A. B. 1909 Nr. 130.

Bes.: Professor A. Volkmann, Rom.

DAS MONUMENTALE 367

497

Abb. 51: Seite aus J. Meier-Graefe, Hans von Marées, Bd. 2, 1909

erzielte ihn allmählich durch wiederholtes Uebergehen mit mehr oder weniger durchsichtigen Schichten. [...] Daher das Immaterielle des Piments [...] Dabei büßt die Farbe nur die primitive Rohheit, ihre unvergorene Buntheit ein, nicht ihre Stärke«.[381]

Nach Meier-Graefes Einstimmung auf den geheimnisvollen Gesamteindruck des Gemäldes folgen Farbbeschreibungen einzelner Partien, um schließlich wieder in ein Gesamtschauspiel überführt zu werden und den Betrachter über die emotionale Farbsuggestion einzubeziehen:

> Hinter dem Narziss geht das matte Dunkel in ein tiefes Blau über. Es ist ganz rein wie dunkler Saphir [...] Es schwimmt in einem ungreifbaren Grün. Graurosa Töne dazwischen. [...] Erdbeerene Wellen umfliessen den schlanken Leib der Braut [...] auf den Stufen scheint kostbares Lapis lazuli zu Gewebe geworden. [...] Da erfasst die gewaltige Nacktheit des Lebenden lodernde Glut [...] Seine Glut teilt sich den anderen mit [...]. Und auch wir, die Fremden, die Zuschauer, erhalten unser Teil. Das ist vielleicht das schönste dieser Kunst, dass es ihr gelingt, uns gleichzeitig zu Zuschauern und Beteiligten zu machen.[382]

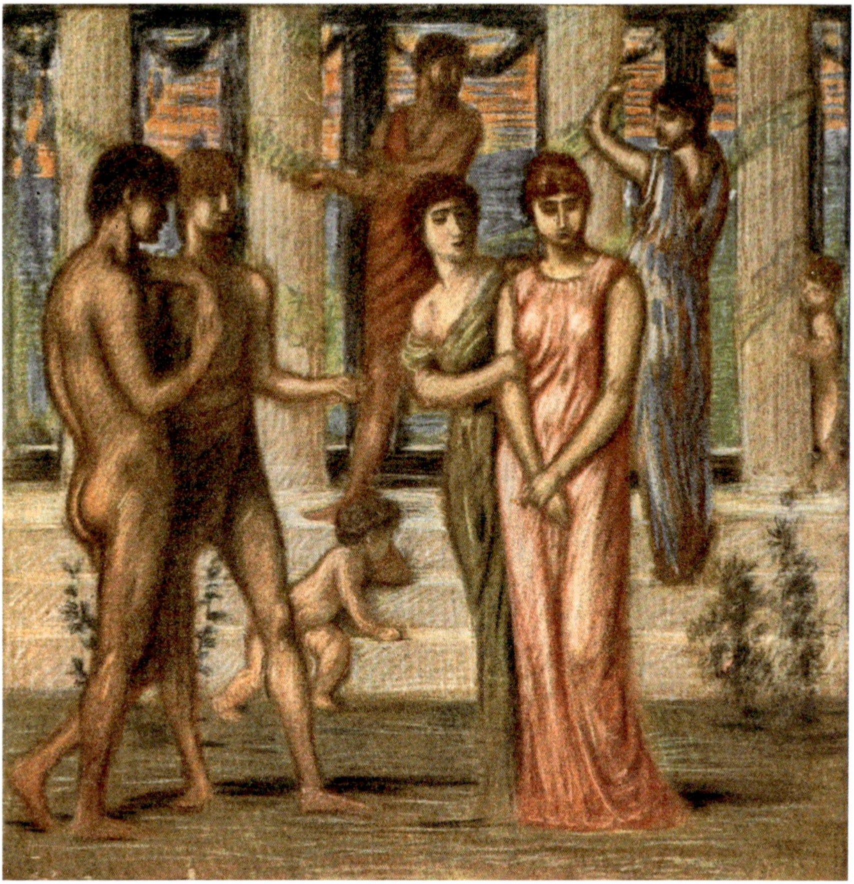

Abb. 52: H. von Marées, Die Werbung, Pastellskizze aus J. Meier-Graefe, Hans von Marées Bd. 2, 1909

Die Beschreibungen benennen Farbwerte, die durch Vergleiche mit außerbildlichen Dingen und deren konventionalisierte Farbigkeit suggestiv aufgeladen werden – etwa die Verbindung von Blau mit der Reinheit des Saphirs und dem unendlichen Meer. Über derartige textuelle Farbsuggestionen bettete der Autor das Gemälde in eine Art Gefühlsmilieu, einen Stimmungswert ein, der den Leser, der zum Beteiligten werden soll, emotional adressiert.

Von Zeitgenossen wurde die Relevanz der Farben in Marées Gemälden indessen höchst kontrovers beurteilt. Ausgerechnet Hugo von Tschudi, der Direktor der Berliner Nationalgalerie, schrieb im Katalog der Jahrhundertausstellung deutscher Kunst im Jahr 1906, an der Meier-Graefe mitgearbeitet hatte, bei Marées »verliert […] die Farbe alle Bedeutung als raumgestaltendes Element […] Das altmeisterliche Kolorit […] trägt, wie die farblose Reproduktion zeigt, in keiner Weise zur Verdeutlichung der Vorstellung bei«.[383] Das konnten allerdings nur Ausstellungsbesucher mit dem Katalog in der Hand im Vergleich zum Original überprüfen. Im Gegensatz dazu heißt es in Woldemar von Seidlitz' »Führer durch die deutsche Jahrhundertausstellung«, Marées habe »das Ziel der neuen Kunst, die Raumdarstellung mit reinster Farbigkeit zu verbinden«, wie kein anderer zum Ausdruck gebracht.[384] Die Beurteilungen konkreter Phänomene gingen also weit auseinander.

Meier-Graefes systematische Farbbeschreibungen in den Katalognummern der Marées-Monografie und im Katalog der deutschen Jahrhundertausstellung waren ein Novum. Wilhelm Worringer kommentiert sie in einer aufschlussreichen Rezension von 1911 ausführlich. Erstmals sei »eine vollständige und peinlich durchgeführte Farben- und Tonbeschreibung« durchgeführt worden. Daher habe »die Kunstwissenschaft […] allen Anlaß, zu diesem wichtigen Experiment Stellung zu nehmen«. Der Verfasser wertet sie als Entwicklung hin zu einer »künstlerischen Optik« gegenüber der zuvor dominanten »historischen Optik«. Früher sei man von der Linie ausgegangen, denn die »Ausbildung einer linearen Empfänglichkeit [war] dadurch begünstigt, daß sie nicht an die Betrachtung des Originals gebunden war, sondern sich auch an guten mechanischen Reproduktionen schulen konnte.« Nun verlange man »nach einer Ergänzung, die auch den farbigen und malerischen Werten des Bildes gerecht wird«.[385] Dafür brauche man die Originale oder Abbildungen in Farbe. Allerdings könne man dabei schnell den »Boden wissenschaftlicher Fundierung unter den Füßen verlieren«. Denn es fehle trotz aller experimentellen Psychologie für die wissenschaftliche Beschreibung von Farbe »das Wichtigste, nämlich ein festes, allgemein anerkanntes System der Farbenbenennung«, ein Problem, zu dem die »beiden letzten kunsthistorischen Kongresse Stellung genommen haben«.[386] Doch sah der Autor diesbezüglich keinerlei Fortschritt und setzt daher auf eine andere Möglichkeit der Farbenvermittlung: »Bis dahin aber wird – das ist mit Sicherheit anzunehmen – die Farbenphotographie so weit vorgeschritten sein, daß sie […] die wissenschaftliche Farbenanalyse überflüssig macht«.[387] Dieser Option für die visuelle Evidenz der Farben scheint Worringer noch aus einem anderen Grund den Vorzug gegeben zu haben. Denn er sah in Meier-Graefes Katalognummern keine neutralen Farbbeschreibungen, sondern »eine lebendige, feinfühlige Interpretation der farbig-malerischen Konzeption, von der der Künstler ausging.«[388] Das sei jedoch nur bei Zeitgenossen, nicht bei Künstlern vergangener Zeiten möglich. »Mit seinem modernen Farbengefühl steht er [Meier-Graefe] einem Maler gegenüber, dessen Werke aus demselben modernen Farbengefühl heraus konzipiert worden sind«.[389] Den vom Marées-Katalog »ausgehende[n] Zwang der Farbenvorstellung« hielt Worringer »bei dem mangelnden Farbengedächtnis« daher für »äußerst heilsam«. Für Meier-Graefe besaß jedoch gerade die Farbe das Potenzial, die zeitliche Bindung eines Themas zu durchbrechen.

Die von Meier-Graefe aufgerufenen Traditionsbezüge ließen sich nicht auf historische Entwicklungslinien fixieren, sondern dienten der Gegenwart.

Das Original als »erstes Stück einer Reihe«

Komplementär zu den sprachlichen Farbevokationen bemühte sich Meier-Graefe ganz im Sinn Worringers um erstklassige Farbreproduktionen, allerdings in separaten Publikationen. Als Initiator der 1917 gegründeten Marées-Gesellschaft arbeitete er an einem bei Kunstkennern wie bei Wissenschaftlern umstrittenen Projekt: der Herausgabe von Faksimilereproduktion jener Künstler der Moderne, denen er sich auch in seinen Schriften widmete. Meier-Graefe begründete das aufwändige Unternehmen 1919 in seinem Beitrag zum ersten Band der ebenfalls von ihm initiierten »Blätter der Marées Gesellschaft«.[390] Er postuliert höchste Qualität von dem farbigen Faksimile, das »dem Original wesentlich ähnlich, womöglich gleich [...] werden muss«[391], war doch in seiner Sicht die »deutsche Kunstgeschichte [...] vom achtzehnten Jahrhundert an das Opfer unzureichender Reproduktion. Erst betrog der Stich, dann die Photographie«.[392] Vor solchem Betrug sollten die Faksimilemappen schützen, auch wenn Meier-Graefe etwas relativieren mußte: »Es ist natürlich auch mit dem idealsten Apparat und mit geschicktesten Retuscheuren unmöglich, eine Malerei zu reproduzieren, die nicht in der Fläche bleibt oder Substanzen enthält, für die keine Drucktechnik Äquivalente besitzt«. Folglich »eignen sich nur Zeichnungen mit verhältnismäßig flächigem Auftrag, Bleistift, Feder, Gouache, Aquarell« für Faksimiles, während die taktilen Qualitäten, das Impasto der modernen Ölmalerei, nicht reproduziert werden könnten.

Im Hinblick auf die Farbigkeit war Meier-Graefe, wie aus der Korrespondenz mit Piper zu entnehmen ist, um beste Ergebnisse bemüht. »Ein guter [...] Lichtdrucker« erläutert er, »bringt alle Töne solcher Vorlagen heraus, wenn man ihm Zeit läßt und so viele Platten, wie er will, gestattet«.[393] Je höher die Anzahl der Platten für den Farbdruck war, umso differenzierter ließen sich Farbnuancen reproduzieren; umso aufwändiger und teurer wurde auch der Druck. Die Mappe der Marées-Gesellschaft »mit siebzig Zeichnungen der Impressionisten in einer Auflage von hundert Exemplaren« war, wie Meier-Graefe darlegt,

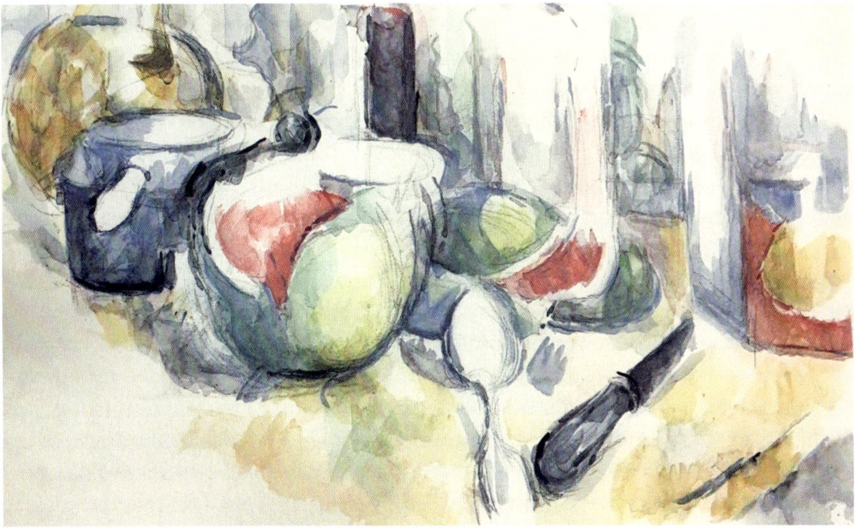

Abb. 53: P. Cézanne, Stillleben aus der Ganymed-Mappe Cézannes Aquarelle, hg. von J. Meier-Graefe, Farbenlichtdruck, 1918

allerdings noch vor dem Ersten Weltkrieg in Paris unter der Verantwortung von Julius Elias hergestellt und von »Handkolorierern« ergänzt worden. »Zu dem gelungenen Resultat trug nicht wenig der glückliche Umstand bei, einen großen Teil der alten Papiere wieder zu finden, die den Meistern gedient hatten«.[394] Hier lag also nicht nur eine Reproduktion im Maßstab 1:1 vor, sondern selbst das Trägermaterial war identisch mit der Originalgrafik. Die Impressionistenmappe mit den händischen Ergänzungen bildete jedoch die Ausnahme. Alle »in Deutschland hergestellten Blätter tragen keinerlei Handretusche«.[395] Das Pendant einer »Deutschen Skizzenmappe« enthält 90 »Faksimiles nach Aquarellen, Pastellen und Zeichnungen deutscher Meister des XIX Jahrhunderts« mit einem begleitenden Text des Germanisten und Kunsthistorikers Hermann Uhde-Bernays. Dem standen monografische Mappen von Künstlern zur Seite, die heute zum Inventar der Moderne gehören: Delacroix, Géricault, Cézanne, van Gogh, Beckmann usw. mit kurzen Begleittexten von Meier-Graefe; nur der Text zur van Gogh-Mappe stammt aus der Feder des national[396] ausgerichteten Kunsthistorikers Oskar Hagen.

Das in Texten initiierte Kunsterlebnis sollte also in den Faksimiles eine visuelle Komplettierung erhalten (Abb. 53). Doch war beides keineswegs miteinander gekoppelt. Meier-Graefe schrieb zwar: »Es bleibt also nichts anderes übrig als Notbehelfe zu bilden, Kombinationen von Worten und Bildern, über deren

Einzelnes keine unbedingte Macht zusteht, die aber zusammengenommen sich schließlich in dem Leser zu konkreten Vorstellungen verdichten«.[397] Doch an farbigen Abbildungen *innerhalb* seiner Texte war ihm nicht gelegen. Vielmehr sollte in den Faksimilereproduktionen der Status des Kunstwerks erhalten bleiben.[398] Die Auswahl der Arbeiten war für ein »Museum der Museen« konzipiert. Das bedeutete, nicht irgendwelche Werke eines unbedeutenden Künstlers in die Mappen aufzunehmen, sondern nur herausragende Beispiele auszuwählen. Die »vollkommene Reproduktion eines Meisterwerkes« erschien Meier-Graefe »unendlich nützlicher und glatterdings schöner [...] als eine Originalgraphik eines zweifelhaften Künstlers« oder drittklassiger Werke einer Sammlung. Seinem Engagement für den Faksimiledruck von Kunstwerken entsprach 1929 die geradezu euphorische Rezension einer Faksimile-Ausstellung des Piper Verlags im Gebäude der Berliner Secession, in der behauptet wurde: »Im Hauptsaal drängen sich berühmte Gemälde aller Zeiten«.[399] Die Faksimiles, die inzwischen auch »Meisterwerke der Malerei«, und damit Kunstwerke jenseits des papierenen Trägermaterials umfassten, waren an die Stelle der Gemälde getreten. Da der Piper Verlag die Mappenwerke der Marées-Gesellschaft herausbrachte, diente die Berliner Ausstellungsbesprechung auch den eigenen Interessen des Autors.

Die Qualität der farbigen Faksimiledrucke der Marées-Gesellschaft besticht noch heute. Während Meier-Graefe meinte, auf diese Weise werde ein Kunstgenuss für viele möglich, gab es vehemente Gegenstimmen, die das Original entwertet sahen. Diese Probleme waren, wie oben gezeigt wurde (s. S. 96-98), noch Ende der 1920er Jahre akut. Ganz im Gegensatz zu Walter Benjamins späteren Überlegungen zum Verlust der Aura durch die technische Reproduktion sah Meier-Graefe das Faksimile als neue Kunstform: »Das Original hat vor dem vollendeten Druck nur Affektionswerte voraus, die keiner ästhetischen Kontrolle widerstehen. Es ist das vom Künstler signierte erste Stück einer Reihe«.[400] Diese Auffassung, dass die Faksimiles das Original vervielfältigen, ist die Basis von Meier-Graefes intensiver Arbeit an der Qualität der Drucke. Sie waren nicht als Erinnerungshilfe gedacht, sondern standen für das Kunsterlebnis, das nun in vielen öffentlichen Einrichtungen, die Meier-Graefe als Adressaten favorisierte, möglich werden sollte. Er forcierte einen verbreiteten Einwand, als er schrieb: »Man könnte uns vorwerfen, Fälschungen in die Welt zu setzen« und konterte sogleich, indem er gewissermaßen Andy Warhols künstlerisches Credo vorwegnahm: »Wir sind schlimmer als der Fälscher, da wir uns nicht mit einer Wiederholung begnügen, sondern hundert, zweihundert, am liebsten noch mehr machen«.[401]

Das erstaunliche Zusammenspiel von unterschiedlichen Textformen, dokumentierenden Schwarz-Weiß-Reproduktionen in Verbindung mit sachlichen Katalogbeschreibungen einerseits, den wortgewaltigen Farbevokationen andererseits und schließlich den Faksimiledrucken der Marées-Gesellschaft bildete ein ausgefeiltes Instrumentarium, das Meier-Graefes Kunstschriftstellerei Gehör verschaffte. Vor allem die Faksimilemappen waren – trotz ihres hohen Preises – ein interessanter Versuch, der farbintensiven Kunst des ausgehenden 19. Jahrhunderts jenseits des Originals eine gewissermaßen authentische Anschauung zu verschaffen.

Carl Einsteins Farbabwehr

Während Wilhelm Hausenstein über Meier-Graefe bemerkte: »Er schreibt, wie Velázquez und Manet und die Japaner malten: impressionistisch zweidimensional«,[402] wurde der Stil des eine Generation jüngeren Schriftstellers und Kunstschriftstellers Carl Einstein als expressionistisch wahrgenommen,[403] obwohl Einstein den Expressionismus als bildkünstlerischen Stil energisch kritisierte. Das konfliktreiche Verhältnis Einsteins zu Meier-Graefe, an dem sich der jüngere einerseits in vielen Punkten orientierte, den er andererseits polemisch kritisierte, ist von Uwe Fleckner ausführlich untersucht worden und soll hier nicht weiter verfolgt werden.[404]

Einsteins Texte haben »einen kurzatmig und gehetzt wirkenden Sprachduktus, der durch […] charakteristische Verformungen und Verkürzungen der Syntax […] noch verstärkt wird«.[405] Sie ordnen sich in den kunstschriftstellerischen Arbeiten keineswegs den Bildkünsten unter, sondern folgen einer eigenen Ästhetik und beziehen sich auch nur selten auf einzelne Werke. Seine Ablehnung von Bildbeschreibungen begründete Einstein in einem späten Text zu Georges Braque 1934 in kaum zu überbietender Radikalität. Da »Worte niemals ein optisches Erlebnis hinreichend […] zu übersetzen vermögen«, sah er in den Bildbeschreibern nur »schwächliche Wortdekorateure«; sie »beuten die Bilder aus, statt diese in eine eigene vorgefaßte Sicht zu zwingen. So erniedrigt man sich zum Illustrator fremder Schöpfung, statt zunächst den eigenen geistigen Standort zu schaffen und die Bilder wie irgendein anderes Motiv als Material zu verwenden«.[406] Auch wenn sich die Äußerungen aus den 1930er Jahren nicht umstandslos rückprojizieren lassen, so enthalten sie doch ein für Einstein signifikantes Element. Seine Texte verstand er nicht als Addenda zu Bildern. Das Postulat nach der eigenen These, nach der »vorgefaßten Sicht«, den Werken der Bildkunst zu begegnen – nicht jedoch mit interesselosem Wohlgefallen oder einfühlendem Nachvollzug – unterscheidet ihn nachdrücklich von Meier-Graefe. Einstein dürfte mit seiner scharfen Formulierung auch auf die Seriosität seiner Beschäftigung mit zeitgenössischer Kunst gezielt haben unabhängig von zufälligen, opportunen Bildangeboten.

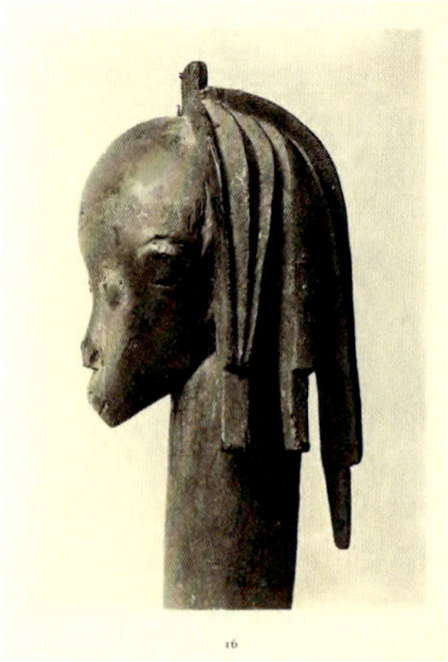 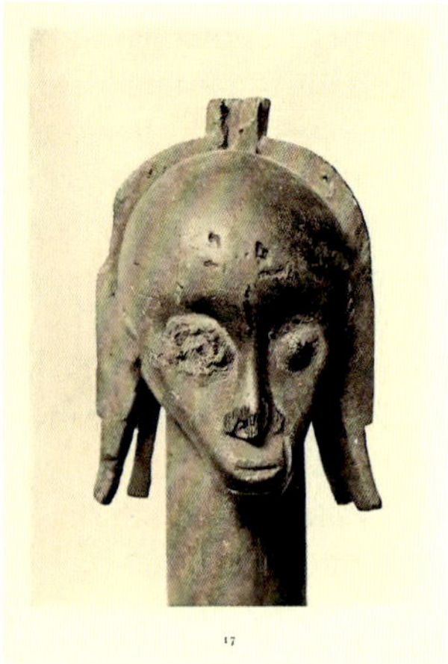

Abb. 54 a/b: Afrikanische Skulptur aus C. Einstein, Negerplastik, 1915

Die von literaturwissenschaftlicher Seite diagnostizierte »visuelle Wende«[407], die sich auf Einsteins Wandel vom Schriftsteller zum Kunsthistoriker bezieht, führte nicht zur kunsthistorischen Indienstnahme der Sprache. Das erweist sich schon im ersten kunsthistorisch bedeutsamen Buch, der »Negerplastik« von 1915, dem Erscheinungsjahr von Wölfflins »Grundbegriffen«. Die insgesamt 119 ganzseitigen monochromen Bildtafeln zeigen je eine kontextlos aufgenommene afrikanische Skulptur,[408] deren Form sich vom hellen Grund abhebt (Abb. 54 a/b). Mit den repräsentativen Einzelaufnahmen, wie sie für museale europäische Kunstwerke üblich waren und noch sind, suchte Einstein die Kunstfähigkeit afrikanischer Skulptur zu belegen. Dem Abbildungsteil ist ein 22-seitiger Text vorgeschaltet, der auf keine der Abbildungen Bezug nimmt. Beziehungen müssen vom lesenden Betrachter bzw. dem betrachtenden Leser hergestellt werden. Innerhalb des Textes wies Einstein jedoch auf »neuere Kunst« hin, die »ein weniger leichtfertiges Eindringen in die Kunst afrikanischer Völker«[409] zeige als in Europa üblich. Die unbunten kuboskulpturalen Formen afrikanischer Skulptur und die ihr zugeordnete Raumauffassung bilden das Scharnier zu Einsteins Interesse am Kubismus in der europäischen Malerei.

Das wird in dem prestigeträchtigen Band der Propyläen Kunstgeschichte zur »Kunst des 20. Jahrhunderts« deutlich, an dem Einstein 1922 zu arbeiten begann. Im Unterschied zu den übrigen Bänden der Reihe, die ganze Epochen umfassen, von der »Kunst der Naturvölker und der Vorzeit« über den Orient, die Antike, die Renaissance usw., ist der Band zur »Kunst des 20. Jahrhunderts«, der bereits 1926 erschien, gewissermaßen nahsichtig angelegt. Die zweite Auflage folgte 1928, 1931 dann eine stark überarbeitete Neuauflage, die 1996 neu ediert und ausführlich kommentiert wurde.[410]

Mit umfangreichen Abbildungsteilen suchte der Ullstein Verlag, in der »Propyläen Kunstgeschichte« einen visuellen Überblick über die Kunst aller Zeiten und Räume zu geben. Neben 300-400 Schwarz-Weiß-Abbildungen enthält jeder Band zwischen 20 und 40 Farbtafeln, ein Umfang, der die »Kunst des 20. Jahrhunderts« »zu dem bisher reichsten Kompendium der Zeit gemacht« habe, wie Curt Glaser in seiner Rezension schrieb.[411] In dem 1922 zwischen Einstein und dem Verlag geschlossenen Vertrag heißt es: »Der Verlag beabsichtigt [...] eine Geschichte der Kunst herauszugeben, die auf das Bild gegründet ist. Die künstlerische Entwicklungsgeschichte soll im Bild selbst und in der Auswahl und Zusammenstellung des bildnerischen Materials zum Ausdruck gelangen«.[412] Zwar war auch Meier-Graefes »Entwicklungsgeschichte« mit rund 600 Abbildungen ausgestattet, doch eine fotografische Weltkunstgeschichte gab es bis dato nicht. Gegenüber dem Abbildungsteil nimmt sich der vertraglich fixierte Textteil von »3 Druckbogen à 16 Seiten« vergleichsweise bescheiden aus; er wurde aber schon in der ersten Auflage verdreifacht, in der dritten Auflage 1931 umfasste er dann mehr als das Vierfache. Zwar heißt es im Verlagsvertrag, die »Illustrierung des Werkes erfolgt durch den Verlag«, doch war es Aufgabe des Verfassers, das gewünschte Abbildungsmaterial »in Vorschlag [zu] bringen, bzw. zugänglich [zu] machen«.[413] Dass Einstein die Bildbeschaffung nicht aus der Hand gab, belegt ein Brief von 1927, der allerdings die Vorbereitung der zweiten Auflage betrifft, in dem er trotz terminlicher Schwierigkeiten Hilfsangebote des Verlags ablehnte und sich auf seine eigenen Bezugsquellen berief.[414] Auch für die erste Auflage ist das aufgrund von Einsteins zahlreichen Kontakten zu Künstlern und Händlern wahrscheinlich. Doch dürften noch weitere Faktoren für die eigene Bildbeschaffung des Autors ausschlaggebend gewesen sein. Denn in der »Kunst des 20. Jahrhunderts« lässt sich Einsteins Regie erkennen, die Bilder durch die Auswahl der Objekte und vor allem durch die Entscheidung, ein Werk farbig oder schwarzweiß abzubilden, seinem Text gefügig zu machen, sie »in eine eigene vorgefaßte Sicht zu zwingen«, um noch einmal den späten Braque-Text zu zitieren.

Der gesamte Textteil ist, wie in allen Bänden der Propyläen-Reihe – und wie schon in der »Negerplastik« –, dem Abbildungsteil vorangestellt. Einstein ging darin, ähnlich wie Meier-Graefe in seiner »Entwicklungsgeschichte der modernen Kunst« und nahezu sämtliche nachfolgenden Untersuchungen zur Moderne, vom französischen Impressionismus aus, dessen unterschiedliche Weiterentwicklungen und Überwindungen er kritisch kommentierte. Es folgen

– mit Henry Matisse beginnend, dessen Malerei als dekorativ charakterisiert wird – monografische Abschnitte, in denen die Veränderungen gegenüber dem Impressionismus die Grundierung abgeben: Derain, Modigliani, der mit Einstein befreundete Moise Kissling, Rousseau usw.

Insgesamt geht es um verschiedene künstlerische Ansätze, die »passive Impression« zu überwinden und zu einer »Tektonik« des Bildes und zur »großen Form« zu gelangen. Dazu habe der auch von Meier-Graefe vielfach herangezogene Paul Cézanne einen Weg gewiesen. Doch während Meier-Graefe Cézanne als »größten Baumeister der Farbe«[415] würdigte, ging es Einstein um das »tektonische Erbe Cézannes«,[416] das zum Kubismus als flächigem Nebeneinander dreidimensionaler Bewegungserfahrungen führe, bei dem aber Farbe keine Rolle spielte.

Im Verhältnis zu Autoren anderer Bände der »Propyläen Kunstgeschichte« erklären Einsteins Texte (auch wenn sich immer wieder Abbildungsverweise finden) keine einzelnen Werke.[417] Vielmehr charakterisierte der Autor künstlersche Anliegen, skizzierte ästhetische Merkmale und vertrat vehement – mitunter sarkastisch vorgetragen – seine oft vernichtenden Urteile. Wie bereits Ernst Osterkamp gezeigt hat,[418] richtete sich Einsteins Polemik vor allem gegen die farbstarke Malerei des Expressionismus und deren Advokaten. Der Literaturwissenschaftler German Neundorfer ging dieser Spur weiter nach und stellte Einsteins Ablehnung der Farbe und seine Favorisierung kubistischer Kunst in die Tradition der Disegno-Theorie und speziell Winckelmanns Konturfixiertheit. Daran anknüpfend soll Einsteins Abbildungsstrategie in der »Kunst des 20. Jahrhunderts« einer genaueren Betrachtung im Hinblick auf die Rolle der Farbreproduktionen unterzogen werden.

Strategien zur Farbvermeidung

Die Farbabbildungen in der »Kunst des 20. Jahrhunderts« wurden – wie seinerzeit üblich – auf dunklem Fotokarton effektvoll montiert und in lockeren Abständen in den Bildteil eingestreut, so dass sie wie rhythmische Akzentuierungen erscheinen. Unter den farbigen Reproduktionen der ersten Auflage von 1926 findet sich kein einziges Ölgemälde. Das ist erstaunlich, erscheint doch die farbige Abbildung als Auszeichnung, die den bedeutendsten Werken zustand. Sie würde man unter den Ölgemälden zu vermuten haben. Der Unterschied wird auffällig, wenn man den in der Reihe vorausgehenden Band »Die Kunst des Realismus und des Impressionismus« von Emil Waldmann vergleichend heranzieht. Dort zeigen sämtliche 20 Farbtafeln Reproduktionen nach durchweg farbstarken Ölgemälden. Sie bilden eine Art Wahrnehmungs-

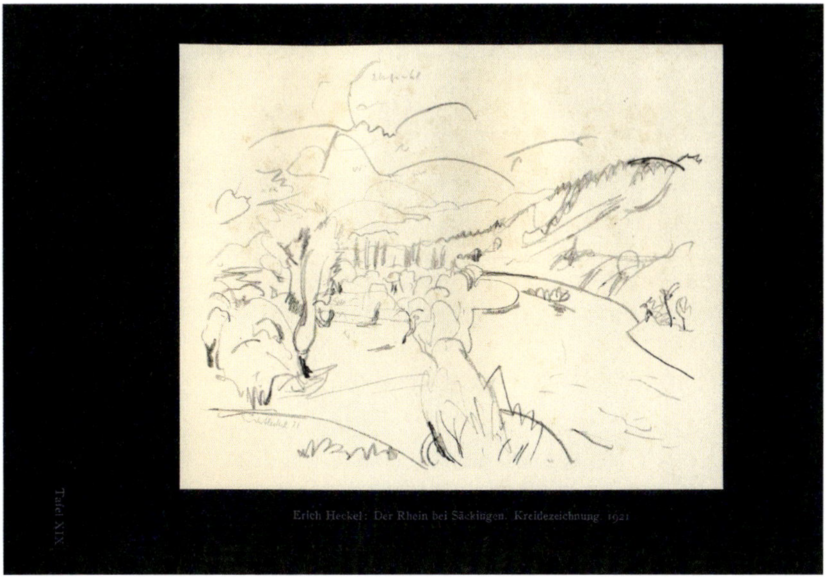

Abb. 55: E. Heckel, Der Rhein bei Säckingen, Kreidezeichnung aus C. Einstein, Die Kunst des 20. Jahrhunderts, 1926

orientierung für die schwarz-weißen Reproduktionen, die ebenfalls zum allergrößten Teil Ölgemälde wiedergeben. Einsteins ungewöhnliche Auswahl für die Farbreproduktionen erklärt sich wohl auch mit der in den 1920er Jahren akuten Umwertung der Medienhierarchie und der Abwertung der alten »Ölschinken« seitens der Avantgarde. Für die Bevorzugung von Aquarellen, Zeichnungen und Lithografien dürfte auch Einsteins Haltung gesprochen haben, wie sie in einem Brief an Henry Kahnweiler von 1922 zum Ausdruck kommt, in dem es heißt, er könne »im allgemeinen die Gemäldereproduktionen nicht mehr sehen«.[419]

Doch nicht nur das ist auffällig. Von den verlagsseitig angekündigten »20 mehrfarbigen Tafeln« in der »Kunst des 20. Jahrhunderts« handelt es sich in 13 Fällen um Aquarelle. Hinzu kommt eine mehrfarbige Zeichnung von Rudolf Belling. Bei den sechs restlichen Blättern, die wie die Farbreproduktionen ebenfalls auf dunklem Fotokarton aufgebracht wurden (Abb. 55/56), handelt es sich um drei schwarz-weiße Zeichnungen (Juan Gris, Ernst Heckel, Lyonel Feininger), eine monochrome grüne Federzeichnung (Ernesto de Fiori), und zwei monochrome Lithografien (Ernst Barlach, Juan Gris). Das heißt, auch die un-

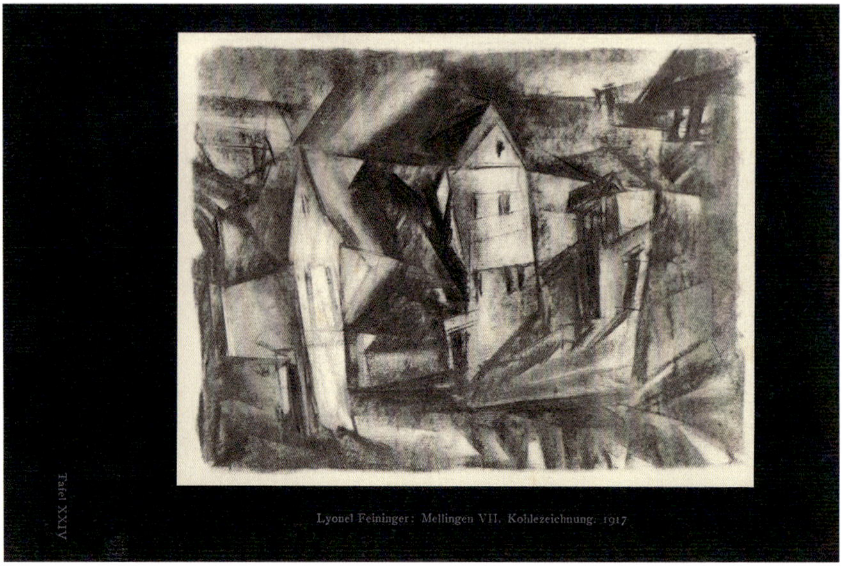

Abb. 56: L. Feininger, Mellingen VI, Kohlezeichnung
aus C. Einstein, Die Kunst des 20. Jahrhunderts, 1926

farbigen Zeichnungen und Lithos wurden herausgehoben und formal den Farbreproduktionen gleichgestellt. Möglicherweise geschah dies, um der Verlagsankündigung von 20 Farbtafeln und den damit einhergehenden technischen Vorbereitungen und Abläufen in Druckerei und Binderei zu begegnen. Unwahrscheinlich ist hingegen, dass Einstein nicht die Farbabbildungen bekam, die er wünschte, wurden doch die meisten dieser Abbildungen auch in der dritten Auflage beibehalten. Jedenfalls lässt sich feststellen, dass die Anzahl der tatsächlichen Farbabbildungen gegenüber der angekündigten Minimalanzahl um fast ein Drittel reduziert wurde.

Im Unterschied zum Band des 19. Jahrhunderts mit den Reproduktionen von Ölgemälden, die auf Kunstdruckpapier gedruckt wurden, das dem Glanz von Ölfirnis entgegenkommt, wurden die Farbabbildungen in der »Kunst des 20. Jahrhunderts« auf mattem Papier gedruckt. Durch die matten Oberflächen wird der Eindruck eines Medientransfers bei Abbildungen von Aquarellen und anderen Arbeiten auf Papier vermieden. Stattdessen ergibt sich eine Nähe zu Meier-Graefes Postulat der Gleichheit der Trägermaterialien von Vorbild und farbiger Reproduktion bei Faksimiledrucken, das – wie oben dargelegt – zahlreiche Kunsthistoriker teilten.

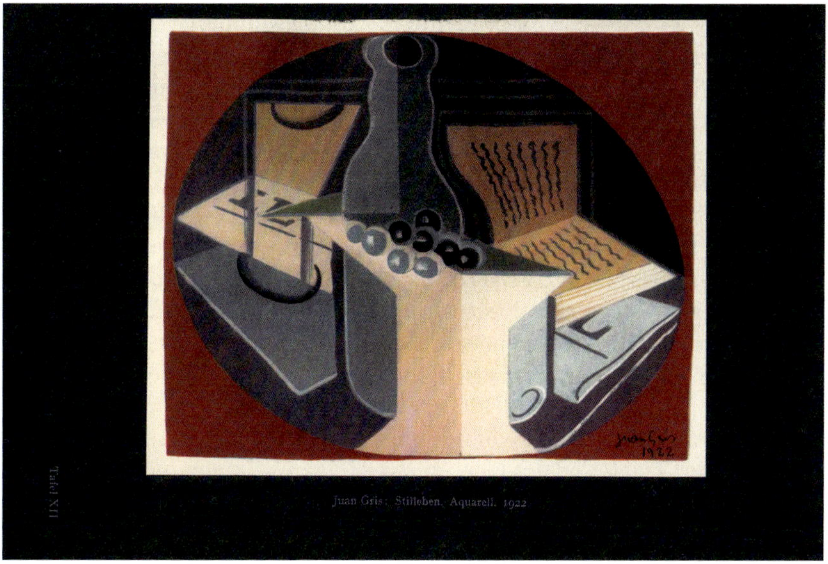

Abb. 57: J. Gris, Stilleben, Gouache
aus C. Einstein, Die Kunst des 20. Jahrhunderts, 1926

Bei genauerer Betrachtung der Abbildungen zeigen sich weitere Auffälligkeiten, die für eine gezielte Strategie der Vermeidung farbautonomer Werke sprechen. Fast alle der farbig abgebildeten Aquarelle weisen entweder stark konturierte oder kontrastreich aneinanderstoßende Farbfelder auf. Bei einigen kubistischen Arbeiten handelt es sich um Gouachen, das heißt um ein zwar wasserlösliches Pigment, das jedoch im Unterschied zum Aquarell mit seinen Fließeigenschaften einen kompakten Farbkörper hat und geschlossenere Oberflächen erzeugt. In Picassos Aquarell »Harlekin« erscheinen z. B. die in die Fläche geordneten, zum Teil doppelt umrandeten Felder in vollkommen homogenem Grau, Braun und Grüngrau. Hinzu kommen die farbig reproduzierten Aquarelle zweier kubistischer Stillleben, eines von Georges Braque, das andere von Juan Gris. Auch sie zeigen deutlich voneinander abgegrenzte Felder aus grauen und braunen Flächen, die eher als ruhige, klare Hell-Dunkel-Modifikationen denn als Farbwerte anmuten. Alle drei »Aquarelle« entsprechen mit ihren in die Fläche gespannten, fest gefügten Formen und homogenen Farbfeldern dem, was Einstein unter Tektonik verstand (Abb. 57).

Wenn eine tektonische Struktur durch den klaren Formenaufbau gewährleistet war, wie in Légers »Eléments méchaniques«, durften die Farben auch klar und kräftig sein. Léger »benutzte keine Lokalfarbe, sondern reine Farben [...] Léger kündet die Herrschaft des Präzisen, Konstruierten gegen das Individuelle an; die Farbe setzt präzis ab, wird genau durch Weiß oder neutralen Ton abgegrenzt«.[420] Das heißt, diese nicht-imitativen Bildfarben werden von den ebenfalls abstrakten, aber aus Gegenständen abgeleiteten Formen exakt begrenzt. Sie sind bei Léger Teil des Tektonischen.

Während Meier-Graefe auf die Evokation starker Farbeindrücke durch seine textuellen Evokationen vertraute, aber simultane Farbabbildungen vermied, umging Einstein sprachliche Übersetzungen von Farben und tendierte zu formal gezügelten Abbildungen farbiger Werke. Dass Einstein sich jedoch der Bedeutung farbiger Reproduktionen bewusst war und sie gezielt einzusetzen wusste, offenbart der bereits zitierte Brief an Kahnweiler vom Dezember 1922.

> Was ich mit Gris machen will?« fragte Einstein darin weiter und ließ seiner rhetorischen Frage sogleich eine Antwort folgen: »Erstens, was ich zum Zeichen besonderer Schätzung tue: ein Faksimile farbig von ihm in die Kunstgeschichte setzen. Zweitens, ein Grisbuch das heißt mit zwanzig Lichtdrucken.[421]

Bemerkenswert ist die selbstbewusste Äußerung, mit der Einstein das avisierte Faksimile[422] nicht einfach nur in eine Publikation, sondern gleich in »die Kunstgeschichte« zu setzen beansprucht. Dann erst folgt die Erwähnung des projektierten (aber nicht zustande gekommenen) Buchs über Juan Gris mit den Schwarz-Weiß-Reproduktionen. Das wirft ein Licht auf die Bedeutung farbiger Reproduktionen für die Durchsetzung zeitgenössischer Kunst. Farbige »Faksimiles« vermittelten einen Eindruck von unbekannten Werken – und verschafften ihnen eine überregionale Existenz. Im Fall von Gris, der kurz nach dem Ende des Ersten Weltkriegs in Deutschland allenfalls durch Kahnweilers Buch »Der Weg zum Kubismus« von 1920[423] ein Name war, dürfte eine Farbabbildung besonders wichtig gewesen sein. Ein Stillleben von Gris mit den typischen, gebrochenen und durch die prägnanten Formen domestizierten Farben, wurde in der »Kunst des 20. Jahrhunderts« veröffentlicht.[424]

»Subjektivismus« der Farben

Ganz anders setzte sich Einstein mit den deutschen Expressionisten und nichtgegenständlich arbeitenden Künstlern auseinander. Gegenüber den farbig zurückhaltenden französischen Kubisten schneiden farbintensive Arbeiten durchweg schlecht ab. Einstein rügte die fehlende »Tiefenübersetzung« der

Raumerfahrung, die das zentrale Moment seiner künstlerischen Wertschätzung war. Stattdessen wolle man in Deutschland »subjektives Erleben auf Dauer stellen« und dazu diene die »Farbe der Deutschen [...] ihre Wahl wird gefühlsam getroffen«.[425] Seine Kritik richtete sich auf das Fehlen eines stabilen tektonischen Bildaufbaus, der die Affektqualitäten der Farbe zu binden vermochte; das Fehlen einer solchen Affektbindung machte die Arbeiten der Irrationalität verdächtig. Mit Ausnahme Ludwig Kirchners rechnete Einstein z. B. mit den Brücke Künstlern gründlich ab: »Eine Inflation großspuriger Farbflächen und des Pinsels«.[426] »Man verharrt in dem Einfall farbornamentaler Sensation«. Die bei Einstein farbig reproduzierten Aquarelle der Brücke Künstler zeigen aber gerade keine derartigen Farbbearbeitungen. Vielmehr handelt es sich um Werke, in denen die Zeichnung die Farbe kontrolliert; im Fall von Otto Müller zeigt die aquarellierte Kreidezeichnung eines weiblichen Aktes in der Natur gebrochene zarte Grüntöne. Schmidt-Rottluffs demgegenüber starkfarbiges Aquarell »Ausfahrende Fischer« weist eine mit Feder und Tusche über die verschiedenen Farbzonen und -flecken gelegte klare Zeichnung auf. Insgesamt urteilt Einstein über Schmidt-Rottluff, dessen Formen zwar an kubistische Arbeiten denken lassen, gleichwohl nicht an diese heranreichten: »Kein reicher, beweglicher Stil; man monumentet etwas klötzern, doch streng und ehrlich [...] Man ist zufrieden, daß billige, süßliche Ornamentik vermieden wird«.

Es gibt unter den Farbabbildungen der »Kunst des 20. Jahrhunderts« von 1926 nur zwei, in denen Farbe den medialen Spezifika des Aquarells entsprechend in offenen, nicht konturierten Flächen erscheint: ein Blumenstillleben von Emil Nolde (Abb. 58) und ein Porträt von Oskar Kokoschka. Über Emil Nolde, den Einstein einer ausführlichen Kritik unterzog, heißt es u. a.: »[E]in Bauer bemächtigt sich städtisch reizvoller und verfeinerter Palette und vergewaltigt sie [...]; er weitet den Farbfleck in ein unbestimmt Gestaltmäßiges«.[427] Die nationalen und genderspezifischen Klischees von französischem weiblichen Raffinement und deutscher männlicher Brutalität werden sarkastisch zugespitzt und auf die Farbverwendung im Impressionismus einerseits, im Expressionismus andererseits gemünzt. Weiter heißt es: »[O]ptischer Mangel soll durch dröhnendes Pathos und verpöbelte Metaphysik beglichen werden«.[428] Dann wieder: »die Farbe banal trotz aufgerissener, grober Erregtheit«.[429] Immer wieder wird die Farbe in Noldes Arbeiten als defizitär gegeißelt: »Aus der Farbe will Nolde zur Monumentalität, das Episodische soll vom Drama der Farbe verzehrt werden«.[430] »So wird Form zu etwas fast Sekundärem«. Entsprechenden Ansätzen, »aus der Farbe das große Bild [zu] gewinnen«,[431] wie Einstein sie in Noldes Malerei sah, stand er radikal ablehnend gegenüber und kommentierte sie bisweilen ironisch oder auch sarkastisch. Bringt man Einsteins Text mit der ins Auge springenden Farbtafel von Noldes Aquarell »Amaryllis

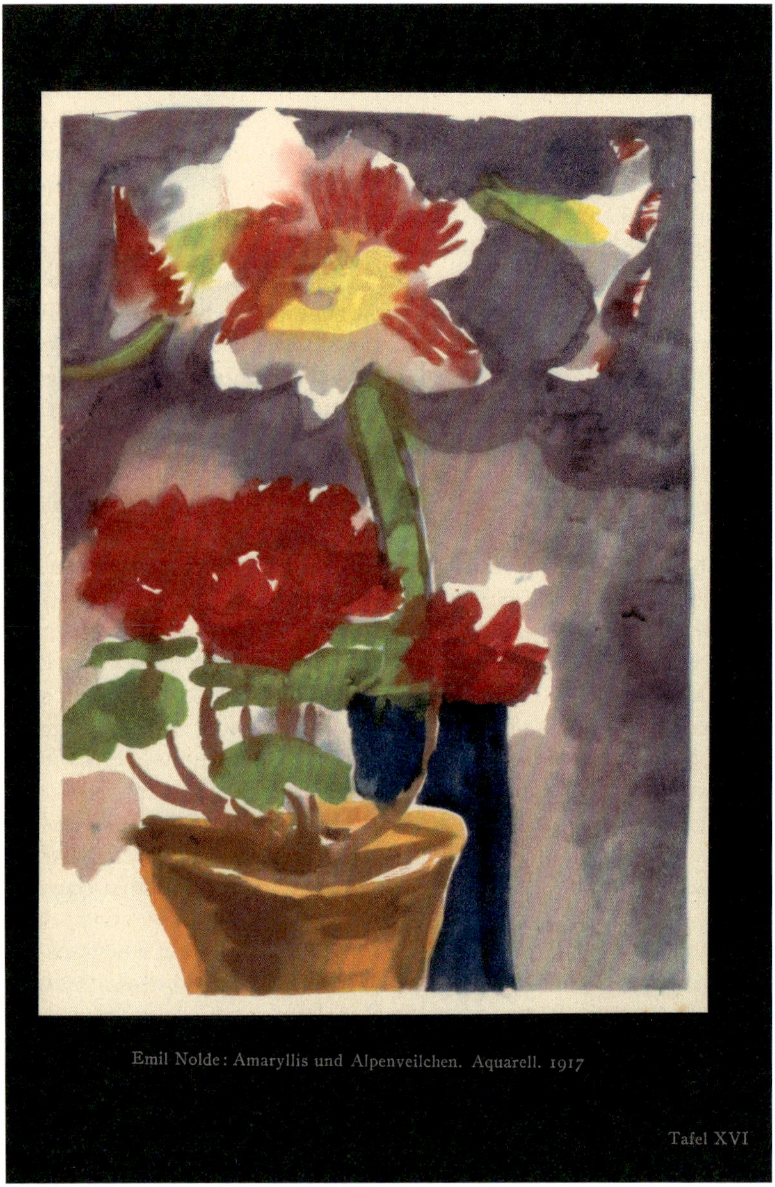

Abb. 58: E. Nolde, Amaryllis und Alpenveilchen, Aquarell aus C. Einstein, Die Kunst des 20. Jahrhunderts, 1926

mit Alpenveilchen« in Verbindung, das in allen drei Auflagen der »Kunst des 20. Jahrhunderts« beibehalten wurde, so muss die Arbeit geradezu grotesk, nämlich als grandioses Scheitern der »Monumentalität«, anmuten. Dazu trägt nicht allein das harmlose Motiv der bildfüllenden Blüten bei, sondern ebenso das konturlose Rot der sich ausbreitenden Aquarellfarbe.

Nur wenig besser erging es Kokoschka, den Einstein dem »Spätimpressionismus« zurechnete, aber für weniger relevant erachtete als Nolde. Über ihn urteilt er: »kaum bezwungene Erregtheit wirft dramatische Farbteile in alten Umriß«.[432] Über seine Porträts heißt es: »Hier peinigen mitunter süßliche Farbe weichlicher Formgewebe«. Der Künstler sei zu »süßlich breitem Kolorismus« und »sentimentalem Impressionismus« gelangt, dem die starke formale Gestaltung fehle, weil »Form sich jedem Motiv anschmiegte.«[433] Das farbig reproduzierte »Herrenbildnis« zeigt die lockeren Pinselzüge des Aquarells mit seinen halbtransparenten wässrigen Farben, die sich überlagern, durchdringen und den Kontur preisgeben. In die Ausgabe von 1931 wurde die Abbildung nicht mehr aufgenommen und von den ursprünglich 25 schwarz-weißen Abbildungen blieben nur noch neun. Der Spätimpressionismus war irrelevant geworden.

Ungegenständliche Malerei als »Bedichten der Farbtube«

Ein vernichtendes Urteil fällte Einstein über die ungegenständliche Malerei, für die Farbe zentral war. Vor allem Wassily Kandinsky, dem berühmtesten unter den Ungegenständlichen, galt die Kritik, obwohl Einstein mit dem Künstler gut bekannt war. In der »Kunst des 20. Jahrhunderts« figuriert Kandinsky als Inbegriff der Unmöglichkeit, Farbe zu objektivieren. »Kandinsky bildet seine Farbkörper aus innerem Zwang, seelischem Gefühl, das oft in symbolisierende, also literarische Deutung umschlägt«. Der Künstler sei »halluzinativ von der Farbe beherrscht« und versuche eine »Art Charakterologie der farbigen Elemente«. Doch seine »Ethik der Farben« basiere lediglich auf subjektiven Zuweisungen. »Der durch Subjektivismus Isolierte sucht nach einer inneren Gesetzmäßigkeit, damit sein Tun nicht in der Einsamkeit der Willkür absterbe, sondern ein Gesetz den Beschauer zum Wiedererleben farbiger Extase zwinge«.[434] Da kein Gegenstand mehr eine überindividuelle Verständigungsebene schaffe, sondern Kandinsky an dessen Stelle den »farbigen Kommentar seelischen Inhalts setzt«, werde alles der Subjektivität überlassen. Ob die Subjektivität des Künstlers sich jemals mit der des Betrachters decken könne, sei zu bezweifeln.

Zudem widme sich Kandinsky nur einzelnen Farben, vernachlässige aber die Hauptsache, nämlich deren Beziehungen untereinander. »Jedoch scheint wenig getan, den Charakter einzelner Farben zu bedichten; die einzelne Farbe ist Ware. Einstein kommt zu einem ebenso überraschenden wie sarkastischen Schluss: »Kandinsky beschäftigt sich allzu sehr mit der Materie des Farbenhändlers, die er literarisch verklärt; Farbe an sich ist nichts;[…] Die Theorie der Farbe des Kandinsky ist Bedichten der Farbtube«.[435] Die oft zitierte Schmähung trifft allerdings keineswegs zu. Denn bei Kandinsky spielte die Materialität der Farbe, »die Materie des Farbenhändlers«, keine Rolle. Im Gegenteil, das erklärte Bemühen des Künstlers um »Das Geistige in der Kunst« (ein ebenfalls von Einstein heftig kritisiertes Begehren) hatte durchaus ein praktisches Äquivalent, suchte Kandinsky doch gerade jegliche Materialität des Malmaterials unsichtbar zu machen. Einsteins Farbabbildung (Abb. 59) des Aquarellentwurfs für das Bild »Auf Weiß« (die versehentlich um 90 Grad gedreht wurde) besteht aus der Verbindung streng begrenzter Formen, die sich dank der lasierten, halbtransparenten Farbfelder durchdringen und auf diese Weise die Formen mit den medialen Farbqualitäten des Aquarells verzahnen und eine spannungsreiche Räumlichkeit erzeugen. Doch geschieht dies durch das Kippen von Flächen, nicht durch ein In-die-Fläche-Spannen dreidimensionaler Objekte. Vielmehr öffnen Kandinskys abstrakte Formen undefinierte Tiefen, wie Fenster in eine andere Welt. Das konnte den Autor in seiner kritischen Abrechnung nicht umstimmen. »Kandinsky gibt flächige Farbengebilde« ohne Ansätze einer Integration von Volumen. Den Grund sah Einstein in einem grundsätzlichen Konflikt: »[…] das raumhaft Tektonische hemmte wohl den Ablauf der farbigen Sensationen«. In der ersten Ausgabe der »Kunst des 20. Jahrhunderts« heißt es statt »das raumhaft Tektonische«, noch »das raumhaft Stabile«.[436] Die frühere Formulierung macht deutlich, welche Aufgabe dem Tektonischen zukam. Es schafft gegenüber der als flüchtig und instabil qualifizierten Farbe Stabilität. Die Äußerung impliziert, dass das Farbige und das Tektonische von Einstein als Kontrahenten verstanden wurden.

In den drei Auflagen der »Kunst des 20. Jahrhunderts« lassen sich zahlreiche Verschiebungen und Änderungen sowohl im Text, bei den Schwarz-Weiß-Abbildungen als auch bei den Farbtafeln feststellen. Zu Recht haben Uwe Fleckner und Thomas Gaehtgens die überarbeitete Ausgabe als ein neues Buch bezeichnet. Trotz der Aufwertung von Paul Klee[437] und den Surrealisten blieben jedoch die Kubisten Picasso, Léger, Braque und Gris im Zentrum, was sich auch an der zunehmenden Zahl der Abbildungen und Farbabbildungen ihrer Werke ablesen lässt.[438]

Farbe war für Einstein eine Herausforderung und ein Auseinandersetzungsfaktor. Solange ihre Affektionskraft nicht durch die formale Gestaltung gebändigt erschien, bewertete er sie als Sackgasse postimpressionistischer Versuche.

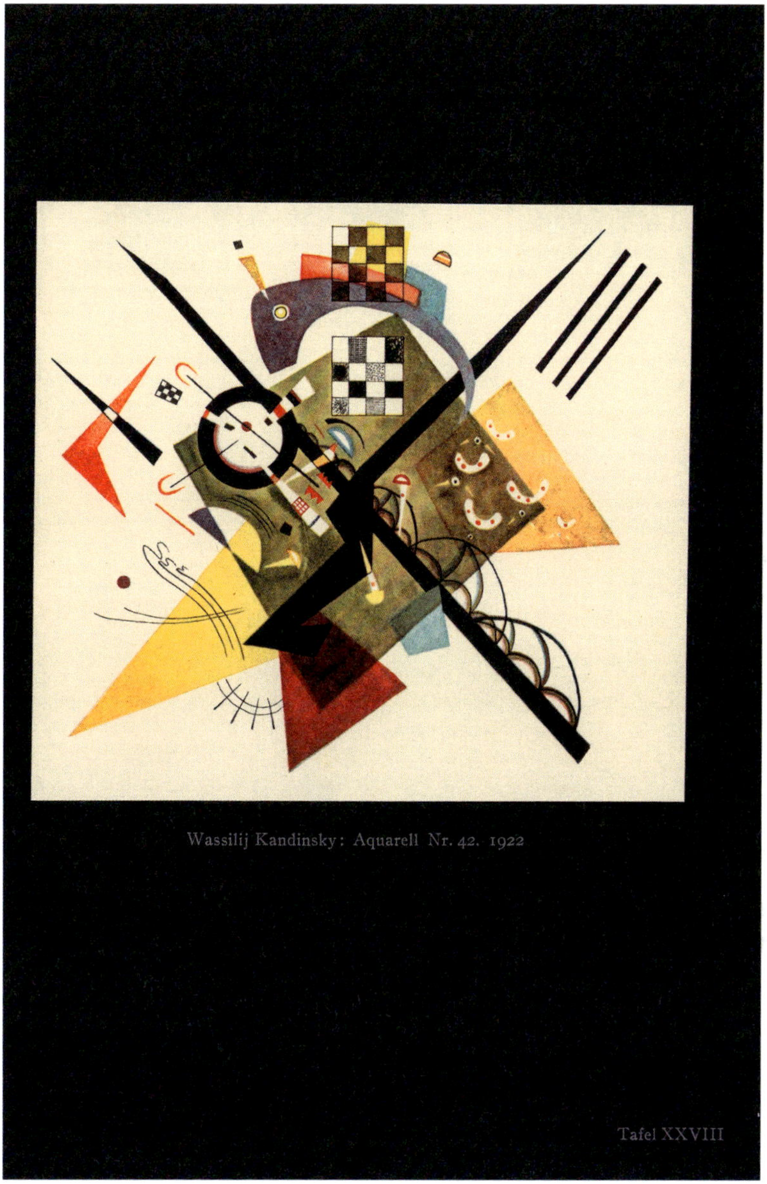

Abb. 59: W. Kandinsky, Auf Weiß, Aquarell
aus C. Einstein, Die Kunst des 20. Jahrhunderts, 1926

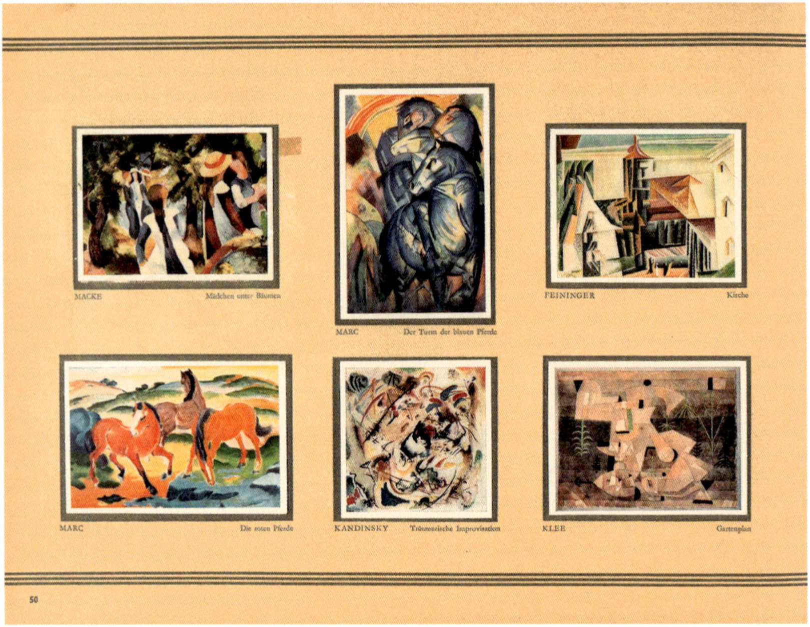

Abb. 60: Cigaretten-Bilderdienst,
Seite aus dem Sammelalbum Moderne Kunst vom Impressionismus bis zur Gegenwart,
Hamburg 1933

Dort, wo Farbe »klar gegliedert« auftritt, wie bei Picasso[439], das heißt, wo sie die Form bestätigt, oder wie bei Fernand Léger, wo »der Mensch: eine tektonische Angelegenheit« sei, wird sie positiv bewertet. Die konturlose Farbe wird dagegen als subjektive Qualität verstanden, die jeder verallgemeinerbaren Grundlage entbehre. Einsteins Kritik richtete sich gegen alle, die, wenn auch auf unterschiedliche Weise, mit den affektiven Qualitäten der Farbe arbeiteten, ohne eine neue Tektonik zu entwickeln. Die Vehemenz, mit der Einstein die Kritik vertrat, erklärt sich auch aus einer Verteidigung von Schwarz-Weiß angesichts der inzwischen verbesserten Qualität der Farbreproduktionen und ihrer Verbreitung. Kurz nach der 3. Auflage der »Kunst des 20. Jahrhunderts« erschien 1933 das bis dahin umfangreichste Kompendium farbiger Malerei der Moderne an einem ungewöhnlichen Ort: Das Album »Moderne Malerei vom Impressionismus bis zur Gegenwart« des »Cigaretten-Bilderdienstes Altona-Bahrenfeld« umfasst 150 kleinformatige Farbreproduktionen (Abb. 60), von denen viele in Einsteins Band vertreten waren und schließlich in der NS-Ausstellung »Entartete Kunst« landen sollten.[440] Der Umfang an Farbreproduktionen moderner Malerei in dem Sammelalbum zeigt nicht nur die enorme Verbreitung farbiger Illustrationen, sondern auch das erwartete Interesse an moderner Kunst außerhalb akademischer Kreise, wo zu diesem Zeitpunkt Farbreproduktionen der Moderne noch nicht vertreten waren.

In seinem Bestehen auf dem Primat der Form und der Unterordnung der Farbe erweist sich Einstein bei aller Radikalität seiner Urteile und Originalität seiner Formulierungen als Traditionalist. Dieser Punkt ebenso wie seine Sorge vor irrationalen Affekten und nationalistischen Aufladungen der Farbe verbinden ihn mit Erwin Panofsky. Denkbar, dass beider Bewusstsein von ihrer prekären Situation als jüdische Intellektuelle im Milieu der Zwischenkriegszeit zu dieser Sorge beitrug.[441] Der Verzicht auf Farbabbildungen, wie Panofsky dies praktizierte, war für die moderne Kunst keine Option. Einsteins Strategie bestand vielmehr darin, mit der gezielten Auswahl seiner Farbabbildungen die expressionistische Farbentfesselung zu unterlaufen.

VI. Thesen in Farbe

Im Prinzip blieb die seit der Zeit um 1900 bekannte Grenze zwischen populärer Farbreproduktion und wissenschaftlichem Schwarz-Weiß nach 1945 weiterhin erhalten, doch wurde sie allmählich durchlässiger. Hier kann kein Überblick über die vielteiligen Entwicklungen des allmählichen Einsickerns der Farbe in die Kunstgeschichte nach 1945 gegeben werden. Es ist jedoch ratsam, die unaufhaltsame Durchdringung des bundesrepublikanischen Alltags mit farbigen Bildern – als gravierendste Veränderung sei hier nur auf die Einführung des Farbfernsehens im August 1967 hingewiesen – als eine Rahmenbedingung zu bedenken. Die Farbinvasion im Alltag ging in den 1970er Jahren mit technischen Verbesserungen der Fotografie – etwa durch die höhere Lichtempfindlichkeit der Farbfilme – und des industrialisierten Offsetdrucks einher. All dies trug zum Aufweichen der Grenzverläufe zwischen schwarz-weißer und farbiger Reproduktion bei. Der weiterhin mühsame Prozess zu dem von Malraux verkündeten Zeitalter der farbigen Kunstreproduktion führte schließlich in den 1980er Jahren zu einer Kunstgeschichte, die Farbe als Analysekategorie entwickelte. Ein solcher fachwissenschaftlicher Ansatz im Umgang mit Farbe wird abschließend genauer betrachtet.

An dem langsamen Aufweichen der Farbgrenzen waren auch Editionsprojekte beteiligt, die in einem Feld zwischen Kunstgeschichte und Coffeetable Book angesiedelt waren. Mit einem der ersten Großprojekte nach 1945 punktete der Genfer Skira Verlag mit der »Histoire de la Peinture Moderne«, die seit 1949 erschien und vor allem französische Künstler, wie sie seit Carl Einstein kanonisiert waren, in großformatigen Farbabbildungen vorstellte. Auch die an der Propyläen Kunstgeschichte orientierte zehnbändige Kunstbuchreihe »Die großen Jahrhunderte der Malerei« hatte 1955 mit dem ungewöhnlichen Band »Lascaux oder die Geburt der Kunst« ihren grandiosen Auftakt. Der Text von Georges Bataille wurde von 128 eingeklebten Farbtafeln begleitet (Abb. 61), die erstmals mit diesem »Uranfang« der Kunst in herausragender Qualität überraschten.[442] Der Skira Verlag, der neben zahlreichen Bildheften der französischen Impressionisten mit opulenten Farbabbildungen auch Malraux' Imaginäres Museum publizierte, wurde in der Nachkriegszeit zu einem nicht unumstrittenen Trendsetter der Farbreproduktion.

In den 1960er Jahren kamen Kunstbuchreihen wie die monografischen Werkübersichten der italienischen »Klassiker« des Mailänder Rizzoli Verlags mit großformatigen Farbabbildungen und knappen Werkkatalogen hinzu, die so preiswert waren,[443] dass auch Studierende sie erwerben konnten; ab 1966 erschien

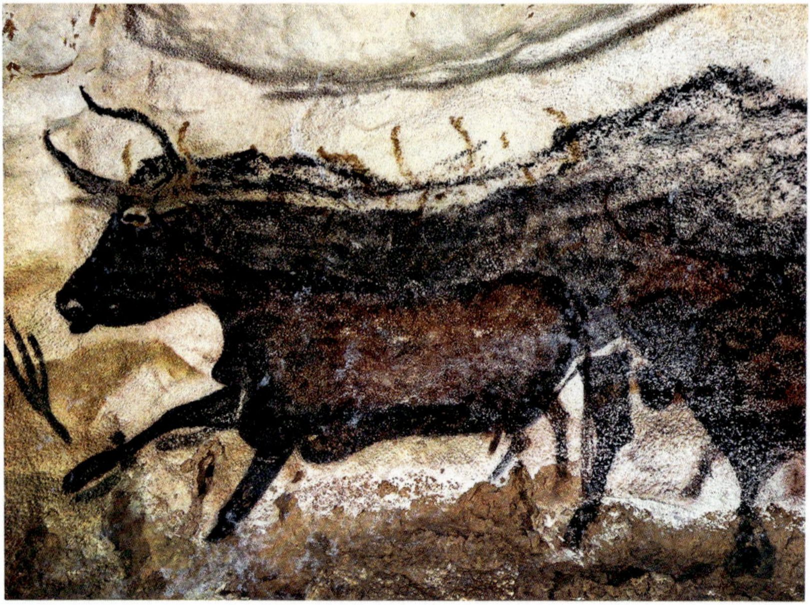

LINKE WAND DES AXIALEN DIVERTIKELS.

Diese Komposition ist eine der machtvollsten der Höhle.
Ein großer Stier bedeckt andere Figuren, die zu unterscheiden
nur durch Beleuchtung und Photographie möglich ist.

Abb. 61: H. Hinz, Höhle von Lascaux, Foto
aus G. Bataille, Die Vorgeschichtliche Malerei. Lascaux oder die Geburt der Kunst, 1955

die neue Reihe der Propyläen Kunstgeschichte, deren Struktur aus den 1920er Jahren *grosso modo* beibehalten wurde und rasch alterte. Allerdings gab es einen Band zur »Kunst der Gegenwart« von Edward Lucie-Smith, der bei weitem die meisten Farbabbildungen der Reihe aufwies. Das ist symptomatisch, war es doch die zeitgenössische Kunst, die sich auch andernorts – vor allem in Kunstzeitschriften und Katalogen von Ausstellungen – am häufigsten farbig reproduziert findet.

Der Katalog der ersten *Documenta* von 1955 hatte zwar nur elf Farbabbildungen, doch steigerte sich das rasch. In den 1970er Jahren gehörten in der modernen und zeitgenössischen Kunst Farbreproduktionen zum Teil der Ausstellungskultur. Auffällig ist, dass selbst in Ausstellungskatalogen zur Pop Art die Frontispize Künstler*innenporträts in Schwarz-Weiß zeigten. Gegenüber den oft farbig abgebildeten Werken scheint sich das Porträt in der Tradition der Frontispize, wie sie seit Vasari in Künstlerbiografien in traditionellen grafischen Techniken gepflegt wurde, in der Fotografie fortgesetzt zu haben. Das schwarzweiß reproduzierte Porträt beglaubigte im dokumentarischen Modus die Autorschaft der Werke im Katalog.

Was die universitäre Wissenschaft nach dem Zweiten Weltkrieg betrifft, so entwickelte sich die Formanalyse in Deutschland weiter, während die Ikonologie, die im Exil überlebte, erst über die USA in die Bundesrepublik zurück migrierte; aber die Farbe blieb marginal. Auch sozialgeschichtlich ausgerichtete Untersuchungen der Kunst[444] blendeten Farbe zunächst aus.[445] Hans Sedlmayr, der sich als Strukturanalytiker verstand, rechnete angesichts des von ihm diagnostizierten »Verlust[s] der Mitte«[446] mit der Autonomisierung der Farbe in der Moderne ab; Werner Haftmann dagegen, der so unterschiedliche Positionen wie Meier-Graefes und Carl Einsteins Arbeiten als »keineswegs überholte Darstellungen« betrachtete, behandelte in seiner für Deutschland lange Zeit maßgeblichen »Malerei im 20. Jahrhundert« die Autonomisierungstendenzen der Farbe bei einzelnen Künstler*innen. In nebulösen Formulierungen beschwor er vor allem die »evokative Kraft« der Farbe.[447] Phänomenologisch orientierte Autoren unterschiedlicher ›Couleur‹ wie schon in den 1930er Jahren Theodor Hetzer, der Tizians Farbe zur Norm erhob, Wolfgang Schöne, der 1951 maßgeblich Bildlicht und Bildfarbe ins Verhältnis setzte, oder Ernst Strauss, der nach seiner Rückkehr aus dem Exil seine frühen Farbbeobachtungen zu verschiedenen Künstlern und Epochen zusammenstellte, sowie manch andere widmeten sich speziellen Aspekten der Farbverwendung. Doch blieben diese Studien, die im Übrigen Farbe mit Ausnahme von Schöne rein sprachlich verhandelten, vergleichsweise folgenlos.

Max Imdahl schließlich, der seinen hermeneutischen Ansatz »Ikonik« nannte, befasste sich intensiv mit Farbe, vor allem in der zeitgenössischen Kunst.[448]

Insbesondere seine kleine, aber einflussreiche Bildmonografie zu Barnett Newmans »Who is afraid of Red, Yellow and Blue« von 1971 ist hier zu nennen, die den extremen Gegenpol zu Panofskys Interesse an Newman darstellt. Dennoch stellt sich über die Beobachtung, dass die Größenveränderung von Farbflächen wahrnehmungsrelevant ist, eine unvermutete Beziehung zwischen Imdahl und Panofsky her (s. o.). Imdahl diagnostizierte die optische Überwindung des Formats, was bei monochromer Malerei gleichbedeutend mit der Form ist, durch Farbe. Diese immersiven Qualitäten der Farbe, die – wie der Autor betont – nur am Original erfahrbar seien, weil u. a. die monumentale Größe des monochromen Farbfeldes, die nicht in Abbildungen transferiert werden kann, für diese Wirkung entscheidend sei. Eine solche Farbe bezeichnete Imdahl als »absolut«. Imdahls Beobachtungen einer an Monumentalität gebundenen, Form aushebelnden Farberfahrung wurde ausgerechnet im Postkartenformat (von 10 x 15 cm) der werkmonografischen Reihe des Reclam Verlags publiziert; das lässt eine grundsätzliche Grenze der Reproduktion deutlich werden. Es geht dabei nicht um etwaige Unzulänglichkeiten, den exakten Farbton zu treffen, sondern um die somatische Dimension der Farbwahrnehmung. Die Reclamausgabe ließ jede Hoffnung, über die Reproduktion Imdahls Argument nachvollziehen zu können, als naive Illusion erscheinen. Wiederabdrucke des Textes kamen dann ohne Abbildung aus.[449] Imdahls spätere Quellenarbeit zur Theoriegeschichte der Farbe in Frankreich[450] von 1989 trug vor allem zum Bewusstsein ihrer systematischen Vernachlässigung bei.

Trotz der – hier lediglich angedeuteten – Farbexpansionen in den unterschiedlichen Feldern und der Pionierarbeit von Max Imdahl, die in Bezug zur Farbwahrnehmung jedoch punktuell auf Einzelwerke beschränkt blieb und trotz der verbesserten und vereinfachten Zugänge zur Farbfotografie zeigte sich erst in den 1980er Jahren eine entsprechende methodologische Veränderung in der Kunstgeschichte. Nun begannen Kunsthistoriker*innen nicht nur verstärkt Farbabbildungen im Sinne eines Dokumentations- und Illustrationsverständnisses für ihre wissenschaftlichen Publikationen zu nutzen, sondern auch eine visuelle Argumentation auf der Grundlage farbiger Reproduktionen zu entwickeln. Nahsichtige Farbreproduktionen und sorgfältig ausgewählte, gut ausgeleuchtete Bildausschnitte, in denen die Oberflächen der Gemälde auch in ihrer materiellen Beschaffenheit optisch vergegenwärtigt sind, lenkten die Aufmerksamkeit auf die physische Seite der Farben und auf deren Bearbeitung durch Künstler*innen. Dadurch wurde die produktionsästhetische Seite ebenso gestärkt wie etwa die Analyse von Alterungsspuren. Hier war es die Verfügbarkeit detaillierter Fotografien, wie sie mit Hilfe von Elektronenmikroskopen, hochempfindlichen Farbfilmen und anderen technischen Verbesserungen entstanden, die sich auch als Instrumente veränderter kunstgeschichtlicher Interessen, Methoden und Erkenntnisse erwiesen.

Svetlana Alpers' »close viewing«

Publikationen der US-amerikanischen Kunsthistorikerin Svetlana Alpers aus den 1980er Jahren sind für diese Veränderungen von exemplarischer Bedeutung. Alpers lehrte an der University of California, Berkeley, und hatte vornehmlich zum 17. Jahrhundert, u.a über Rubens, publiziert. Mit ihren vieldiskutierten Studien »The Art of Describing« von 1983 (»Kunst als Beschreibung«, 1985) und »Rembrandt's Enterprise« von 1988 (Rembrandt als Unternehmer, 1989) plädierte Alpers für ein »close viewing« der physischen Befunde wie der historischen Entstehungsbedingungen. In »Rembrandt's Enterprise« nutzte Alpers Farbabbildungen, Vergrößerungen und nahsichtige Ausschnitte fotografischer Aufnahmen von Kunstwerken für ihre Analysen und setzte sie programmatisch ein.

Inbegriff für »close viewing« ist in »Rembrandt's Enterprise« der Ausschnitt von Details aus Gemälden. Ausschnitte wurden in der Kunstgeschichte nicht erst im Zeitalter der Fotografie eingesetzt; bereits Seroux d'Agincourt (siehe Abb. 13) hatte im frühen 19. Jahrhundert grafisch übersetzte Ausschnitte aus Gemälden als Beleg für die »Entwicklung des Ausdrucks« herangezogen. André Malraux suchte im »Musée Imaginaire« mit den Ausschnitten verschiedener Motive (siehe Abb. 1) die Potenziale der Farbreproduktion zu demonstrieren. Alpers lenkt mit Ausschnitten den Blick nicht allein auf ein Motiv – die Hand – sondern zugleich auch auf die physische Seite der Farbe. Bereits die Umschläge der beiden Bücher mit je einem Ausschnitt aus zwei verschiedenen Gemälden Rembrandts, auf denen Hände zu sehen sind,[451] lassen deutlich werden, um was es der Autorin geht. Die Ausschnitte bringen Alpers' Interesse auf den Punkt, das Markenzeichen von Rembrandts spezifischem Umgang mit der Farbe, seine Hand-Arbeit herauszustellen. Das geschieht, indem sie die Materialität des Farbauftrags, Rembrandts Impasto, im Motiv der Hände fokussiert. Der Bildausschnitt erzeugt in der Farbreproduktion eine Nähe zur Gemäldeoberfläche und zu der darin gespeicherten künstlerischen Arbeit, wie sie sich in keinem Museum gewinnen ließe. Durch Auswahl und Ausschnitt wird die Verzahnung von Motiv und künstlerischer Arbeitsweise visuell effektiv unterstrichen.

Das Cover von »Rembrandt's Enterprise« zeigt lediglich eine aus einem weiten Ärmel auf den Betrachter zukommende Hand, die eine herabhängende Kordel fest umklammert; offenbar hält sich jemand daran fest, ist doch der obere Teil der Kordel durch den Zug leicht aus dem Lot geraten, während der

Teil unterhalb der Hand mit dem Quast der Schwerkraft folgend senkrecht herabfällt. Der scheinbar marginale Ausschnitt ist jedoch so gewählt, dass alle Rembrandt zugewiesenen Merkmale hervortreten: [D]er Gewandausschnitt mit dem gebauschten Ärmel aus ockerbraunem Impasto, das wie mit goldenen Fäden durchwirkt erscheint, evoziert Rembrandts berühmten »Goldeffekt«.[452] Auch das raumhaltige Dunkel, aus dem Hand und Ärmel auftauchen, entspricht der Ortlosigkeit Rembrandt'scher Szenen.

In Alpers' Rembrandtbuch folgen nach einem knappen Vorwort als Erstes alle zwölf farbigen Bildtafeln. Mit Ausnahme der ersten und der letzten Tafel handelt es sich um ganzseitig wiedergegebene, randlos reproduzierte Bildausschnitte, auf denen hauptsächlich Hände zu sehen sind. Der Bildausschnitt des Buchcovers wird im Inneren ganzseitig wiederholt und steht dort dem ebenfalls ganzseitigen, beunruhigenden Ausschnitt mit einem vertikalen roten Schlitz in einem weißen Gewand gegenüber (Abb. 62/63). Trotz der Herauslösung der Details aus dem Bildzusammenhang macht ihre neuerliche Zusammenstellung deutlich, dass der intensiv rote Schlitz eine Wunde bezeichnet, die durch das Gewand aus dünnem, hellem Stoff sichtbar wird. Die eine Kordel umklammernde Hand wird so zu einer haltsuchenden Geste. Die beiden Bildausschnitte von Hand und Wunde stammen aus Rembrandts 1666 datiertem Gemälde der »Lukretia«.

Zwei weitere gegenübergestellte Farbtafeln zeigen Details aus dem 1653 entstandenen Gemälde »Aristoteles vor der Büste Homers«. Auf der linken Bildseite liegt eine hell beleuchtete rechte Hand auf dem Kopf einer Homerbüste und scheint mit den Fingerkuppen vorsichtig die Oberfläche der Skulptur zu ertasten. Auf der rechten Buchseite kommt eine Hand aus einem in reichen Falten und durch Einschnürungen gebauschten Ärmel aus schwerem, hellem Stoff. Die Hand liegt auf der Hüfte, die von einem golddurchwirkten Gürtel umspannt wird. Von der im Bildtitel als Aristoteles bezeichneten Figur sind wiederum nur die Hände und ein Ärmel zu sehen. Die Hände berühren Unterschiedliches: zum einen die Skulptur aus totem Material, zum anderen den eigenen, lebendigen Körper,[453] vor allem aber figurieren sie in Alpers' Argumentation als materielle Vergegenwärtigung des Tastens. Das für Rembrandt typische, nahezu monochrome beige-braune Farbrelief mit den vitalen Pinsel- und Spachtelspuren betone, wie Alpers argumentiert, in seiner physischen wie dargestellten Stofflichkeit vor allem die materielle Seite des Gemäldes.

Die Bildfelder mit den Ausschnitten aus Rembrandts Gemälden gehen über die Buchseiten hinaus, haben also keine begrenzenden Ränder, sondern weisen einen sogenannten randabfallenden Druck auf. Das hat zur Folge, dass die Hand der Leser*innen beim Umblättern nicht allein eine Buchseite berührt, sondern zwangsläufig auch das darauf Abgebildete. Die taktile Nutzung des

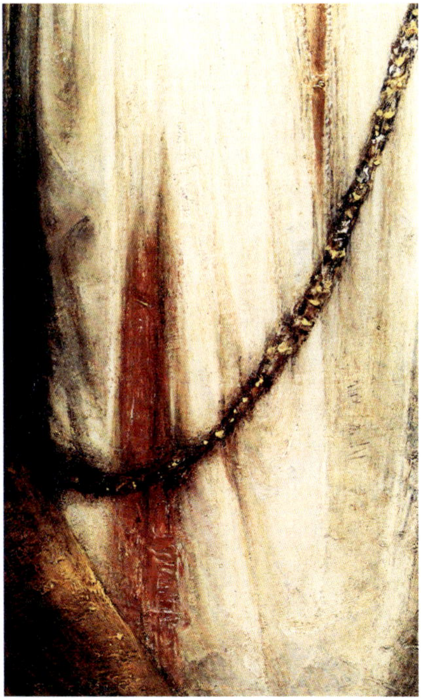 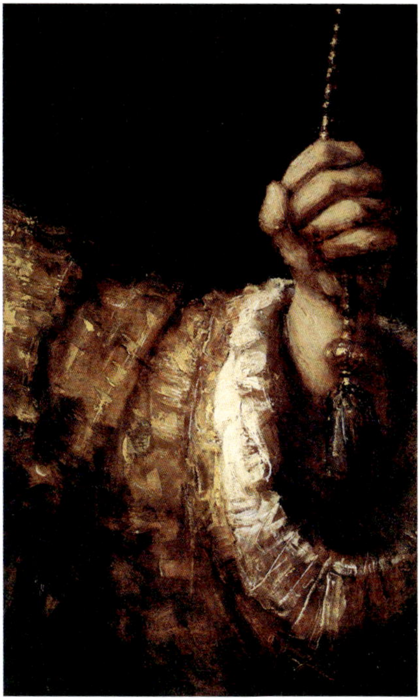

Abb. 62/63: Rembrandt, Lukretia (Ausschnitte),
Doppelseite aus S. Alpers, Rembrandt's Enterprise, 1988

Buches macht im Fall der »Lukretia«, jener tugendhaften mythischen Römerin, die sich nach der Vergewaltigung durch den Königssohn Tarquinius selbst tötete, die Leiblichkeit der Verletzung geradezu somatisch erfahrbar. Sie ist Jenny Holzers 1992 entstandenem ›Blutdruck‹ mit dem Titel »Lustmord« für das Magazin der Süddeutschen Zeitung vergleichbar.[454]

Alpers' Verfahren, farbige Details aus ihrem bildlichen Zusammenhang herauszulösen, finden eine Entsprechung in ihrer These von Rembrandts Vorgehen bei der Bildfindung. Demnach habe der Künstler sein Bildpersonal aus dem zeitgenössischen populären Bildervorrat gewonnen, Figuren aus ihren Erzählzusammenhängen isoliert und in einen unbestimmten Bildraum transponiert: »Rembrandt extracts or selects his figures from the narrative settings he found in a common stock of illustrations«.[455]

Die Matrix, aus der die farbigen Ausschnitte stammen, also die vollständigen Gemälde, wurden in »Rembrandt's Enterprise« ähnlich wie bei Malraux

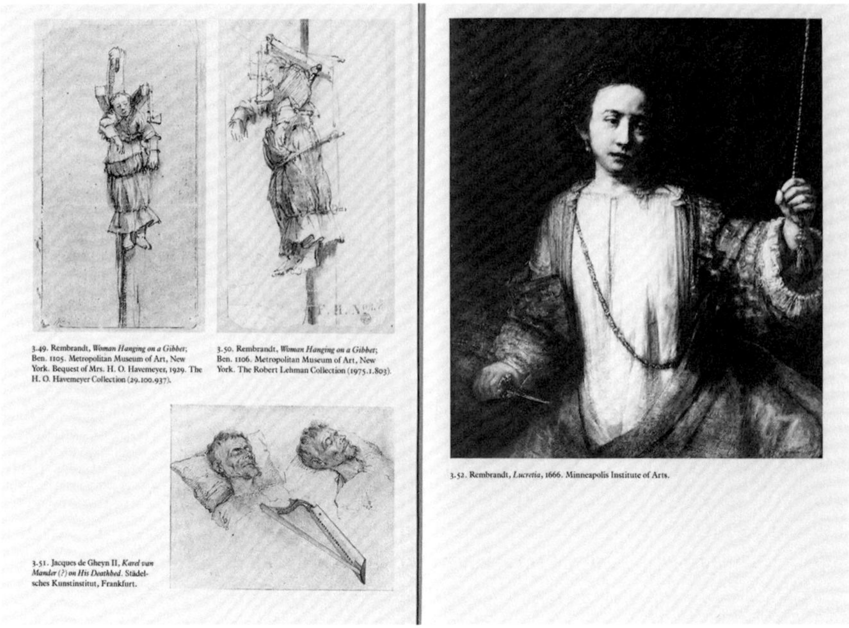

Abb. 64: Doppelseite aus S. Alpers, Rembrandt's Enterprise, 1988

kleinformatig und durchgängig in Schwarz-Weiß reproduziert (Abb. 64), sodass die Unterschiede in den beiden Abbildungsmodi deutlich hervortreten. Die kleinformatigen Schwarz-Weiß-Abbildungen haben einen dokumentarischen Status und halten das Gemälde selbst auf Distanz. Sie werden kontextualisiert, mit Darstellungen in anderen Medien verglichen, oder es wird das Motiv der Berührung weiter verfolgt. Demgegenüber formulieren die von der Autorin zusammengestellten farbigen Ausschnitte visuelle Thesen. Das heißt, hier werden zwei Sichtweisen kombiniert, die beide nicht der Wahrnehmung eines musealen Bildes entsprechen. Sie ersetzen nicht das Bild, sondern zeigen einerseits im Detail seine affektiven Potenziale als manuell hergestellte, während sie andererseits genau diese Qualität in die schwarz-weiße Matrix zurückbinden.

Ikonografisch betrachtet erscheinen die aus Rembrandts Gemälden herausisolierten Hände als zentrale Akteure, die das Motiv des Berührens, der taktilen Empfindung, herausstellen.

Erst in der zweiten deutschen Auflage von »Kunst als Beschreibung. Holländische Malerei des 17. Jahrhunderts« von 1998 folgt auch das Cover den visuellen Argumenten und zeigt lediglich drei Handrücken auf einer texturreichen roten Fläche (Abb. 65). Der Ausschnitt gibt sich dem Kenner von Rembrandts Malerei als Stoff des Gewandes in der sogenannten Judenbraut[456] (»Isaac und Rebecca«) aus der Mitte der 1660er Jahren zu erkennen. Aber auch ohne dieses Wissen kommuniziert der Ausschnitt die beredte körpersprachliche Äußerung einer vertrauten Handbeziehung. Auch hier zeigen die fühlenden Hände wiederum die taktile Qualität der *Malerei*. Auf vergleichbare Art hatte Malraux' die Hände aus Frans Hals' »Regentinnen des Altmännerhauses in Haarlem« isoliert (siehe Abb. 1), um die gestische Spur des lockeren Farbauftrags im Bildausschnitt sichtbar zu machen. Die damalige Reproduktionsqualität brachte jedoch die taktilen Dimensionen der Oberflächen nicht im selben Maße zum Vorschein, was natürlich auch durch die ganz andere Malweise des Künstlers bedingt ist. Doch im Vergleich der Oberflächeninformation der beiden Bilder werden die epistemischen Dimensionen der jeweiligen farbigen Reproduktionen deutlich.

Mit den materialmimetisch sensiblen Reproduktionen der gemalten Oberflächen sucht Alpers, Rembrandts handwerkliche Arbeit an der Farbe als physischem Stoff zu thematisieren. Dadurch werde das »Bildermachen«, wie Alpers es nennt, bewusst. Bereits Arnold Houbraken bemerkte, in Rembrandts Bildern seien »Steine und Perlen in Halsketten und Turbans so pastos gemalt, als wenn sie gemeisselt wären«.[457] Entsprechend geht es bei Alpers weder in den Farbreproduktionen noch im Text um Farbigkeit im Sinn von *coloris*, wie das bis dahin nahezu ausschließlich in der kunstgeschichtlichen Thematisierung von Farbe der Fall war.

Materialität insgesamt, insbesondere aber die materielle Seite der Farbe im Bild, war lange Zeit ein vernachlässigtes Terrain, das nur von technischem Interesse schien und deshalb in das Arbeitsgebiet der Restaurator*innen abgeschoben wurde. In der neoplatonisch grundierten ästhetischen Tradition sollte vielmehr das Farbmaterial zum Verschwinden gebracht werden. Daher konnte Carl Einstein als Höhepunkt seiner Kritik an Kandinsky formulieren, der Künstler »beschäftigt sich allzu sehr mit der Materie des Farbenhändlers« (vgl. S. 145-147).[458] Alpers dagegen interessieren gerade die »different qualities of pigment that is not only colored, but worked and shaped«.[459] Farbe als physi-

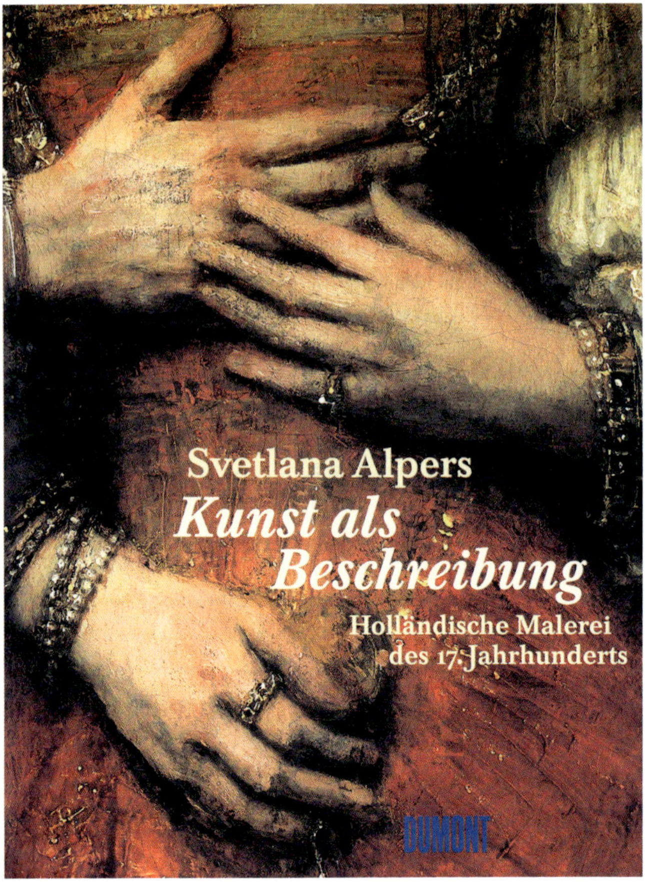

Abb. 65: Cover von S. Alpers, Kunst als Beschreibung, ^{2}1998

schen Werkstoff zu begreifen, liegt im Fall von Rembrandts pastosen Gemälden natürlich nahe, doch beschränken sich Alpers' Überlegungen nicht auf die technische Seite der Bildherstellung. Vielmehr bringt die Autorin Farbe, Werkstoff, Herstellungsverfahren und Motiv bzw. Bildthema in einem innovativen Ansatz zusammen.

Farbe nicht allein als Medium, sondern auch als Material der Kunst zu begreifen, fügte sich in das beginnende kunstgeschichtliche Interesse an den physischen Stoffen und deren Bearbeitungsformen. Dieser »material turn«, der das Dogma der »reinen Sichtbarkeit«[460] und damit die Segregation der Sinnesempfindungen in Frage stellte, wurde vor allem durch die Entwicklung der zeitgenössischen Kunst mit ihren zahlreichen, bis dahin als kunstfremd geltenden Materialien initiiert und befördert.[461] Insofern war es naheliegend, dass Alpers verschiedentlich Arbeiten aus der klassischen Moderne und der Pop Art vergleichend heranzog.

Die Autorin diskutiert Rembrandts »raue Manier« u.a. im Kontext von René Descartes, der Wahrnehmen im Unterschied zum mechanischen Sehen und den zahlreichen Hilfsmitteln – wie Linsen, Fernrohr, Mikroskop oder die Camera obscura – als eine ertastende Aktivität, als »Seeing with sticks«,[462] beschrieb. Dieses tastende Sehen, das Alpers für Rembrandt geltend macht, kontrastiert mit der »glatten Manier« niederländischer Malerei des 17. Jahrhunderts, die das Bild einem Spiegel gleichsetzte.

Indem die fotografischen Reproduktionen der Bildausschnitte in »Rembrandt's Enterprise« die Farbe nicht als glatte, kolorierte Flächen zeigen, sondern die Texturen des bearbeiteten Malmaterials optisch hervorheben, entsprechen sie dem Markenzeichen der »Firma« Rembrandt. Damit demonstrieren die Abbildungen zugleich die enormen Möglichkeiten zeitgenössischer Farbfotografie, über die optische Apparatur taktile Eindrücke der Farbe herzustellen. Sie sind gleichermaßen Analyse- wie Vermittlungsinstrument.

Unter der Lupe

Alpers bezieht sich in »Rembrandts Enterprise« explizit auf das 1968 begonnene und zum Zeitpunkt der Publikation ihrer beiden Bücher Mitte der 1980er Jahre noch lange nicht abgeschlossene »Rembrandt Research Project« des niederländischen Forscherteams, das maßgeblich mit Ernst van de Wetering verbunden ist.[463] Ziel des Großprojekts war es, mit Hilfe neuester technischer Instrumente wie dem Elektronenmikroskop und fotografischen Verfahren – darunter hochaufgelöster Fotos, Röntgen- und Ultraviolettbilder sowie der Infrarot-Reflektografie und naturwissenschaftlich basierten Analysen wie der Dendrochronologie – einen Korpus der authentischen Rembrandtbilder zu erarbeiten. Während der frühen Phase des Research Projects wurden im Amsterdamer Rijksmuseum gerade Gemälde von Rembrandt wie »Die Judenbraut« restauriert, so dass für die eingehenden Inspektionen der Gemälde, für ein »close viewing«, beste Bedingungen gegeben waren: Der Firnis wurde abgetragen und spätere Farbergänzungen beseitigt.[464]

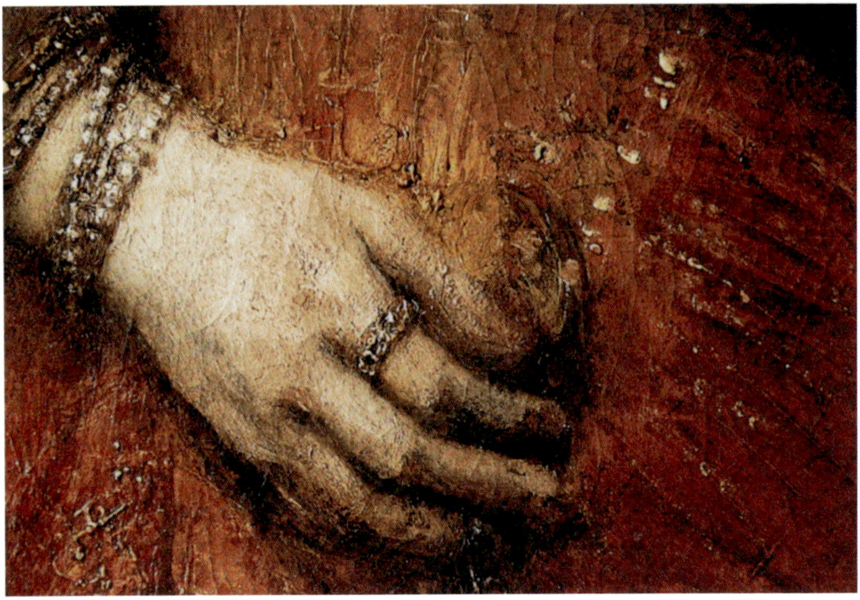

Abb. 66: Rembrandt, Die Judenbraut (Detail), aus E. van de Wetering, Rembrandt. The Painter at Work, 1997

Alpers kommentierte das »Rembrandt Research Project« folgendermaßen: »In their first two published volumes the exhaustive analysis and description of each painting offers a remarkable verbal record of close viewing of pictures. It is fitting that such close attention be paid to the works of a painter who made such an elaborate display of the laying on of his paint«.[465] So weit deckten sich Alpers' Interessen mit denjenigen der am Projekt beteiligten Wissenschaftler*innen. Doch kritisierte die Autorin, dass Rembrandts spezifische Malweise lediglich in Bezug auf zeitgenössische Textquellen Berücksichtigung finde. Damit folge das groß angelegte Projekt in den Publikationen jedoch methodisch dem Mainstream der Untersuchung klassischer italienischer Kunst und übertrage das dort angemessene Verfahren auf die niederländische Malerei, die anderen Voraussetzungen folge.[466] Das bedeutete eine fundamentale Kritik an der Ikonologie als der seinerzeit dominanten Methode der Analyse niederländischer Malerei[467] und rief zahlreiche Kritiker, allen voran Eddy de Jongh, auf den Plan.[468]

Gegenüber der textbasierten Ikonologie billigte Alpers dem »close viewing« der gemalten Oberflächen eine zentrale Bedeutung für die Semantik der Gemälde wie für Rembrandts künstlerische Karriere zu. Sie wertete den »Sehmodus«[469] gegenüber dem Textbezug in Rembrandts Gemälden auf. Das heißt, Alpers betrachtete dessen Malerei nicht als »transparentes« Medium, sondern lenkte den Blick auf die Opazität der Oberflächen und damit auf die Malerei selbst. Rembrandt führe »our attention to the paint itself rather than to the objects it represents«.[470] Die Autorin machte deutlich, dass sie mit ihrem Ansatz den »recent rash of emblematic interpretation of Dutch Art«[471] relativieren wolle. Von diesen Emblematikern werde die Bedeutung nur unter der Oberfläche der Bilder gesucht, ein Ansatz, wie ihn in der Nachfolge von Panofskys »disguised symbolism« besonders de Jongh in Bezug auf die niederländische Malerei vertrat.[472]

Alpers' »art of decribing« anstelle der Kunst des Erzählens stellte zwar eine Relativierung, aber keine Preisgabe der Ikonologie dar. Wie sie mit der Fokussierung der Hand im ersten Kapitel von »Rembrandt's Enterprise« unter der gezielt doppeldeutigen Überschrift »The Master's Touch« deutlich macht, werden formalanalytische (unter Einschluss von Farb- und Materialanalyse) und ikonografische Verfahren miteinander verbunden. Das bedeutete einen methodischen Durchbruch nicht allein in der Rembrandtforschung, sondern insgesamt für die Untersuchung der niederländischen Malerei des 17. Jahrhunderts – und last not least für eine Materialfragen berücksichtigende Forschung.

Befördert wurde ein solches Vorgehen, das dem Gemälde als einem durch Farbe erzeugten Objekt einen neuen Rang verschaffte, durch detaillierte Untersuchungen und Ergebnisse, wie sie das Rembrandt Research Project generierte. Alpers' Ansatz fand schließlich auch in Arbeiten von Skeptikern, so in van de Weterings Buch »Rembrandt. The Painter at Work« von 1997 seinen Niederschlag (Abb. 66)[473] und wurde inzwischen von jüngeren Kunsthistoriker*innen wie Nicola Suthor oder Yannis Hadjinicolaou weiterverfolgt und ausgebaut.[474] Die empirischen Befunde der neuen materialspezifischen Untersuchungen zählten zu den zeitgenössischen Bedingungen, die Reproduktionen der Ausschnitte zu den visuellen Argumenten. Alpers' Vorgehen demonstriert, wie die enormen technischen Möglichkeiten der Farb- und Materialanalyse, die eine weit über die Oberflächeninspektion mit dem bloßen Auge hinausgehende Präzision ermöglichten, zu methodischen Innovationen beitrugen.

Andere Farbe

Auch bei zahlreichen anderen Autoren lässt sich seit den späten 1980er Jahren eine neue Aufmerksamkeit für Farbe, für farbige Reproduktionen von Kunstwerken sowie eine entsprechende visuelle Argumentation feststellen. Als Bei-

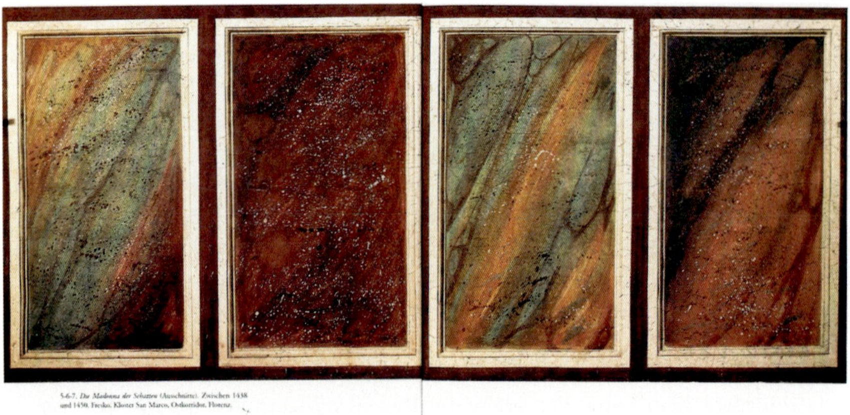

Abb. 67: Fra Angelico, Wandfelder im Kloster S. Marco, Florenz, aus G. Didi-Huberman, Fra Angelico. Unähnlichkeit und Figuration (1990), 1995

spiel aus einem zeitlich und geografisch ganz anderen Bereich und als Exempel eines anderen Zugangs sei auf George Didi-Huberman, insbesondere auf seine Studie zu »Fra Angelico. Unähnlichkeit und Figuration« von 1990 verwiesen. Der Farbe als »materielle Existenz des Indexzeichens, der pikturalen Spur«[475] widmete Didi-Huberman weitreichende Überlegungen im Hinblick auf andere, heute vergessene Bildformen der Farbe.

Großformatige, doppelseitige Farbreproduktionen der vier nichtgegenständlichen Farbfelder im Kloster San Marco in Florenz (Abb. 67), die zuvor als marginale Sockelzone aus *marmi finti* für »Die Madonna der Schatten« galten, figurieren als visuelle Evidenz für die hohe Bedeutung »unähnlicher Ähnlichkeit« im religiösen Kontext der frühen Neuzeit. Die 1,50 m hohen Farbfelder, frei von jeglicher Figuration, jedoch durch gemalte Rahmenleisten bildmäßig begrenzt, führten den Autor zur Durchforstung zahlreicher Schriftquellen religiöser und ästhetischer Provenienz. Den Anstoß zu den Recherchen der um die Mitte des 15. Jahrhunderts datierten verschiedenfarbig marmorartig ›geäderten‹ und mit feinen Farbspritzern übersäten Bildfeldern ließen sich weder anhand der zuvor kursierenden schwarz-weißen Abbildungen gewinnen, noch durch sie vermitteln. Denn um diese Felder überhaupt als Bilder zu erkennen und nicht als Dekoration zu behandeln, ist ihre Farbigkeit unerlässlich. An der Plausibilisierung von Didi-Hubermans Argument einer »unähnlichen Ähnlichkeit« ist auch die hervorragende technische Qualität der großformatigen Farbabbildungen beteiligt, so dass Malraux' Versprechen, die malerische Malerei werde dank der Farbreproduktion gegenüber der konturbezogenen Malerei nicht mehr länger benachteiligt sein, mit einiger Verzögerung eingelöst wurde.

Allerdings stand zu diesem Zeitpunkt schon eine neue Spezies von Farbreproduktionen bereit, deren rasantes Durchsetzungsvermögen auch die Kunstgeschichte eingefärbt hat. Dieses Zeitalter der digitalen Farben dürfte nicht ohne Auswirkungen auf die Kunstwahrnehmung wie auf die methodischen Verfahren der Bildwissenschaften bleiben.[476]

Anmerkungen

1 In der vorliegenden Publikation ist von Schwarz-Weiß die Rede, auch wenn die frühen Fotografien vielfältig getönt waren, je nachdem welche chemischen Verfahren angewandt wurden. Mit Schwarz-Weiß soll der Unterschied zu chromatischen Fotos markiert werden, die die Farbigkeit des Referenten wiedergeben sollten, Timby 2020, S. 201-229.

2 Malraux 1949, S. 24.

3 Gombrich 1963, S. 123-134, hier S. 123.

4 Geimer 2009, S. 77-89, bes. S. 78.

5 Zu Malraux' Produktionsweise s. Didi-Huberman 2013, S. 59-73, bes. S. 61 f.

6 Gombrich kritisierte den optimistischen Glauben an »die Allgemeingültigkeit von Farben und Formen als einer Universalsprache, [...] denn Farben und Formen erhalten ihren Sinn nur in einem kulturellen Zusammenhang«. Gombrich 1963, S. 133. Geimer 2009, S. 77-89 zu Malraux' Betonung der Differenz von Kunstwerk und seiner Transformation durch die Fotografie.

7 Malraux 1949, S. 24.

8 Ebd., S. 42.

9 Ebd., S. 24.

10 Ebd.

11 Bereits Arthur Dobsky 1912, S. 8 bemerkte im Katalog der sogenannten Medici-Drucke des Münchner Bruckmann Verlags Unterschiede in den Reproduktionen, die er verschiedenen nationalen Malstilen zuordnete: »Die Eigentümlichkeit, daß sich Werke der italienischen Malerei besser wiedergeben lassen als die anderer Schulen ist auch in den Medici-Drucken zutage getreten [...] Es handelt sich hier um die Verschiedenheit der Malweise der Künstler, die notwendigerweise auch in der Reproduktion Ausdruck finden muß«.

12 Das Projekt wurde mehrfach erneuert, aber erst in den 1970er Jahren beendet. Perry 2020, S. 41-66.

13 Grasskamp 2014, S. 39 f. hat darauf aufmerksam gemacht, dass in Paris Match vom 19. Juni 1954 ein leicht verändertes Foto derselben Konstellation veröffentlicht wurde.

14 Ebd.; Geimer 2009.

15 Grasskamp 2014, S. 72.

16 Zu den Unterschieden zwischen Warburg und Malraux, s. Didi-Huberman 2013, S. 59-73.

17 Dazu Geimer 2009, S. 78.

18 Ein Hinweis bei Kitschen 2021, S. 252.

19 Tietenberg 1999; Locher 2001; Bohrer 2002; Matyssek 2005; Zimmermann 2005; Caraffa 2009.

20 Erste Überblicke bei Gage 1993; Hoormann, Schawelka 1998; Lichtenstein 1993; Bushart 2015; Fehrenbach 2021.

21 Peters 2018; Imorde, Zeising 2016, 2018, 2022; Kitschen 2021.

22 Barthes 1989, S. 92.

23 Geimer 2022, S. 166-175.

24 Ebd., S. 168.
25 Barthes 1989, S. 86 geht auf Kunstwerke nur im Verhältnis zu ihrem Referenten ein.
26 Ullrich 2007, S. 82-104 zu einigen Alterungsaspekten hauptsächlich zeitgenössischer Kunst.
27 Bredekamp 2015 , S. 249-266 zur »Agilität der Farbe«.
28 Noack 1956.
29 Ebd., S. 80 erwähnt, dass in der »Zeitschrift für bildende Kunst« seit ihrer Gründung im Jahr 1866 bis zum Jahr 1896 lediglich drei Chromolithografien publiziert wurden.
30 Ebd., S. 80. Zur Technik Genaueres in: Krause u. a. (Hg.), 2005, Kat. 46.
31 Noack 1956, S. 80.
32 Tietjen 2006; Imorde, Zeising 2016; Imorde, Zeising 2018; Peters 2018, S. 106-137; Kitschen 2021; Imorde, Zeising 2022.
33 Ausst.-Kat. 1973.
34 Kitschen 2021.
35 Jussen 2002; Kümper 2008.
36 Krumbacher 1906, S. 5 (605).
37 Hess 1999.
38 Kitschen 2021 mit reichem Material.
39 Ebd., S. 224-252; Krause 2005; Tietjen 2006.
40 Hamber 1996, S. 90.
41 Frizot 1998.
42 Anlässlich der Herausgabe »Deutsche Malerei des 19. Jahrhunderts«, 1. Heft: Die Galerien Europas NF, bei Seemann in: Kunstchronik NF 1908, S. 396.
43 Bergner 1907/8, Sp. 396.
44 Seemann 1902, S. 129-137; Anonym 1926, S. 179-182.
45 So der Titel von Batchelor 2002.
46 Reichle 2005, S. 169-181.
47 Meyer 1883, Sp. XIX.
48 Allgemein zur »Chromophobie« Batchelor 2002.
49 Alle Zitate: von Hübl 1897, Einleitung, o. S.
50 Krieger 2006.
51 Vgl. Kernbauer 2011, S. 75 f.
52 Poensgen 1926.
53 In der Österreichischen Wochenschrift für Wissenschaft und Kunst 1864, Bd. 3, S. 263 heißt es: »In den unteren Classen liebt man grelle Zusammenstellungen von ziemlich vielen Farben, das sogenannte Bunte […] Dort aber, wo man auf Eleganz und Feinheit Anspruch macht, hat man vielmehr Furcht vor der Farbe«.
54 Behne 1919, S. 102.
55 Berenson 1948, S. 88 f. (Übersetzung MW).
56 Ebd., S. 90.
57 Ruchatz 2003, S. 196-209.
58 Ebd., S. 204.
59 Kristeller 1908, S. 542.
60 Tietenberg 1999, S. 65.

61 Mein Dank gilt Dr. Sonja Feßel vom Bildarchiv Foto Marburg, die mich auf den Diabestand aufmerksam machte.
62 Steichen 1908, S. 24.
63 Benjamin 1968, S. 17.
64 Dilly 1975, S. 153-172; Wenk 1999, S. 292-305; Dilly 2009, S. 91-116; Napp 2017.
65 Tietenberg 1999, S. 65.
66 Dilly 1975, S. 153-171; Wenk 1999, S. 292-305; Matyssek 2005, S. 233 f.; Tietjen S. 133 f.
67 Peters 2010, S. 229-255, hier S. 234.
68 Zu Grimm 1897 – ohne Berücksichtigung der Farbfrage – ausführlich: Beyer 2006, S. 37-48, bes. S. 42.
69 Matyssek 2005, S. 232 unter Bezugnahme auf Grimm 1892.
70 Dilly 1975, S. 153-172; Mattysek 2005, S. 163; Beyer 2006.
71 In archäologischen Instituten finden sich mancherorts auch kolorierte Dias, was damit zu tun haben mag, dass diese Institute häufig über einen Zeichner verfügten, der Grabungen dokumentierte. Auch kunstgewerbliche Museen, die sich mit Vorträgen an ein interessiertes Laienpublikum wandten, verfügen z. T. noch über kolorierte Dias.
72 Diderot 1968, Bd. 1, S. 641.
73 Hackert 1785.
74 Fehrenbach 2021.
75 Lichtenstein 1999; Klingsöhr-Leroy 2002, S. 169-194.
76 Krieger 2006.
77 Blanc (1867) 2000, S. 54.
78 Vgl. Ausst.-Kat. 2017.
79 Wagner 2011, S. 29-39.
80 Ruskin 2019, S. 182.
81 Ruskin zit. n. Kemp 1999, S. 73.
82 Magureanu 2015, S. 295-316.
83 Houbraken (1753), 1880, S. 323.
84 Kusukawa 2012, S. 78.
85 Foucault 1980, S. 174.
86 Ebd., S. 175.
87 Ebd.
88 Ebd., S. 176. Descartes schrieb, Farbe habe nichts mit Realität zu tun, die sich in extensio, figura und motus niederschlage, s. Imdahl 1987, S. 32.
89 Daston, Galison 2007, S. 63.
90 Fechner 1876, Bd. II, S. 201.
91 Wundt 1903, S. 128.
92 Fechner 1876, Bd. 1, S. 103.
93 Johannes von Allesch 1925 zit. n. Heimendahl 1961, S. 182.
94 Frizot 1998.
95 Krumbacher 1906, S. 636.
96 Bader 2010, S. 19-42.
97 Steichen 1908, S. 24.
98 Latour 1990, S. 19-68; Matyssek 2005, S. 230; Geimer 2009, S. 81-82.

99 Walter Benjamin, der den Verlust der Aura als Entwertung des »Hier und Jetzt« durch die fotografische Reproduktion analysiert, geht interessanterweise nicht auf Farbe ein. Benjamin I.2, 1980, S. 472-508.
100 Reiches Material zum 18. Jahrhundert bei Vermeulen 2010.
101 Haskell 1993.
102 So der deutsche Titel von Haskells Buch. Ebd.
103 So etwa Keuper 2018.
104 Trautwein 1997, S. 126-129 hat gezeigt, dass Winckelmann Darstellungen mit plastischen Illusionen neu stechen ließ. Allein der Umrissstich sollte durch die Form den Betrachter zur imaginären Vergegenwärtigung des Werks anregen.
105 Wagner 2013, S. 171 ff.
106 Prange 2007, S. 44.
107 Mondini 2005, S. 210.
108 Ebd., S. 246.
109 Vermeulen 2010, S. 205.
110 Siehe Keuper 2018, S. 109; Blanc 1860, S. 354-361, hier S. 358.
111 Keuper 2018, S. 109.
112 von Seidlitz 1900, S. 3.
113 Seemann 1902, S. 129-137.
114 Imorde, Zeising 2016.
115 Magureanu 2015, S. 301.
116 Dilly 1975; Dilly 2009; Caraffa 2009; Caraffa 2011.
117 Peters 2010; Matyssek 2009.
118 Schmarsow 1891, S. 39.
119 Hamber 1996, S. 83.
120 Penny 1993.
121 Grimm 1865, S. 37.
122 In Heinrich Wölfflins Überlegungen, wie man Skulpturen fotografieren soll, besitzen Farbfragen im Unterschied zur Silhouette, dem Tiefenraum oder der Modellierung durch den Lichteinfall keinerlei Bedeutung. Die Skulpturen scheinen geradezu materialfrei zu sein. Wölfflin 1896, 1897, 1914.
123 So der Titel des Ausstellungskatalogs. Ausst.-Kat. 2003.
124 Zu einer Relativierung durch Winckelmanns posthum (1776) publizierte Auflage der »Geschichte der Kunst des Altertums« mit einem Abschnitt zur farbigen Skulptur s. Hodne 2020, S. 1-19, hier S. 10.
125 Wagner 2013, S. 174 f.
126 Türr 1994, S. 104.
127 Wagner 2021, S. 140-143.
128 Diderot (1763) 1968, S. 433.
129 Ebd., S. 571.
130 Kruse 1913, S. III. Näheres zu J. Kruse bei Hadjinicolaou 2018, S. 4 f.
131 Valenciennes 1799, 1800, S. 271.
132 Im Umkreis der Nazarener, zu dem Reinhold zählte, scheinen sich Farbnotate in den Skizzen nicht nur auf die *erlebten* Farben der Natur zu beziehen; die manchmal mit einem Farbenschlüssel versehenen Notate bezeichnen offenbar auch konventi-

onalisierte Vorstellungen von bildmäßigen Farbwirkungen, die dem Kopieren dienten. Wegner 2018, S. 104-111.

133 Transkriptionen in: Ausst.-Kat. 2018, Kat. 122, S. 239.

134 Müller-Bechtel 2009, Kat. 80.

135 Ebd., S. 123.

136 Boerlin-Brodbeck 1994, S. 12.

137 In der Photographic Library des Warburg Institute in London befinden sich 13 von Saxl annotierte Bildpostkarten.

138 McEwan 2012, S. 281, 305.

139 Mein Dank gilt Paul Taylor von der Photographic Collection am Warburg Institute, der mich auf das Konvolut der Bildpostkarten von Fitz Saxl aufmerksam machte.

140 Ansätze zu einer Farbnormierung gab es im frühen 20. Jahrhundert mehrfach, u. a. von Wilhelm Ostwald.

141 Die Übertragung auf Stein oblag Bedford. Jones 1856, S. 4.

142 Ebd., S. 71.

143 Field (1845) 1994, S. 78-89.

144 Waring 1863.

145 Frasca-Rath 2018, S. 214-215.

146 Wagner 2019, S. 173 f.

147 Krieger 2006, S. 91-112.

148 Ferrari 2013, S. 138.

149 Waring Bd. 2, 1863, Text zu Tafel 101.

150 Es kursierten handkolorierte stereoskopische Dias, die auch die Plastizität der Figur anschaulich werden ließen, s. Frasca-Rath 2018, S. 215.

151 Wagner 2021, S. 146-147.

152 Auch in Frankreich war das Kunstgewerbe Vorreiter der Farbreproduktion. 1878 wurde auf der Pariser Weltausstellung »Le trésor artistique de la France« gezeigt. Das umfangreiche Abbildungswerk mit Leon Vidals sogenannten Photochrome-Abbildungen erhielt die Goldmedaille in der Fotografischen Abteilung. Jedes der farbigen Bilder des Bandes ist mit einem grauen Passepartout gerahmt, der das abgebildete Objekt wie das farbig gedruckte Foto kostbar erscheinen lässt. Meizel 2012.

153 Das heute als Semperoper bezeichnete Gebäude wurde als königliches Hoftheater errichtet. Zur ungewöhnlichen Farbgestaltung in Meeresgrün s. Karge 2017.

154 In der zweiten Auflage von Sempers »Der Stil« finden sich in den »Schlußbemerkungen« von Band 1 ausführliche Darlegungen der Befunde (S. 480-490). Ausst.-Kat. 2003.

155 Semper 1836. Die Auflagenhöhe scheint sehr gering gewesen zu sein. Ein Exemplar befindet sich in der Bibliothek des Archäologischen Seminars der Universität Hamburg, s. Karge 2019, S. 18-39.

156 Magnus 1872; Treu 1884.

157 Karge 2017, S. 265-281.

158 Mallgrave 1996, S. 197.

159 Ebd., S. 210-216.

160 Die Schwierigkeiten einer Einordnung hat Mallgrave 1996 (S. 273) ausführlich erörtert: »*Der Stil* is not a handbook for the practice of art, that is, it does not show the

making of form but rather its becoming [...] It is no history of the arts, in that it does not seek to apprehend the facts [...] according to the conventions of historical periods or localities; rather, it strives to reveal the inner necessity of style.«

161 Semper 1860.
162 Ebd., S. 202.
163 Ebd.
164 Semper 1863, S. 458.
165 Semper 1860, S. 445.
166 Ebd., S. 445.
167 Ebd., S. 220.
168 Zur Bedeutung der farbigen antiken Architektur als Scharnier zwischen orientalischer und mittelalterlicher Baukunst s. Georgiadis 2005, S. 91-121.
169 Semper 1834.
170 Lichtenstein 1993, S. 165. Charles Blanc dagegen bestritt dies und billigte nur den Formen Individualisierung zu.
171 Ebd., S. 165; de Piles 1699, S. 145.
172 Jones 1856, S. 72.
173 Jason Edwards in Monks 2013, S. 29 f.
174 Riegl 1891, S. 127-131, hier, S. 128.
175 Riegl 1895 enthält zwei ganzseitige, farblich sehr differenzierte Chromolithografien von orientalischen Teppichen.
176 Foto, Litho und Druck wurden von der k.k.Hof- und Staatsdruckerei in Wien hergestellt.
177 Döring 2013, S. 22.
178 Gurlitt war Architekt und Professor an der Technischen Hochschule Dresden und durch eine Reihe von Überblickswerken bekannt geworden.
179 Riegl (1902) 1929, S. 50.
180 Ebd.
181 Ebd.
182 Besonders zum Flächenbezug s. Prange 2015, S. 107-143.
183 Riegl 1901 und Riegl 1893 zit. n. Mallgrave 1996, S. 375.
184 Riegl 1901, S. 5. In dem ebenfalls 1901 datierten Aufsatz »Naturwerk und Kunstwerk« geht er noch ausführlicher auf Semper ein.
185 In Adaption zeitgenössischer Tendenzen in den nützlichen Künsten sprach Riegl von der Kunstindustrie und übernahm die Überschrift des Kapitels, das ursprünglich nur den Metallarbeiten gewidmet war, für den gesamten Band.
186 Lockard 2016.
187 Riegl 1901, S. 37.
188 Lockard 2016, S. 322.
189 Riegl 1901, S. 5.
190 Ebd., S. 4.
191 Ebd., S. 155 f.
192 Die Größenverhältnisse von Objekten und Abbildungen werden in der Abbildungsliste nachgewiesen.
193 Riegl 1901, S. 175.
194 Ebd., S. 183.

195 Ebd.
196 Ebd.
197 Kemp 2000, Nachwort, S. 6.
198 Prange 2015, S. 138; Wood 2019, S. 292 f.
199 Die Gesammelten Werke Heinrich Wölfflins werden von Tristan Weddigen und Oskar Bätschmann herausgegeben.
200 Levy, Weddigen 2020; Bruhn 2017, bes. S. 23.
201 Wölfflin, Notizheft 39, 1902, S. 25r, Universitätsbibliothek Basel.
202 Wölfflin 1946, S. 159.
203 Wölfflin, Notizheft 47, S. 46, Universitätsbibliothek Basel.
204 Ebd., S. 108r, Universitätsbibliothek Basel.
205 Rößler 2010.
206 Dilly 1975; Wenk 1999.
207 Dilly 1975.
208 Luke 2010.
209 Wiesing 1997, S. 111.
210 Notizheft 29, März-April 1892, Universitätsbibliothek Basel. Es ist also nicht verwunderlich, dass Wölfflin 1938 notierte: »Warum nicht Wirkung suchen mit den reinen Mitteln der Kunst: Farben, Formen, Linien, unabhängig von Imitation«. Gantner 1982, S. 464. Radomski 2015, S. 210 beurteilt dies als Überraschung.
211 Wölfflin, Tgb., 47,53r, Universitätsbibliothek Basel.
212 Schulze 2010, S. 97.
213 Wölfflin 1912, S. 574.
214 Wölfflin Notizheft 40, Herbst 1903, Universitätsbibliothek Basel.
215 Wölfflin 1899, S. 54.
216 Treml, Flach, Schneider 2014.
217 Imorde 2020, S. 7-28.
218 Wölfflin (1899) 2020, S. 119.
219 Ebd., S. 120.
220 Ebd., S. 55.
221 Ebd., S. 96.
222 Dem Autor danke ich für das großzügige Überlassen des Manuskripts, das inzwischen als Band 4 der Wölfflin-Ausgabe von Weddigen, Bätschmann 2020 erschienen ist.
223 Dilly 1975, S. 169-170.
224 Pfisterer 2015, S. 13, Anm. 33. 1918 waren die »zwei ersten Auflagen der ›Grundbegriffe‹ (= 10.000) Exemplare […] vergriffen, leider fehlt für den Neudruck Papier«, Wölfflin zit. n. Ganter 1982, S. 318.
225 Wölfflin 1915, S. V.
226 Ebd., S. 109.
227 Ebd., S. 90 im Hinblick auf ein Landschaftsbild von Joachim Patinir.
228 Ebd.
229 Brevern 2011, S. 54-64, bes. S. 55.
230 Bei Vermeers Allegorie der Malkunst weist Wölfflin darauf hin, dass »um die Lichtführung ganz deutlich werden zu lassen […] der Abbildung statt einer Photographie eine moderne Radierung zugrunde gelegt« wurde, Wölfflin 1915, S. 85.

231 Schürmann 2018, S. 245.
232 Zu Bruckmanns NS-Orientierung und Wölfflins ambivalenter Haltung s. Hönes 2011, S. 170 ff.
233 »In der 17. Auflage von 1984 bringt Joseph Gantner zwei Gegenüberstellungen [...] in Farbe«, Burioni, Hefele 2015, S. 318.
234 Das Bildarchiv des Bruckmann Verlags befindet sich inzwischen im Zentralinstitut für Kunstgeschichte in München, der schriftliche Nachlass im Bayerischen Hauptstaatsarchiv in München.
235 Bruhn 2000, S. 21-24; Bushart 2009, S. 36-54; Bader 2010, S. 19-42; Bruhn 2017.
236 Wölfflin 1915, S. 240.
237 Ebd., S. 56
238 Ebd., S. 31.
239 Ebd., S. 58.
240 Dazu Bredekamp 2020, S. 17-23.
241 Wölfflin 1915, S. 23-24.
242 Ebd., S. V.
243 Chevreul 1840.
244 Wölfflin 1915, S. 240
245 Ebd., S. 79.
246 Ebd., S. 55.
247 Ebd., S. 22.
248 Im Tagebuch vom 17. Mai 1940 heißt es: »Flüssigwerden der Form – daß Farbe sich wandelt nicht nur einzelne Farbe«, zit. n. Gantner 1982, S. 469.
249 Warnke 1996, S. 11-18.
250 Benjamin (1936) 1980, S. 503.
251 Hönes 2017, S. 55-68.
252 Malraux 1949, S. 24.
253 Hetzer 1935; die Arbeit erschien mit 12 Schwarz-Weiß-Abbildungen.
254 Panofsky 1969, S. 15.
255 Ebd., S. 19, 24.
256 Panofsky (1915) 1998, Bd. 2, S. 893-896.
257 Ebd., S. 895.
258 Ebd., S. 894.
259 Wyss 1996, S. 117 f. stellt die Bauhauspraxis in Zusammenhang mit Wölfflins Formanalyse.
260 Poling 1982, S. 107-132.
261 Hönes 2011, S. 121. Dort auch der Verweis auf das von Max Hauttmann praktizierte Verfahren, in Seminaren anhand von Diaprojektionen Umrisszeichnungen vornehmen zu lassen.
262 Der folgende Teil zu Panofsky ist die erweiterte Version meines Aufsatzes von 2015, s. Wagner 2015, S. 126-144.
263 Brief der F. Bruckmann A.G. an Panofsky vom 12.5.1928, Durchschlag des Schreibens im Warburg-Archiv, Hamburg.
264 Brief Panofskys an die der F. Bruckmann A.G. vom 16.5.1928, Durchschlag im Warburg-Archiv, Hamburg.

265 Ebd.
266 Ebd.
267 Seemann 1902, S. 132.
268 von Seidlitz 1902, Sp. 144.
269 Hess 2005, S. 225.
270 Ebd.
271 von Seidlitz 1902, Sp. 143.
272 Friedländer 1910, Sp. 394-396, hier Sp. 396.
273 Vgl. Strauss 1928, S. 58, Anm. 61.
274 Poensgen 1926, S. 179-182, hier S. 181.
275 Bredekamp 2015, S. 249 ff.
276 Sein Nachfolger am Hamburger Seminar wies 1951 darauf hin, dass im Unterschied zu der Reproduktion das Bild selbst »nur dem schweifenden Auge zugänglich ist«. Schöne 1951, S. 107.
277 Zit. n. Zimmermann 2002, Bd. II, S. 424.
278 Grimm 1897, S. 277-395; s. auch Beyer 2006, S. 37-48, hier S. 39.
279 Seemann 1902, S. 132.
280 Peter 1921, S. 22.
281 Panofsky (1930) 1998, S. 1078–1092, hier S. 1082.
282 Diers 1986, S. 125-137.
283 Panofsky (1930) 1998, S. 1082.
284 von Seidlitz 1902, Sp. 144.
285 Thausing (1866), in: Kemp 1980, S. 133-142.
286 Panofsky (1930) 1998, S. 1080.
287 Moholy-Nagy (1927) 1978, S. 33.
288 Panofsky (1932), 1998, S. 1064-1077.
289 Das Bild wurde 1937 von den Nationalsozialisten aus der Hamburger Kunsthalle entfernt. Heute befindet es sich in der Pinakothek der Moderne in München.
290 Schulze 1991, bes. S. 20-37.
291 Stieglitz 1989.
292 Der Begleittext zur Ausgabe des Bruckmann Verlags von 1908 stammt von Max F. Friedländer.
293 Niemeyer 1921, S. 324.
294 Osterkamp 1995, S. 548 f.
295 Hagen 1919; Hausenstein 1919; Niemeyer 1921.
296 Weisbach 1918, S. 312.
297 Förster 1853, S. 319, zit. n. Bock 1909, S. 19.
298 Hasen 2002, S. 305-321.
299 Eisenmann 1895; Huysmans 1891. Zur literarischen Rezeption s. Aurnhammer 2019.
300 Ankündigung des Pan 1901.
301 Der 1912 gegründete »Blaue Reiter« vertrat für die Verbindung von zeitgenössischer und vormoderner Kunst ein ähnliches, allerdings nicht an Grünewald ausgerichtetes Programm.
302 Eisenmann 1895, S. 94.
303 Ebd., S. 95.

304 Zit. n. Schulze 1991, S. 27.
305 Fechner (1914) 1919, S. 33.
306 Bock 1909, S. 38.
307 Friedländer 1908, o. S.
308 Josten 1921, S. 2 ff., 93 f.
309 Hagen 1919a, S. 29.
310 Hagen 1920, S. 37.
311 Ebd., S. 60.
312 Kemp 1999, S. 13-17.
313 Pinder 1923.
314 Goetz 1922, o. S.
315 Burger 1919, S. 131.
316 Ebd., S. 130 f.
317 Warnke 1994, S. 57-58.
318 Panofsky 1977, S. 58 f.
319 Panofsky leitete das Kunstgeschichtliche Seminar an der neu gegründeten Universität Hamburg seit 1920, erhielt aber erst 1926 eine Professur.
320 Warburg (1927-1929) 2010, S. 643.
321 Ebd., S. 657.
322 Ebd., S. 656.
323 Zit. n. Wedepohl 2020, S. 14, Anm. 5.
324 Warburg 2000.
325 Zöllner 2015, S. 7-48.
326 Wedepohl 2013.
327 Wagner 2015, S. 140-141.
328 Warburg 2000.
329 Ich danke Dr. Daniel Becker für die Umsetzung dieses farbigen Experiments.
330 Lipps 1923, S. 443-46.
331 Wedepohl 2020, S. 14.
332 Panofsky (1935) 2001, S. 848.
333 Wyss 1992, S. 191-199. In späten Schriften Panofskys wie »Early Netherlandish Painting« (1953) wird Farbe vor allem in maltechnischer Hinsicht einbezogen.
334 Panofsky 1969, S. V.
335 Interessanterweise wandte sich Wind auch gegen Malraux' »Museum auf Papier«. Malraux habe »mit epischer Beredsamkeit, mit der Stimme eines Marktschreiers verkündet, daß alle Kunst in einer einzigen Tonart komponiert wird, daß riesige Monumente und winzige Münzen dieselbe plastische Ausdruckskraft entfalten, wenn man sie auf das Maß einer Druckseite überträgt«. Diese fotografische Angleichung trifft allerdings ebenso auf Aby Warburgs Atlas Tafeln und viele Publikationen der Warburgschule zu – einschließlich seiner eigenen. Wind 1979, S. 77-78.
336 Pollocks Arbeiten erschienen am 8. August 1949 in Life.
337 Wind 1979, S. 78.
338 Benjamin I.2, 1980, S. 481.
339 Entsprechend finden sich in den zu Lebzeiten Panofskys erschienenen Publikationen (bis 1968) keine Farbabbildungen.

340 Dazu bereits Curt Glaser 1915, in: Einstein 1996, S. 844.
341 Zur Ausnahme einer national-konservativen Antwort auf Meier-Graefe s. Beltings Hinweis auf Vorlesungen von Henry Thode in Heidelberg; Belting 1987, S. 751-752.
342 Kitschen 2021.
343 Zeising 2018, besonders Kapitel 4 und 5.
344 Sachs 2017, S. 256.
345 Paul 1993; Beneke 1999.
346 Marchal 2017, S. 9-32.
347 Fleckner 2006.
348 Dazu die umfangreiche Biografie von Krahmer 2021.
349 Bätschmann 2012, S. 121.
350 Lüdeking 2017, S. 59-76.
351 Meier-Graefe zit. n. Fleckner 2006, S. 78.
352 Meier-Graefe 1904, Bd. 1, S. 155.
353 Meier-Graefe 1915, Bd. 3, S. 583.
354 In seiner 1905 publizierten Schrift »Der Fall Böcklin« rechnet Meier-Graefe mit der »Ideenkunst« Böcklins ab.
355 Meier-Graefe (1924) 1987, S. 382.
356 Meier-Graefe zit. n. Marchal 2019, S. 97.
357 Däubler 1919, S. 19.
358 Krahmer 2021, S. 351.
359 Meier-Graefe zit. n. Krahmer 2021, S. 352.
360 Friedrich Ahlers-Hestermann zit. n. Moffett 1973, S. 51.
361 Hausenstein 1915, S. 1702–1707, hier S. 1707.
362 Bätschmann 2012, S. 122.
363 Meier-Graefe 1902, S. 43-44.
364 Meier-Graefe 1905, S. 1.
365 Meier-Graefe 1914, Bd. 1, S. 147
366 Ruskin 1857, S. 6.
367 Baudelaire meinte, Delacroix' Malerei vermittele sich durch die Farbe jenseits des Sujets. Dazu Imdahl 1987, S. 96-97; Ullrich 2006, S. 144-164.
368 Zum wissenschaftshistorischen Kontext: Crary 1996, S. 101-102.
369 Brüggemann 2007, S. 134-143 über »Das ›unschuldige Auge‹ in kunstgeschichtlicher und -theoretischer Perspektive.
370 Meier-Graefe 1912, S. 54.
371 Lüdeking 2017.
372 Meier-Graefe 1918, Vorrede.
373 Meier-Graefe Entwicklungsgeschichte 1904, S. 167.
374 Meier-Graefe 1918, Vorrede.
375 Grautoff 1905, S. 40. Mit dem Titel spielt der Autor auf Meier-Graefes Text zu Whistler an.
376 Annonce des Piper Verlags in: Meier-Graefe 1912, o. S.
377 Ebd.
378 Ebd.

379 Meier-Graefe 1910, Bd. 3, S. 438-450.
380 Meier-Graefe 1909, Bd. 2, S. 444-445.
381 Meier-Graefe 1910, Bd. 3, S. 448-449.
382 Ebd., S. 449-450.
383 Abgedruckt in: Ebd., S. 383.
384 Abgedruckt in: Ebd., S. 378.
385 Worringer 1911, S. 318.
386 Ebd.
387 Ebd.
388 Ebd., S. 320.
389 Ebd.
390 In den Blättern der Marées-Gesellschaft findet sich auch der »Soziale Bericht« über die Verwendung von Probe- und Fehldrucken der Faksimileblätter. »Wir haben [...] Kunstschulen, Akademien und ähnlichen Anstalten, deren schmales Budget die Erwerbung unserer Werke nicht erlaubt, [... die Faksimiles] vollkommen kostenlos zur Verfügung gestellt«. Damit verbunden war »die Pflicht, die Drucke eingerahmt in den Unterrichtsräumen aufzuhängen«. Meier-Graefe 1920, S. 242.
391 Meier-Graefe 1919, S. 146; siehe auch: Marchal 2019, S. 94.
392 Meier Graefe 1919, S. 146, 143.
393 Ebd., S. 144.
394 Ebd., S. 145.
395 Ebd.
396 Hagen 1920.
397 Meier-Graefe (1904) zit. n. Krahmer 2017, S. 41.
398 Degner, Marchal 2022, S. 137-164.
399 Meier-Graefe 1929.
400 Meier-Graefe 1919, S. 146.
401 Ebd., S. 448. Um sich vor Fälschungen zu unterscheiden, weist jedes Blatt einen Stempel mit dem Ganymed auf.
402 Hausenstein 1915, S. 1705.
403 Zur wechselseitigen Polemik, die u. a. über stilistische Charakterisierungen ausgetragen wurde, ausführlich: Fleckner 2006, S. 167-174.
404 Ebd., S. 167-188.
405 Strobl 2003, S. 105.
406 Einstein (1934), zit. n. Neundorfer 2003, S. 67.
407 Kiefer 2003.
408 Fleckner 2006, S. 71 weist darauf hin, dass sich irrtümlich zwei ozeanische Arbeiten unter den Skulpturen befinden und die Abbildungen wegen des Krieges sowie Einsteins Lazarettaufenthalt ohne Titel und Nachweis erscheinen mussten.
409 Einstein 1915, S. V.
410 Die Edition von Uwe Fleckner und Thomas Gaehtgens erschien als Band 5 der Werkedition, Einstein 1996.
411 Glaser in: Ebd., S. 844-845, hier S. 845.
412 Vertrag vom 23. März 1922, abgedruckt in: Ebd., S. 819.

413 Ebd.
414 Ebd., S. 828.
415 Meier-Graefe 1915, S. 592.
416 Einstein 1931, S. 49.
417 Fleckner 2006, S. 187.
418 Osterkamp 1995.
419 Brief an Kahnweiler vom Dezember 1922; Meffre 1993, S. 132.
420 Einstein 1926, S. 80.
421 Einstein an Kahnweiler, Dezember 1922, in: Meffre 1993, S. 132. Vgl. auch Einsteins Schreiben an Kahnweiler 1922, ebd., S. 130.
422 Es ist nicht eindeutig, ob Einstein mit dem Faksimile die separate Farbreproduktion meinte oder eine farbige Abbildung innerhalb einer Publikation.
423 Kahnweiler 1920.
424 Einstein besaß ein kleinformatiges Stillleben, das ihm der Künstler gewidmet hatte, s. Fleckner 2006, S. 248.
425 Einstein 1926, S. 109.
426 Einstein (1931) 1996, S. 208.
427 Einstein 1926, S. 113.
428 Ebd., S. 114.
429 Ebd., S. 114.
430 Ebd., S. 115.
431 Ebd., S. 114.
432 Ebd., S. 144.
433 Ebd., in der Reihenfolge der Zitate: S. 144, 147, 146.
434 Ebd., in der Reihenfolge der Zitate: S. 136, 138, 137.
435 Ebd., S. 138.
436 Ebd., S. 138; Einstein 1931, S. 207.
437 Paul Klee bekam in der 3. Auflage (Einstein 1931) 25 Abbildungen, darunter zwei farbige Reproduktionen von Aquarellen. Im Text findet Farbe allerdings keinerlei Erwähnung.
438 Von Picasso wurden 1926 insgesamt 38 Arbeiten, eine davon farbig, reproduziert, 1931 wurden es 46 schwarz-weiße und eine farbige Abbildung. Von Braque und Léger wurden je zwei farbig reproduziert, von Juan Gris eine Arbeit.
439 Einstein 1931, S. 94.
440 Die Alben des Cigaretten-Bilderdienstes hatten während des NS Auflagen von z. B. einer Million. Für den Band zur modernen Malerei, der anonym erschien und nicht wieder aufgelegt wurde, ist keine Auflagenhöhe bekannt. Er ist mit Sicherheit vor Etablierung des NS-Systems konzipiert worden. Kümper 2008.
441 Panofsky wurde erst 1927 als Professor verbeamtet, obwohl er bereits seit 1921 das Hamburger Kunstgeschichtliche Seminar leitete. Einstein floh als kommunistischer jüdischer Intellektueller vor den Nazis ins Exil und wurde schließlich in den Selbstmord getrieben.
442 Der Fotograf Hans Hinz, von dem die Mehrheit der Aufnahmen aus der erst 1940 entdeckten Höhle stammen, arbeitete bei zahlreichen Skira-Publikationen mit.

443 Das galt bedingt auch für die »Maestri del Colore« der Fratelli Fabbri (ab 1963) oder »Die Kunst-Reihe in Farben« der Deutschen Buchgemeinschaft, die jedoch beide eher den Mappenwerken der 1920er Jahre glichen.
444 Zu den verschiedenen Ausprägungen siehe Pfisterer 2020, Kap. 2 und 3.
445 Baxandall 1972 widmet in seiner vielbeachteten Studie dem »Wert der Farbe« ein aufschlussreiches Kapitel.
446 Sedlmayr (1948) 1988.
447 Haftmann 1954, S. 466.
448 Rosenberg 2006.
449 Imdahl 1971, 1989, 1996.
450 Imdahl 1989.
451 Alpers 1988; Alpers (1983) 1998.
452 Alpers 1988, S. 21.
453 Vergleichbar sind Darstellungen des Ungläubigen Thomas, der z. B. in Caravaggios Gemälde mit seiner Rechten die Wunde Christi ertastet, während die Linke sich auf der Hüfte abstützt.
454 Vgl. Wagner 2001, S. 222-223.
455 Alpers 1988., S. 6.
456 Die unterschiedlichen Titel wurden zu verschiedenen Zeiten vorgeschlagen, ohne dass sich einer zweifelsfrei nachweisen ließe. Im »Rembrandt Research Project« wurde »Isaac und Rebecca« vorgezogen, s. Wetering 2015, Nr. 312.
457 Wurzbach (1880) 1970, S. 116, zit. n. Hadjinicolaou 2014, S. 222.
458 Einstein 1926, S. 138.
459 Alpers 1988, S. 15.
460 Böhm 1995, S. 28.
461 Vgl. Wagner 2001.
462 Alpers 1988, S. 22.
463 1989 wurde der dritte der insgesamt sechs Bände publiziert. Erst 2015 erschien der letzte Band. Band zwei und drei enthalten keine Farbabbildungen.
464 Wetering 1997, S. 234.
465 Alpers 1988, S. 11.
466 Ebd., S. 12.
467 Kemp 1998, bes. S. 10-12.
468 de Jongh 1984. Siehe auch Norbert Schneiders Rezension in: Kritische Berichte 2, 1988, S. 107-109.
469 Falkenhausen 2015, S. 72.
470 Alpers 1988, S. 14.
471 Ebd., S. 73.
472 de Jongh 1984.
473 van de Wetering 1997.
474 van de Wetering 1997; Suthor 2014; Hadjinicolaou 2016.
475 Didi-Huberman 1995, S. 41.
476 Vgl. Imorde, Zeising 2021, S. 22-26.

Bibliografie

Archive

Nachlass Heinrich Wölfflin, Universitätsbibliothek Basel.

Warburg Archiv, Warburg Haus Hamburg.

Bayerisches Hauptstaatsarchiv, München, Bruckmann Verlagsarchiv.

Literatur

Amato 2000
Katja Amato: Skizze und Fotografie bei Jacob Burckhardt, in: Darstellung und Deutung. Abbilder der Kunstgeschichte, Matthias Bruhn (Hg.), Weimar 2000, S. 47-59.

Alpers (1983) 1998
Svetlana Alpers: Kunst als Beschreibung. Holländische Malerei des 17. Jahrhunderts, Köln 1998.

Alpers 1988
Svetlana Alpers: Rembrandt's Enterprise. The Studio and the Market, London 1988.

Anonym 1926
Anonym: Über bunte und farbige Reproduktionen, in: Der Kunstwart Jg. 39, 1926, S. 179-182.

Anonym 1933
Anonym: Moderne Malerei vom Impressionismus bis zur Gegenwart, hg. vom Cigaretten-Bilderdienst, Hamburg-Bahrenfeld 1933.

Aurnhammer 2019
Achim Aurnhammer: Der Isenheimer Altar in der Literatur der Klassischen Moderne, in: Der Isenheimer Altar. Werk und Wirkung, Werner Frick, Günter Schnitzler (Hg.), Freiburg, Wien 2019.

Ausst.-Kat. 1973
Ausst.-Kat.: Die Bilderfabrik, Historisches Museum Frankfurt u. a., Frankfurt 1973.

Ausst.-Kat. 2003
Ausst.-Kat.: Bunte Götter. Die Farbigkeit antiker Skulpturen, Vinzenz Brinkmann, Raimund Wünsche (Hg.), Staatliche Antikensammlungen und Glyptothek, München 2003.

Ausst.-Kat. 2017
Ausst.-Kat.: Monochrome. Painting in Black and White, Lelia Packer, Jennifer Sliwka (Hg.), National Gallery London 2017.

Ausst.-Kat. 2018
Ausst.-Kat.: Heinrich Reinhold. Der Landschaft auf der Spur, Andreas Stolzenburg (Hg.), Hamburger Kunsthalle, München 2018.

Ausst.-Kat. 2022
Aby Warburg. Bilderatlas Mnemosyne, Roberto Orth, Axel Heil in Zusammenarbeit mit The Warburg Institute (Hg.), Haus der Kulturen der Welt Berlin 2022.

D'Agincourt 1823
Jean-Baptiste Seroux d'Agincourt: Histoire de l'art par les monumens depuis sa décadence au IVe siècle jusqu'à son renouvellement au XVIe, 6 Bde., Paris 1810-1823, Bd. 6, 1823.

Bätschmann 2012
Oskar Bätschmann: Worringer über zeitgenössische Kunst und Künstler, in: Hundert Jahre Abstraktion und Einfühlung. Konstellationen um Wilhelm Worringer, Norberto Gramaccini, Johannes Rössler (Hg.), München 2012, S. 113-130.

Bader 2010
Lena Bader: Motive und Motivationen vergleichenden Sehens, in: Vergleichendes Sehen, Dies., Martin Gaier, Falk Wolf (Hg.), Paderborn 2010, S. 19-42.

Bader 2013
Lena Bader: Bild-Prozesse im 19. Jahrhundert. Der Holbein-Streit und die Ursprünge der Kunstgeschichte, München 2013.

Barthes 1989
Roland Barthes: Die helle Kammer. Bemerkungen zur Photographie, Frankfurt 1989.

Batchelor 2002
David Batchelor: Chromophobie. Angst vor der Farbe, Wien 2002.

Baxandall 1972
Michael Baxandall: Painting and Experience in Fifteenth Century Italy, London, Oxford, New York 1972.

Behne 1919
Adolf Behne: Die Wiederkehr der Kunst, Leipzig 1919.

Belting 1987
Hans Belting: Nachwort des Herausgebers, in: Meier-Graefe. Entwicklungsgeschichte der modernen Kunst, 2 Bde., Bd. 2, München, Zürich 1987, S. 727-757.

Beneke 1999
Sabine Beneke: Im Blick der Moderne: die »Jahrhundertausstellung deutscher Kunst (1775–1875)« in der Berliner Nationalgalerie 1906, Berlin 1999.

Benjamin 1968
Walter Benjamin: Das Kunstwerk im Zeitalter seiner technischen Reproduzierbarkeit, Frankfurt/M. 1968.

Benjamin I.2, 1980
Walter Benjamin: Das Kunstwerk im Zeitalter seiner technischen Reproduzierbarkeit. Zweite Fassung, in: Gesammelte Schriften, I.2, Rolf Tiedemann, Hermann Schweppenhäuser (Hg.), Frankfurt/M. 1980, S. 472-508.

Benjamin (1936) 1980
Walter Benjamin: Pariser Brief II, in: Gesammelte Schriften III, (Werkausgabe 9), Hella Tiedemann-Bartels (Hg.), Frankfurt/M. 1980, S. 495-507.

Berenson 1948
Bernard Berenson: Aesthetics and History, London 1948.

Bergner 1907/8
Dr. Bergner, in: Kunstchronik NF XIX Jg. 1907/8, Nr. 23, Sp. 396-397.

Beyer 2006
Andreas Beyer: Lichtbild und Essay. Kunstgeschichte als Versuch, in: Essayismus um 1900, Wolfgang Braungart, Kai Kauffmann (Hg.), Heidelberg 2006, S. 37-48.

Blanc 1860
Charles Blanc: L'Hemicycle de Paul Delaroche gravé par Henriquel-Dupont, in: Gazette des Beaux-Arts 4, 1860, S. 354-361.

Blanc (1867) 2000
Charles Blanc: Grammaire des arts et du dessin. Introduction de Claire Barbillon, Paris 2000.

Bock 1919
Franz Bock: Matthias Grünewald, München 1909.

Boerlin-Brodbeck 1994
Yvonne Boerlin-Brodbeck: Die Skizzenbücher Jacob Burckhardts, Beiträge zu Jacob Burckhardt, Bd. 2, Basel, München 1994.

Böhm 1995
Gottfried Böhm: Bildbeschreibung. Über die Grenzen von Bild und Sprache, in: Beschreibungskunst – Kunstbeschreibung. Ekphrasis von der Antike bis zur Gegenwart, Ders., Helmut Pfotenhauer (Hg.), München 1995, S. 23-40.

Böhm 1996
Gottfried Böhm: Die Arbeit des Blickes. Hinweise zu Max Imdahls theoretischen Schriften, in: Max Imdahl. Reflexion, Theorie, Methode, Gesammelte Schriften Bd. 3, Frankfurt 1996, S. 7-41.

Bohrer 2002
Frederick N. Bohrer: Photographic Perspectives. Photography and the Institutional Formation of Art History, in: Art History and its Institutions, Elizabeth Mansfield (Hg.), London, New York 2002, S. 246-259.

Bredekamp 2015
Horst Bredekamp: Der Bildakt, Berlin 2015

Bredekamp 2020
Horst Bredekamp: Wölfflin in Germany, in: The Global Reception of Heinrich Wölfflin's Principles of Art History, Evonne Levy, Tristan Weddigen (Hg.), New Haven, London 2020, S. 17-23.

Brevern 2011
Jan van Brevern: Die Wissenschaft vom Verzicht. Farbenlehren der Schwarz-Weiß-Fotografie im 19. Jahrhundert, in: Graustufen. Bildwelten des Wissens Bd. 8, 2, Berlin 2011, S. 54-64.

Brüggemann 2007.
Heinz Brüggemann: Walter Benjamin über Spiel, Farbe und Phantasie, Würzburg 2007.

Bruhn 2000
Matthias Bruhn: Darstellung und Deutung. Abbilder in der Kunstgeschichte, Weimar 2000.

Bruhn 2017
Matthias Bruhn (Hg.): Der vergleichende Blick in Natur- und Kulturwissenschaften, Berlin 2017.

Burger 1917
Fritz Burger: Einführung in die moderne Kunst, Handbuch der Kunstwissenschaft: Die Kunst des 19. und 20. Jahrhunderts, Berlin-Neubabelsberg 1917.

Burioni, Hefele 2015
Matteo Burioni, Franz Hefele: Wölfflins Grundbegriffe: Ausgaben und Übersetzungen, in: Kunstgeschichten 1915. 100 Jahre Heinrich Wölfflin: Kunstgeschichtliche Grundbegriffe, Matteo Burioni, Burcu Dogramaci, Ulrich Pfisterer (Hg.), Passau 2015, S. 303-306.

Busch 2008
Werner Busch (Hg.): Verfeinertes Sehen. Optik und Farbe im 18. und frühen 19. Jahrhundert, München 2008.

Bushart 2009
Magdalena Bushart: Die Oberfläche der Bilder. Paul Brandts vergleichende Kunstgeschichte, in: kritische berichte 7, 2009, S. 36-54.

Bushart 2015
Magdalena Bushart, Friedrich Steinle (Hg.): Colour Histories. Science, Art, and Technology in the 17th and 18th Centuries, Berlin, Boston 2015.

Caraffa 2009
Constanza Caraffa (Hg.): Fotografie als Instrument und Medium der Kunstgeschichte, Berlin, München 2009.

Caraffa 2011
Constanza Caraffa (Hg.): Photo Archives and the Photographic Memory of Art History, Berlin, München 2011.

Chevreul 1840
Eugène Chevreul: Die Farbharmonie, in ihrer Anwendung bei der Malerei, bei der Fabrication von farbigen Waren …, Stuttgart 1840.

Crary 1990
Jonathan Crary: Techniken des Betrachters. Sehen im 19. Jahrhundert, Dresden, Basel 1996.

Daston 2007
Lorraine Daston, Peter Galison: Objektivität, Frankfurt/M. 2007.

Däubler 1919
Theodor Däubler: Im Kampf um die moderne Kunst und andere Schriften, Friedhelm Kemp, Friedrich Pfäfflin (Hg.), Darmstadt 1988.

Degner, Marchal 2022
Andreas Degner, Stephanie Marchal: Authentizität statt Echtheit? Farbwirkung und

Werkmatrialität bei Julius Meier-Graefe und Wilhelm Hausenstein, in: In Farbe. Reproduktion von Kunstwerken im 19. und 20. Jahrhundert, Joseph Imorde, Andreas Zeising (Hg.), Weimar 2022, S. 137-164.

Diderot 1968
Denis Diderot: Ästhetische Schriften, Friedrich Bassenge (Hg.), 2 Bde., Berlin 1968, Bd. 1.

Didi-Huberman 1995
Georges Didi-Huberman: Fra Angelico. Unähnlichkeit und Figuration, München 1995.

Didi-Huberman 2013
Georges Didi-Huberman: ALBUM vs. ATLAS (Malraux vs. Warburg), in: Album. Organisationsform narrativer Kreativität, Anke Kramer, Annegret Pelz (Hg.), Göttingen 2013, S. 59-73.

Diers 1986
Michael Diers: Kunst und Reproduktion. Der Hamburger Faksimilestreit, in: Idea. Jahrbuch der Hamburger Kunsthalle V, 1986, S. 125-137.

Dilly 1975
Heinrich Dilly: Lichtbildprojektion – Prothese der Kunstbetrachtung, in: Kunstwissenschaft und Kunstvermittlung, Irene Below (Hg.), Gießen 1975, S. 153-172.

Dilly 2009
Heinrich Dilly: Weder Grimm, noch Schmarsow, geschweige denn Wölfflin …. zur jüngsten Diskussion über die Diaprojektion um 1900, in: Fotografie als Instrument und Medium der Kunstgeschichte, Costanza Caraffa (Hg.), Berlin 2009, S. 91-116.

Döring 2013
Jürgen Döring: Als Kitsch noch Kunst war. Farbendruck im 19. Jahrhundert, Berlin 2013.

Dobsky 1912
Arthur Dobsky: Über die Medici-Drucke, in: Medici-Drucke. Farbige Reproduktionen von Gemälden Alter Meister, München, November 1912, S. 5-9.

Dominick 2020
Mervin Damian Dominick: Zigarettenalben im Kontext des Nationalsozialismus, Diss. Frankfurt 2020, http://d-nb.info/1249840945/34 (letzter Zugriff: 19.9.2022).

Einstein 1915
Carl Einstein: Negerplastik, Leipzig 1915.

Einstein 1926
Carl Einstein: Die Kunst des 20. Jahrhunderts, Propyläen Kunstgeschichte, Bd. XVI, Berlin 1926.

Einstein 1931
Carl Einstein: Die Kunst des 20. Jahrhunderts, Propyläen Kunstgeschichte Bd. XVI, Berlin 1931.

Einstein (1931) 1996
Carl Einstein: Die Kunst des 20. Jahrhunderts, in: Uwe Fleckner, Thomas W. Gaehtgens (Hg.), Berlin 1996.

Eisenmann 1895
Oskar Eisenmann: Die Kreuzigung des Matthaeus Grünewald, in: Pan 1, 1895, S. 94-95.

Falkenhausen 2015
Susanne von Falkenhausen: Jenseits des Spiegels. Das Sehen in Kunstgeschichte und Visual Culture Studies, Paderborn 2015.

Fechner 1876
Gustav Theodor Fechner: Vorschule der Ästhetik, 2 Bd., Leipzig 1876.

Fechner (1914) 1919
Paul Fechner: Der Expressionismus, München 1919.

Fehrenbach 2021
Frank Fehrenbach: Quasi vivo. Lebendigkeit in der italienischen Kunst der Frühen Neuzeit, Berlin, Boston 2021.

Ferrari 2013
R.C. Ferrari: Beyond Polychromy: John Gibson, the Roman School of Sculpture, and the Modern Classical Body, City University of New York, ProQuest Dissertation Publishing, 3561587, 2013.

Field (1845) 1994
George Field: Chromatography, Middleton 1994.

Fleckner 2006
Uwe Fleckner: Carl Einstein und sein Jahrhundert: Fragmente einer intellektuellen Biographie, Berlin 2006.

Förster 1853
Ernst Förster: Geschichte der deutschen Kunst. Von Anfang des 15. bis Mitte des 16. Jahrhunderts, Bd. 2, Leipzig 1853.

Foucault 1980
Michel Foucault: Die Ordnung der Dinge, Frankfurt/M. 1980.

Frasca-Rath 2018
Anna Frasca-Rath: John Gibson & Antonio Canova. Rezeption, Transfer, Inszenierung. Wien, Köln, Weimar 2018.

Friedländer 1908
Max Friedländer: Der Isenheimer Altar, in: Tafelwerk, München 1908.

Friedländer 1910
Max J. Friedländer: Die großen Maler in Wort und Farbe, in: Kunstchronik NF 21, 1910, Sp. 394-396.

Frizot 1998
Michel Frizot. Eine natürliche Künstlichkeit. Die Hypothese der Farbe, in: Neue Geschichte der Fotografie, Ders. (Hg.), Köln 1998, S. 411-425.

Gage 1993
John Gage: Colour and Culture. Practice and Meaning from Antiquity to Abstraction, London 1993.

Gantner 1982
Joseph Gantner: Heinrich Wölfflin 1864-1945; Autobiographie, Tagebücher und Briefe, Basel 1982.

Geimer 2009
Peter Geimer: The Art of Resurrection. Malraux's *Musée imaginaire*, in: Fotografie als Instrument und Medium der Kunstgeschichte, Constanza Caraffa (Hg.), Berlin, München 2009, S. 77-89.

Geimer 2016
Peter Geimer: The Colors of Evidence: Picturing the Past in Photography and Film, in: Documenting the World. Film, Photography and the Scientific Record, Gregg Mitmann, Kelly Wilder (Hg.), Chicago 2016, S. 45-63.

Geimer 2022
Peter Geimer: Die Farben der Vergangenheit. Wie Geschichte zu Bildern wird, München 2022.

Georgiadis 2005
Sokratis Georgiadis: Semper, die Griechen und die Anderen, in: Gottfried Semper (1803-1879). Griechenland und die lebendige Architektur, Ders. (Hg.), Köln 2005, S. 91-121.

Goetz 1922
Fritz Goetz: Über die moderne Reproduktion, in: Der Isenheimer Altar, Beilage zum Mappenwerk 1922, ohne Paginierung.

Gombrich 1963
Ernst Gombrich: André Malraux und die Krise des Expressionismus, in: Meditationen über ein Steckenpferd. Von den Wurzeln und Grenzen der Kunst, Ders. (Hg.), Wien 1963, S. 123-134.

Grasskamp 2014
Walter Grasskamp: André Malraux und das imaginäre Museum. Die Weltkunst im Salon, München 2014.

Grautoff 1905
Otto Grautoff: Rezension von Meier-Graefes Entwicklungsgeschichte der modernen Kunst, in: Die Gegenwart 1905, S. 40.

Grimm 1865
Hermann Grimm: Über Künstler und Kunstwerke 1, Berlin 1865.

Grimm 1897
Hermann Grimm: Die Umgestaltung der Universitätsvorlesungen über Neuere Kunstgeschichte durch die Anwendung des Skioptikons, in: Beiträge zur deutschen Culturgeschichte, Ders. (Hg.), Berlin 1897, S. 277-395.

Hackert 1785
Jacob Philipp Hackert: Schreiben an einen Freund über ein in Rom verfertigtes Gemählde des Hrn. Wilhelm Tischbein, Mahler S. D. des Herzogs von Gotha, in: Der Teutsche Merkur, 1. Vierteljahr, 1785, S. 229-253.

Hadjinicolaou 2014
Yannis Hadjinicolaou: Malerei auf Stein. Steinerne Malerei. Die Farbgestaltung bei Spranger und de Gelder, in: Joris van Gastel, Yannis Hadjinicolaou, Markus Rath (Hg.), Paragone als Mitstreit, Berlin 2014, S. S. 211-235.

Hadjinicolaou 2016
Yannis Hadjinicolaou: Denkende Körper-Formende Hände. Handeling in Kunst und Kunsttheorie der Rembrandtisten, Berlin, Boston 2016.

Hadjinicolaou 2018
Yannis Hadjinicolaou: »Die Neue Sachlichkeit Rembrandts«. Aby Warburg's Claudius Civilis, in: Journal of Art Historiography Nr. 18, Juni 2018, S. 1-19.

Hamber 1996
Anthony J. Hamber: »A Higher Branch of the Art«. Photographing the Fine Arts in England, 1839-1880, Amsterdam 1996.

Hamber 1999
Anthony Hamber: Communicating Colour: Advances in Reprographic Technology 1840-1967, in: Visual Resources 15, 1999, S. 355-370.

Haftmann 1954
Werner Haftmann: Malerei im 20. Jahrhundert, München 1954.

Hagen 1919
Oskar Hagen: Grünewalds Isenheimer Altar, München 1919.

Hagen 1919a
Oskar Hagen: Matthias Grünewald, München 1919.

Hagen 1920
Oskar Hagen: Deutsches Sehen, München 1920.

Hasen 2002
Nina Hasen: »Der gewaltigste Schutzheilige des Ringens der neuen deutschen Kunst«: zur Grünewald-Rezeption des deutschen Expressionismus, in: Georges-Bloch-Jahrbuch des Kunsthistorischen Instituts der Universität Zürich Bd. 9-10, 2002-03, S. 305-321.

Haskell 1993
Francis Haskell: Die schwere Geburt des Kunstbuchs, Berlin 1993.

Hausenstein 1915
Wilhelm Hausenstein: Meier-Graefes jüngste Bücher, in: Neue Rundschau 6, 1915, S. 1702-1707.

Hausenstein 1919
Wilhelm Hausenstein: Der Isenheimer Altar, München 1919.

Heimendahl 1961
Eckart Heimendahl: Licht und Farbe. Ordnung und Funktion der Farbwelt, Berlin 1961.

Hess 1999
Helmut Hess: Der Kunstverlag Franz Hanfstaengl und die frühe fotografische Kunstreproduktion, München 1999.

Hess 2005
Helmut Hess: ›O mira virtus ingeni‹. Graphik versus Fotografie – Die Galeriewerke des Kunstverlags Franz Hanfstaengl, in: Kunstwerk-Abbild-Buch: Das illustrierte Kunstbuch von 1730 bis 1930, Katharina Krause, Klaus Niehr (Hg.), München, Berlin 2005, S. 217-237.

Hetzer 1935
Theodor Hetzer: Tizian. Geschichte seiner Farbe, Frankfurt 1935.

Hodne 2020
Lasse Hodne: Olympian Jupiter. Winckelmann and Quatremère de Quincy on Ancient Polychromy, in: Clara, Special Issue No. 1, 2020, S. 1-19.

Hönes 2011
Hans Christian Hönes: Wölfflins Bild-Körper. Ideal und Scheitern kunsthistorischer Anschauung, Zürich 2011.

Hoormann, Schawelka 1998
Anne Hoormann, Karl Schawelka (Hg.): Who's afraid of … Zum Stand der Farbforschung, Weimar 1998.

Houbraken (1753) 1970
Arnold Houbrakens Grosse Schouburgh der niederländischen Maler und Malerinnen, Alfred Wurzbach (Hg.), Osnabrück 1970.

Hübl 1897
Arthur von Hübl: Die Dreifarbenphotographie mit besonderer Berücksichtigung des Dreifarbendruckes und der photographischen Pigmentbilder in natürlichen Farben, Halle 1897.

Huysmans 1891
Joris-Karl Huysmans: Lá bas, Paris 1891.

Imdahl (1971) 1989, 1996
Max Imdahl: Barnett Newman: Who's Afraid of Red, Yellow and Blue III. Werkmonographien zur Bildenden Kunst, 147. Stuttgart 1971, in: Das Erhabene. Zwischen Grenzerfahrung und Größenwahn, Christine Pries (Hg.), Weinheim 1989, S. 233-252; wieder abgedruckt in: Max Imdahl. Zur Kunst der Moderne: Gesammelte Schriften, Angeli Janhsen-Vukicevic (Hg.), Frankfurt 1996, Bd. 1, S. 244-273.

Imdahl 1987
Max Imdahl: Farbe. Kunsttheoretische Reflexionen in Frankreich, München 1987.

Imorde 2020
Joseph Imorde: Kunstgeschichte nach Reproduktionen. Zu Heinrich Wölfflins formanalytischen Anfängen, in: Heinrich Wölfflins Gesammelte Schriften, Tristan Weddigen, Oskar Bätschmann (Hg.), Basel 2020, S. 7-38.

Imorde, Zeising 2016
Joseph Imorde, Andreas Zeising (Hg.): Billige Bilder. Populäre Kunstgeschichte in Monografien und Mappenwerken seit 1900 am Beispiel Albrecht Dürer, Siegen 2016.

Imorde, Zeising 2018
Joseph Imorde, Andreas Zeising (Hg.): Lehrgut. Kunstgeschichte in Schulbüchern und Unterrichtsmedien um 1900, Siegen 2018.

Imorde, Zeising 2022.
Joseph Imorde, Andreas Zeising: Farbige Reproduktionen von Kunst im 19. und 20. Jahrhundert, in: In Farbe. Reproduktion von Kunst im 19. und 20. Jahrhundert. Praktiken und Funktionen, Dies. (Hg.), Weimar 2022, S. 7-26.

Jacobs 2008
Tino Jacobs: Rauch und Macht. Das Unternehmen Reemtsma von 1920 bis 1961, Hamburg 2008.

Jones 1856
Owen Jones: Grammar of Ornament, London 1856.

de Jongh 1984
Eddy de Jongh: Svetlana Alpers. The Art of Describing: Dutch Art in the Seventeenth Century, in: Simiolus. Netherlands Quaterly for the History of Art Bd. 14, 1984, Nr. 1, S. 51-59.

Josten 1921
Hanns Heinz Josten: Matthias Grünewald, Bielefeld 1921.

Jussen 2002
Bernhard Jussen (Hg.): Liebig's Sammelbilder. Vollständige Ausgabe der Serien 1 bis 1138 auf CD-ROM (= Atlas des Historischen Bildwissens. Bd. 1). Directmedia Publishing, Berlin 2002.

Kahnweiler 1920
Henry Kahnweiler: Der Weg zum Kubismus, München 1920.

Karge 2017
Henrik Karge: Jenseits des Polychromiestreits. Gottfried Sempers Wahrnehmungs-

theorie der Farben, in: Gesprächsstoff Farbe. Beiträge aus Wissenschaft, Kunst und Gesellschaft, Konrad Scheuermann, André Karliczek (Hg.), Köln, Weimar, Wien 2017, S. 265-281.

Karge 2019
Henrik Karge: Farben und Raum in Sempers *Stil*. Vom Polychromiestreit zur Wahrnehmungstheorie der Farben, in: Polychromie & Wissen, Uta Hassler (Hg.) München 2019, S. 18-39.

Kemp 1980
Wolfgang Kemp (Hg.): Theorie der Fotografie, Bd. 1: 1839-1912, München 1980.

Kemp 1998
Wolfgang Kemp: Einleitung zu Svetlana Alpers: Kunst als Beschreibung. Holländische Malerei des 17. Jahrhunderts, Köln 1998, S. 7-20.

Kemp 1999a
Wolfgang Kemp: John Ruskin: Die Pathologie der Farbe Schwarz, in: Die Farben Schwarz. Ausst.-Kat. Landesmuseum Johanneum, Thomas Zaunschirm (Hg.), Graz 1999, S. 73-80.

Kemp 2000
Wolfgang Kemp: Nachwort zu Alois Riegl. Spätrömische Kunstindustrie, Berlin 2000, S. 1-19.

Kernbauer 2011
Eva Kernbauer: Der Platz des Publikums. Modelle der Kunstöffentlichkeit im 18. Jahrhundert, Köln, Weimar, Wien 2011.

Keuper 2018
Ulrike Keuper: Reproduktion als Übersetzung. Eine Metapher und ihre Folgen – vom Salonbericht bis zu frühen Fotokritik, Boston u. a. 2018.

Kiefer 2003
Klaus H. Kiefer (Hg.): Die visuelle Wende der Moderne. Carl Einsteins Kunst des 20. Jahrhunderts, München 2003.

Kitschen 2021
Friederike Kitschen: Als Kunstgeschichte populär wurde. Illustrierte Kunstbuchserien 1860-1960 und der Kanon der westlichen Kunst, Berlin 2021.

Klingsöhr-Leroy 2002
Cathrin Klingsöhr-Leroy: Das Künstlerbildnis des Grand Siècle in Malerei und Graphik. Vom »Noble Peintre« zum »Pictor Doctus«, München 2002.

Krahmer 2017
Catherine Krahmer: Julius Meier-Graefes Denkweise, in: Julius Meier-Graefe. Grenzgänger der Künste, Ingeborg Becker, Stephanie Marchal (Hg.), München 2017, S. 33-43.

Krahmer 2021
Catherine Krahmer: Julius Meier-Graefe. Ein Leben für die Kunst, Göttingen 2021.

Krause 2005
Katharina Krause u. a. (Hg.): Bilderlust und Lesefrüchte. Das illustrierte Kunstbuch 1750 bis 1920, Leipzig 2005.

Krieger 2006
Verena Krieger: Die Farbe als ›Seele‹ der Malerei. Transformationen eines Topos vom 16. Jahrhundert zur Moderne, in: Marburger Jahrbuch für Kunstwissenschaft Bd. 33, 2006, S. 91-112.

Kristeller 1908
Paul Kristeller: Über Reproduktionen von Kunstwerken, in: Repertorium für Kunstwissenschaft Bd. 31, 1908, S. 338-543.

Krumbacher 1906
Karl Krumbacher: Photographie im Dienste der Geisteswissenschaft, in: Neue Jahrbücher für das klassische Altertum, Geschichte und Literatur 17, 1906, S. 601-660.

Kruse 1913
John Kruse: Die Farben Rembrandts, Stockholm 1913.

Kümper 2008
Hiram Kümper: Nichts als blauer Dunst? Zigarettensammelbilder als Medien historischer Sinnbildung, in: Geschichte in Wissenschaft und Unterricht Nr. 59, 2008, S. 492-508.

Kusukawa 2012
Sachiko Kusukawa: Picturing the Book of Nature, Chicago 2012.

Latour 1990
Bruno Latour: Drawing Things Together, in: Representation in Scientific Practice, Michael Lynch, Steve Woolgar (Hg.), Cambridge, Mass., London 1990, S. 19-68.

Levy, Weddigen 2020
Evonne Levy, Tristan Weddigen: The Global Reception of Heinrich Wölfflin's Priciples of Art History. Studies in the History of Art 82, New Haven, London 2020.

Lichtenstein 1993
Jacqueline Lichtenstein: The Eloquence of Color. Rhetoric and Painting in the French Classical Age, Berkeley 1993.

Lipps 1923
Theodor Lipps: Ästhetik. Psychologie des Schönen und der Kunst, Leipzig ³1923.

Locher 2001
Hubert Locher: Kunstgeschichte als historische Theorie der Kunst. 1750-1950, München 2001.

Lockard 2016
Jesse Lockard: Seeing Through a Roman Lens: Formalism, Photography, and the Lost Visual Rhetoric of Riegl's Late Roman Art Industry, in: History of Photography Bd. 40, 3, 2016, S. 301-329.

Lüdeking 2017
Karlheinz Lüdeking: Julius Meier-Graefe über William Turners ›entartete‹ Malerei, in: Julius Meier-Graefe. Grenzgänger der Künste, Ingeborg Becker, Stephanie Marchal (Hg.), München 2017, S. 59-76.

Luke 2010
Megan R. Luke: The photographic reproduction of space: Wölfflin, Kracauer, Panofsky, in: RES. Anthropology and Aesthetics Bd. 57/58, spring/autumn 2010, S. 339-343.

Lurz 1981
Meinhold Lurz: Heinrich Wölfflin: Biographie einer Kunsttheorie, Worms 1981.

Magnus 1872
Eduard Magnus: Polychromie vom künstlerischen Standpunkte, Bonn 1872.

Magureanu 2015
Ioana Magureanu: Colour: from Condemnation in the Scientific Discourse to Rehabilitation in Art Theory, in: Colour Histories. Science, Art, and Technology in the 17th and 18th Centuries, Magdalena Bushart, Friedrich Steinle (Hg.), Berlin, Boston 2015, S. 295-316.

Mallgrave 1996
Harry Francis Mallgrave: Gottfried Semper. Architect of the Nineteenth Century, New Haven 1996.

Malraux 1949
André Malraux: Das imaginäre Museum, Baden-Baden 1949.

Marchal 2017
Stephanie Marchal: Der Kunstschriftsteller Julius Meier-Graefe. Konturen seiner kunstkritischen Praxis, in: Julius Meier-Graefe. Grenzgänger der Künste, Ingeborg Becker, Dies. (Hg.), München 2017, S. 9-32.

Marchal, 2019
Stephanie Marchal: Kunstkritik »auf dem Podium der Museen«, in: Spannungsfeld Museen. Akteure, Narrative, Politik in Deutschland und Frankreich um 1900, Valérie Kobi, Alexander Linke, Dies. (Hg.), Berlin, Boston 2019, S. 87-105.

Matyssek 2005
Angela Matyssek: »Entdecker« und »Finder«. Über die fotografische Wissensproduktion der Kunstgeschichte und die Probleme der Reproduktion von Kunstwerken, in: Berichte zur Wissenschaftsgeschichte 28, 2005, Nr. 3, S. 227-235.

Matyssek 2009
Angela Matyssek: Kunstgeschichte als fotografische Praxis: Richard Hamann und Foto Marburg, Berlin 2009.

McEwan 2012
Dorothea McEwan: Fritz Saxl. Eine Biographie. Aby Warburgs Bibliothekar und erster Direktor des Londoner Warburg Institutes, Wien, Köln, Weimar 2012.

Meffre 1993
Liliane Meffre (Hg.): Carl Einstein – Daniel-Henry Kahnweiler: Correspondance 1921-1939, Marseille 1993.

Meier-Graefe 1902
Julius Meier-Graefe: Der moderne Impressionismus, Berlin 1902.
Meier Graefe 1904
Julius Meier-Graefe: Entwicklungsgeschichte der modernen Kunst. Vergleichende Betrachtung der bildenden Künste, als Beitrag zu einer neuen Ästhetik, Bd. 1, Stuttgart 1904.

Meier-Graefe 1905
Julius Meier-Graefe: Der Fall Böcklin und die Lehre von den Einheiten, Stuttgart 1905.

Meier-Graefe 1909-1910
Julius Meier-Graefe: Hans von Marées. Sein Leben und sein Werk, 3 Bde., München, Leipzig, 1909-1910.

Meier-Graefe 1912
Julius Meier-Graefe: Hans von Marées, München 1912.

Meier-Graefe 1914
Julius Meier-Graefe: Entwicklungsgeschichte der modernen Kunst, Bd. 1, München 1914.

Meier-Graefe 1915
Julius Meier-Graefe: Entwicklungsgeschichte der modernen Kunst, Bd. 3, München 1915.

Meier-Graefe 1918
Julius Meier-Graefe: Cézanne's Aquarelle, München 1918.

Meier-Graefe 1919
Julius Meier-Graefe: Sozialer Bericht, in: Ganymed, Blätter der Marees Gesellschaft 1, 1919, S. 142-148.

Meier-Graefe 1920
Julius Meier-Graefe: Sozialer Bericht, in: Ganymed 2, 1920, S. 242-244.

Meier-Graefe 1920
Julius Meier-Graefe: Entwicklungsgeschichte der modernen Kunst, Bd. 2, München 1920.

Meier-Graefe 1929
Julius Meier-Graefe: Ersatz in der Sezession, in: Berliner Tagblatt, 17. 9. 1929.

Meizel 2012
Laureline Meizel: Le Trésor Artistique de la France. In: Études photographiques 30, 2012, http://journals.openedition.org/études photographiques 3482 (letzter Zugriff: 30.4.2022).

Meyer 1883
Bruno Meyer: Glasphotogramme für den kunstwissenschaftlichen Unterricht, Karlsruhe 1883.

Middleton 1994
Robin Middleton: Farbe und Bekleidung im 19. Jahrhundert, in: Daidalos Themenheft ›In Farbe‹ 51, 1994, S. 78-89.

Moholy-Nagy (1927) 1978
László Moholy-Nagy: Malerei, Fotografie, Film, Hans M. Wingler (Hg.), Mainz 1978.

Moffett 1973
Kenworth Moffett: Meier-Graefe as Art Critic, München 1973.

Mondini 2005
Daniela Mondini: Mittelalter im Bild. Séroux d'Agincourt und die Kunsthistoriographie um 1800. Zürcher Schriften zur Kunst-, Architektur- und Kulturgeschichte, Weimar 2005.

Monks 2013
Sarah Monks u. a.: Living with the Royal Academy. Artistic Ideals and Experiences in England, 1768–1848, London 2013.

Müller-Bechtel 2009
Susanne Müller-Bechtel: Die Zeichnung als Forschungsinstrument: Giovanni Battista Cavalcaselle (1819-1897) und seine Zeichnungen zur Wandmalerei in Italien vor 1550, Berlin 2009.

Napp 2017
Anke Napp: Zwischen Inflation, Bomben und Raumnöten. Die Geschichte der Diasammlung des Kunstgeschichtlichen Seminars Hamburg, Weimar 2017.

Neundorfer 2003
German Neundorfer: »Kritik an Anschauung«. Bildbeschreibung im kunstkritischen Werk Carl Einsteins, Würzburg 2003.

Niemeyer 1921
Wilhelm Niemeyer: Matthias Grünewald der Maler des Isenheimer Altars, Berlin 1921.

Noack 1956
Detlef Noack: Die farbige Reproduktion von Kunstwerken. Entwicklung, Methoden und Möglichkeiten unter besonderer Berücksichtigung der Farbphotographie, Ms, FU Berlin, 1956.

Osterkamp 1995
Ernst Osterkamp: Däubler oder die Farbe – Einstein oder die Form. Bildbeschreibung zwischen Expressionsmus und Kubismus, in: Beschreibungskunst – Kunstbeschreibung. Ekphrasis von der Antike bis zur Gegenwart, Gottfried Boehm, Helmut Pfotenhauer (Hg.), München 1995, S. 543-568.

Panofsky (1915) 1998
Erwin Panofsky: Über das Zeichnen mit farbiger Feder. Bemerkungen zu einigen Blättern des Virgilius Solis und zu den Randzeichnungen im Gebetbuch Maximilians I., in: Monatshefte für Kunstwissenschaft, 8, 1915, wieder abgedruckt in: Ders., Deutschsprachige Aufsätze, Martin Warnke, Karen Michels (Hg.), 2 Bde. Berlin 1998, Bd. 2, S. 893-896.

Panofsky (1930) 1998
Erwin Panofsky: Original und Faksimilereproduktion (1930), wieder abgedruckt in: Ders. Deutschsprachige Aufsätze, Martin Warnke, Karen Michels (Hg.), 2 Bde. Berlin 1998, Bd. 2, S. 1078-1092.

Panofsky (1932), 1998
Erwin Panofsky: Zum Problem der Beschreibung und Inhaltsdeutung von Werken der bildenden Kunst (1932), wieder abgedruckt in: Ders., Deutschsprachige Aufsätze. Martin Warnke, Karen Michels (Hg.), 2 Bde. Berlin 1998, Bd. 2, S. 1064-1077.

Panofsky (1935) 2001
Panofsky an Saxl, vor Mitte August 1935, in: Erwin Panofsky. Korrespondenz I, 1910-1936, Dieter Wuttke (Hg.), Wiesbaden 2001.

Panofsky 1969
Erwin Panofsky: Problems in Titian, mostly iconographic, London, New York 1969.

Panofsky 1977
Erwin Panofsky: Das Leben und die Kunst Albrecht Dürers, München 1977.

Paul 1993
Barbara Paul: Hugo von Tschudi und die moderne französische Kunst im Deutschen Kaiserreich, Mainz 1993.

Penny 1993
Nicolas Penny: The Materials of Sculpture, New Haven, London 1993.

Perry 2020
Rachel E. Perry: UNESCO's Colour Reproduction Project. Bringing (French) Art to the World, in: Making Art History in Europe after 1945, Noemi de Haro García u. a. (Hg.), New York, London 2020, S. 41-66.

Peter 1921
Rudolf Peter: Studien über die Struktur des Sehraums, Diss. Hamburg 1921.

Peters 2010
Dorothea Peters: … die sorgsame Schärfung der Sinne: kunsthistorisches Publizieren von Kugler bis Pinder, in: In der Mitte Berlins. 200 Jahre Kunstgeschichte an der Humboldt-Universität, Horst Bredekamp, Adam S. Labuda (Hg.), Berlin 2010, S. 229-255.

Peters 2018
Dorothea Peters: Hildebrand und andere – Aus der Frühzeit der Farbfotografie und des Farbdrucks, in: Hans Hildebrand. Hofphotograph und Pionier der frühen Farbfotografie, Haus der Geschichte Baden-Württemberg (Hg.), Ubstadt-Weiher u. a. 2018, S. 106-137.

Pfisterer 2015
Ulrich Pfisterer: 1915. Kunstgeschichten und Grundbegriffe, in: Kunstgeschichten 1915. 100 Jahre Heinrich Wölfflin: Kunstgeschichtliche Grundbegriffe, Matteo Burioni, Burcu Dogramaci, Ders. (Hg.), Passau 2015, S. 1-13.

Pfisterer 2020
Ulrich Pfisterer: Kunstgeschichte zur Einführung, Hamburg 2020.

De Piles 1699
Roger de Piles: Abrégé de la vie des peintres, Paris 1699.

Pinder 1923
Wilhelm Pinder: Einleitung, zu: Der Isenheimer Altar, Mappenwerk, München 1923.

Poensgen 1926
Georg Poensgen: Über Buntdrucke und farbige Reproduktionen, in: Der Kunstwart 39, 1926, S. 179-182.

Poling 1982
Clark V. Poling: Kandinsky – Unterricht am Bauhaus. Farbenseminar und analytisches Zeichnen dargestellt am Beispiel der Sammlung des Bauhaus-Archivs, Berlin, Weingarten 1982.

Prange 2007
Regine Prange (Hg.): Kunstgeschichte 1750-1900. Eine kommentierte Anthologie, Darmstadt 2007.

Prange 2015
Regine Prange: Vom textilen Ursprung der Kunst oder: Mythologien der Fläche bei Gottfried Semper, Alois Riegl und Henri Matisse, in: Textile Theorien der Moderne, Sabeth Buchmann, Rike Frank (Hg.), Berlin 2015, S. 107-143.

Pröll 2013
Zwischen Populärkultur und Kunst: kultureller und institutioneller Etablierungsprozess der Farbfotografie als künstlerisches Medium unter besonderer Berücksichtigung von William Eggleston, Magisterarbeit Wien 2013; https://utheses.univie.ac.at/detail/23326# (letzter Zugriff: 19.10.2022).

Radomski 2015
Jutta Radomski: Heinrich Wölfflin, Postkarte an Franz Roh, in: Kunstgeschichten 1915. 100 Jahre Heinrich Wölfflin: Kunstgeschichtliche Grundbegriffe, Matteo Burioni, Burcu Dogramaci, Ulrich Pfisterer (Hg.), Passau 2015, S. 208-210.

Reichle 2005
Ingeborg Reichle: Fotografie und Lichtbild: Die ›unsichtbaren‹ Medien der Kunstgeschichte, in: Sichtbarkeit und Medium. Austausch, Verknüpfung und Differenz naturwissenschaftlicher und ästhetischer Bildstrategien, Anja Zimmermann (Hg.), Hamburg 2005, S. 169-181.

Riegl 1891
Alois Riegl: Spätantike Stickereien, in: Kunstgewerbeblatt NF 2, 1891, S. 127-131.

Riegl 1893
Alois Riegl: Stilfragen. Grundlegungen zu einer Geschichte der Ornamentik, Berlin, 1893.

Riegl 1895
Alois Riegl: Ein orientalischer Teppich vom Jahr 1202 n. Chr. und die ältesten orientalischen Teppiche, Berlin 1895.

Riegl 1901
Alois Riegl: Die Spätrömische Kunstindustrie, Wien 1901.

Riegl (1902) 1929
Alois Riegl: Eine neue Kunstgeschichte (1902), in: Ders.: Gesammelte Aufsätze, Augsburg, Wien 1929, S. 65-70.

Rößler 2010
Johannes Rößler: Erlebnisbegriff und Skioptikon. Hermann Grimm und die Geisteswissenschaften an der Berliner Universität, in: In der Mitte Berlins. 200 Jahre Kunstgeschichte an der Humboldt-Universität Berlin, Horst Bredekamp, Adam S. Labuda (Hg.), Berlin 2010, S. 69-90.

Rosenberg 2006
Raphael Rosenberg: Ikonik und Geschichte. Zur Frage der historischen Angemessenheit von Max Imdahls Kunstbetrachtung, ART-DOK 2006, http://archiv.ub.uni-heidelberg.de/artdok/volltexte/2006/193 (letzter Zugriff: 27.5.2022).

Ruchatz 2003
Jens Ruchatz: Licht und Wahrheit. Eine Mediumgeschichte der fotografischen Projektion, München 2003.

Ruskin 1857
John Ruskin: Elements of Drawing. In Three Letters to Beginners, London 1857.

Ruskin 2019
John Ruskin: Grundlagen des Zeichnens in drei Briefen für Anfänger, Mainz 2019.

Sachs 2017
Melanie Sachs: Vom Agieren dazwischen. Kritische Kunstgeschichte um 1900, in: Julius Meier-Graefe. Grenzgänger der Künste, Ingeborg Becker, Stephanie Marchal (Hg.), Berlin, München 2017, S. 255-263.

Schmarsow 1891
Heinrich Schmarsow: Die Kunstgeschichte an unseren Hochschulen, Berlin 1891.

Schöne 1951
Wolfgang Schöne: Über das Licht in der Malerei, Berlin 1951.

Schulze 1991
Ingrid Schulze: Die Erschütterung der Moderne. Grünewald im 20. Jahrhundert, Leipzig 1991.

Schulze 2010
Elke Schulze: »Ich werde Mode!« Heinrich Wölfflin an der Berliner Universität, in: In der Mitte Berlins. 200 Jahre Kunstgeschichte an der Humboldt Universität, Horst Bredekamp, Adam S. Labuda (Hg.), Berlin 2000, S. 91-102.

Schürmann 2018
Anja Schürmann: Begriffliches Sehen. Beschreibung als kunstgeschichtliches Medium im 19. Jahrhundert, Berlin, Boston 2018.

Sedlmayr (1948) 1988
Hans Sedlmayr: Verlust der Mitte. Die bildende Kunst des 19. und 20. Jahrhunderts als Symptom und Symbol, Frankfurt/M., Berlin 1988.

Seemann 1901
Arthur Seemann: Der Hunger nach Kunst. Betrachtungen, Leipzig, Berlin 1901.

Seemann 1902
Arthur Seemann: Die ästhetische Bildung der Kinder, in: Zeitschrift für bildende Kunst 37, NF 13, 1902, S. 129-137.

von Seidlitz 1900
Woldemar von Seidlitz: Über Farbgebung, Dresden 1900.

von Seidlitz 1902
Woldemar von Seidlitz: Über mechanische Reproduktion. Schreiben an den Verleger, in: Kunstchronik NF 13, 1902, Sp. 140-144.

Semper 1834
Gottfried Semper: Vorläufige Bemerkungen über bemalte Architectur und Plastik bei den Alten, Altona 1834.

Semper 1836
Gottfried Semper: Über die Anwendung der Farben in der Baukunst, Dresden 1836.

Semper 1860
Gottfried Semper: Der Stil in den technischen und tektonischen Künsten oder praktische Ästhetik: ein Handbuch für Techniker, Künstler und Kunstfreunde, Bd. 1: Die textile Kunst für sich betrachtet und in Beziehung zur Baukunst, Frankfurt/M. 1860.

Semper 1863
Gottfried Semper: Der Stil in den technischen und tektonischen Künsten oder praktische Ästhetik: ein Handbuch für Techniker, Künstler und Kunstfreunde, Bd. 2: Keramik, Tektonik, Stereotomie, Metallotechnik für sich betrachtet und in Beziehung zur Baukunst, München 1863.

Steichen 1908
Eduard J. Steichen: Color Photography, in: Camera Work 2, 1908, S. 13-24.

Stieglitz 1989
Ann Stieglitz: The Reproduction of Agony. Toward a Reception-History of Grünewald's Isenheim Altar after the First World War, in: The Oxford Art Journal 12, 2, 1989, S. 87-103.

Stoichiță 2008
Victor I. Stoichiță: The Pygmalion Effect: from Ovid to Hitchcock, Chicago 2008.

Strauss 1928
Ernst Strauss: Untersuchungen zum Kolorit in der spätgotischen Malerei (ca. 1460 bis ca. 1510) an Beispielen der schwäbischen, fränkischen und bayerischen Schule, München 1928.

Strobl 2003
Andreas Strobl: Carl Einstein und die Kunstkritik seiner Zeit, in: Die visuelle Wende der Moderne. Carl Einsteins Kunst des 20. Jahrhunderts, Klaus H. Kiefer (Hg.), München 2003.

Suthor 2014
Michaela Suthor: Rembrandts Rauheit. Eine phänomenologische Untersuchung, Paderborn 2014.

Thausing 1866
Moritz Thausing: Kupferstich und Photographie, in: Zeitschrift für bildende Kunst 1 1866, S. 287-294; wieder abgedruckt in: Kemp 1980, S. 133-142.

Tietenberg 1999
Annette Tietenberg: Die Fotografie – eine bescheidene Dienerin der Wissenschaften und Künste? Die Kunstwissenschaft und ihre mediale Abhängigkeit, in: Das Kunstwerk als Geschichtsdokument, Festschrift für Hans-Ernst Mittig, Dies. (Hg.), München 1999, S. 61-80.

Tietjen 2006
Friedrich Tietjen: Bilder einer Wissenschaft. Kunstgeschichte und Kunstreproduktion. Online-Publikation der Dissertation (2006) http://ubt.opus.hbz-nrw.de/volltexte/2007/417 (letzter Zugriff: 16.9.2022).

Timby 2020
Kim Timby: The Colors of Black-and-White Photography, in: The Colors of Photography, Bettina Gockel (Hg.), Berlin, Boston 2020, S. 201-230.

Trautwein 1997
Robert Trautwein: Geschichte der Kunstbetrachtung. Von der Norm zur Freiheit des Blicks, Köln 1997.

Treml, Flach, Schneider 2014
Martin Treml, Sabine Flach, Pablo Schneider (Hg.): Warburgs Denkraum: Formen, Motive, Materialien, München 2014.

Treu 1884
Georg Treu: Sollen wir unsere Skulpturen bemalen?, Berlin 1884.

Türr 1994
Karina Türr: Farbe und Naturalismus in der Skulptur des 19. und 20. Jahrhunderts, Mainz 1994.

Ullrich 2006
Wolfgang Ullrich: ›Das unschuldige Auge‹. Reinheitsgebote künstlerischer Wahrnehmung, in: Was war Kunst? Biographien eines Begriffs, Frankfurt 2006, S. 144-164.

Ullrich 2007
Wolfgang Ullrich: Wie altert Kunst? in: Kunst ist gestaltete Zeit. Über das Altern, Irmgard Bohunovsky-Bärnthaler (Hg.), Klagenfurt, Wien 2007, S. 82-104.

Valenciennes 1799, 1800
Pierre Henry de Valenciennes: Élemens de perspective practique, à l'usage des artistes, 2 Bde., Paris 1799, 1800.

Vermeulen 2010
Ingrid Vermeulen: Picturing Art History. The Rise of the Illustrated History of Art in the Eighteenth Century, Amsterdam 2010.

Wagner 2001
Monika Wagner: Das Material der Kunst. Eine andere Geschichte der Moderne, München 2001.

Wagner 2011
Monika Wagner: Ein *materialistischer* Butades. Berliner Plädoyer für Kunst und Gewerbe, in: kritische berichte Heft 3, 2011, S. 29-40.

Wagner 2013
Monika Wagner: Marmor lacht nicht, Bronze spricht. Materialfarben in der Skulptur des 18. und 19. Jahrhunderts, in: Gesichter. Kulturgeschichtliche Szenen aus der Arbeit am Bildnis des Menschen, Sigrid Weigel (Hg.), München 2013, S. 169-186.

Wagner 2015
Monika Wagner: Kunstgeschichte in Schwarz-Weiß. Visuelle Argumente bei Panofsky und Warburg, in: Schwarz-Weiß als Evidenz, Dies., Helmut Lethen (Hg.), Frankfurt, New York 2015, S. 126-144.

Wagner 2021
Monika Wagner: Impure Stone and the threat to decency: marble tints and veins, in: Sculpture Journal Bd. 30,2, 2021, S. 139-151.

Warburg 2000
Aby Warburg. Der Bilderatlas Mnemosyne, hg. von Martin Warnke unter Mitarbeit von Claudia Brink, Berlin 2000.

Warburg (1927-29) 2010
Aby Warburg: Mnemosyne I, Aufzeichnungen, 1927-29, in: Aby Warburg. Werke in einem Band, Martin Treml, Sigrid Weigel, Perdita Ladwig (Hg.), Berlin 2010, S. 640-646.

Waring 1863
J. B. Waring: Masterpieces of Industrial Art and Science at the International Exhibition, 3 Bde., London 1863.

Warnke 1989
Martin Warnke: On Heinrich Wölfflin, in: Representations 27, 1989, S. 172-187.

Warnke 1994
Martin Warnke: Panofsky – Die Hamburger Vorlesungen, in: Erwin Panofsky. Beiträge des Symposions Hamburg 1994, Bruno Reudenbach (Hg.), S. 53-58.

Warnke 1996
Martin Warnke: Bau und Gegenbau, in: Architektur als politische Kultur. Philosophia practica, Hermann Hipp (Hg.), S. 11-18.

Wedepohl 2013
Claudia Wedepohl: Aby Warburg und die Aquarellkopie des Johann Anton Ramboux nach Piero della Francescas »Konstantinsschlacht« in Arezzo, in: Artium Conjunctio. Kulturwissenschaft und Frühneuzeitforschung. Aufsätze für Dieter Wuttke, Petra Schöner, Gerd Hübner (Hg.), Baden-Baden 2013, S. 347-371.

Wedepohl 2020
Claudia Wedepohl: The Making of Warburg's Bilderatlas Mnemosyne, in: Aby Warburg, Bilderatlas Mnemosyne, Roberto Orth, Axel Heil (Hg.), Berlin 2020, S. 14-19.

Weddigen, Bätschmann 2020
Tristan Weddigen, Oskar Bätschmann (Hg.): Heinrich Wölfflins Gesammelte Schriften, Basel 2020.

Wegner 2018
Reinhard Wegner: Perspektiven des Sehens – Farbe und Linie in Studien Heinrich Reinholds, in: Ausst.-Kat. Hamburger Kunsthalle, Stiftung Weimarer Klassik: Heinrich Reinhold. Der Landschaft auf der Spur, Andreas Stolzenburg u. a. (Hg.), München 2018, S. 104-111.

Weisbach 1918
Werner Weisbach: Matthias Grünewald. Formales und Psychologisches (2), in: Kunst und Künstler. Monatsschrift für bildende Kunst und Kunstgewerbe 16, 1918, S. 303-316.

Wenk 1999
Silke Wenk: Zeigen und Schweigen. Der kunsthistorische Diskurs in der Diaprojektion, in: Konfigurationen. Zwischen Kunst und Medien, Sigrid Schade, Georg Christoph Tholen (Hg.), München 2009, S. 292-305.

Wetering 1997
Ernst van de Wetering: Rembrandt. The Painter at Work, Amsterdam 1997.

Wetering 2015
Ernst van de Wetering: Rembrandt's Paintings Revisited. A Complete Survey, Stichting Foundation Rembrandt Research Project (Hg.), Bd. VI, Dordrecht 2015.

Wiesing 1997
Lambert Wiesing: Die Sichtbarkeit des Bildes. Geschichte und Perspektiven der formalen Ästhetik, Reinbek bei Hamburg 1997.

Wind 1979
Edgar Wind: Kunst und Anarchie, Frankfurt 1979.

Wölfflin 1896, 1897, 1914
Heinrich Wölfflin: Wie man Skulpturen aufnehmen soll. Drei Aufsätze in: Zeitschrift für bildende Kunst, NF, 7, 1896, S. 224-228; 8, 1897, S. 294-297; 26, 1914, S. 237-244.

Wölfflin 1899
Heinrich Wölfflin: Die Stimmung als Inhalt der modernen Kunst, in: Graphische Künste Bd. 22, S. 47-58. https://www.digizeitschriften.de/dms/img/?PID=urn%3Anbn%3Ade%3Absz%3A16-diglit-40715%7Clog00006 (letzter Zugriff: 4.5.2022).

Wölfflin 1912
Heinrich Wölfflin: Das Problem des Stils in der bildenden Kunst, in: Sitzungsberichte der Königlich Preußischen Akademie der Wissenschaften 31, 1912, S. 572-578.

Wölfflin 1915
Heinrich Wölfflin: Kunstgeschichtliche Grundbegriffe. Das Problem der Stilentwicklung in der neueren Kunst, München 1915.

Wölfflin 1946
Heinrich Wölfflin: Kleine Schriften (1886-1933), Joseph Gantner (Hg.), Basel 1946.

Wölfflin 2020
Heinrich Wölfflin: Die Jugendwerke Michelangelos 1891, in: Gesammelte Werke 4, Tristan Weddingen, Oskar Bätschmann (Hg.), Basel 2020.

Wood 2019
Christopher S. Wood: A History of Art History, Princeton, Woodstock 2019.

Worringer 1911
Wilhelm Worringer: Besprechung Julius Meier-Graefe, in: Zeitschrift für Ästhetik und Allgemeine Kunstwissenschaft 6, 1911, S. 317-321.

Wundt 1903
Wilhelm Wundt: Grundzüge der physiologischen Psychologie, Leipzig 1903.

Wyss 1992
Beat Wyss: Ein Druckfehler, in: Erwin Panofsky. Beiträge des Symposions, Bruno Reudenbach (Hg.), Hamburg 1992, S. 191-199.

Wyss 1996
Beat Wyss: Der Wille zur Kunst. Zur ästhetischen Mentalität der Moderne, Köln 1996.

Zeising 2018
Andreas Zeising: Radio Kunstgeschichte. Bildende Kunst und Kunstvermittlung im frühen Rundfunk der 1920er bis 1940er Jahre, Köln, Weimar 2018.

Zimmermann 2002
Reinhard Zimmermann: Die Kunsttheorie von Wassily Kandinsky, 2 Bde., Berlin 2002.

Zimmermann 2005
Anja Zimmermann: Austausch, Verknüpfung und Differenz naturwissenschaftlicher und ästhetischer Bildstrategien, Hamburg 2005.

Bildnachweise

Staatliche Museen zu Berlin, Gemäldegalerie Abb. 4a
Staatliche Museen zu Berlin, Skulpturensammlung und Museum für Byzantinische Kunst, Foto Antje Voigt CC BY-NC-SA 4.0 Abb. 4b
Bibliothek der FU, Berlin Abb. 28
Universitätsbibliothek Heidelberg Abb. 13, 22, 52
Bayerisches Hauptstaatsarchiv München, Bruckmann Verlagsarchiv Abb. 37
Paris Match via Getty Images Abb. 3
Hamburger Kunsthalle, Kupferstichkabinett Abb. 18, 39a, 41, 42, 53
Minneapolis, Institute of Art Abb. 62, 63
The Warburg Institute, London, Photographic Collection Cover, Abb. 19
The Warburg Institute, London / fluid, Fotos Tobias Wootton Abb. 44, 46, 47
Anke Napp, Hamburg Abb. 16, 17
ETH-Bibliothek Zürich Abb. 25, 26
Kunsthistorisches Institut der Universität Zürich, Mediathek Abb. 33

Personenregister

Agincourt, J.-B. Séroux d' 35, 37, 67, 155
Ahlers-Hestermann, Friedrich 125
Alberti, Leon Battista 57
Alpers, Svetlana 155-162
Apelles 107
Barlach, Ernst 139
Barthes, Roland 12, 13, 14
Bataille, Georges 151
Baudelaire, Charles 13
Beckmann, Max 133
Behne, Adolf 24
Bellori, Giovanni Pietro 23
Benjamin, Walter 11, 27, 85, 86, 119, 120, 134
Berenson, Bernard 24, 25
Blanc, Charles 29, 30, 38
Bock, Franz 101, 103
Böcklin, Arnold 124
Botticelli, Sandro 14, 115
Braque, Georges 135, 141, 146
Bronzino, Agnolo 80
Bruckmann Verlag 17, 20, 81, 91, 92, 94, 96, 98, 103, 104, 119
Burckhardt, Jacob 45
Cassirer, Ernst 109
Cassou, Jean 9
Cavalcaselle, Giovanni Battista 44, 45
Cézanne, Paul 97, 122-124, 127, 133, 138
Chardin, Siméon 9
Chevreul, Michel Eugène 84, 95
Cleves, Joos van der 81
Cole, Henry 56
Constable, John 21, 30
Corot, J.-B. Camille 124
Courbet, Gustave 123
Däubler, Theodor 100, 124
Degas, Edgar 123
Delacroix, Eugène 30, 123-125, 133
Derain, André 138
Descartes, René 31, 161
Diderot, Denis 9, 43, 44, 77
Didi-Huberman, Georges 163, 164
Dilly, Heinrich 80
Disdéri, A. Adolphe-Eugène 38
Dorner, Alexander 96
Dürer, Albrecht 101, 107, 108
Einstein, Carl 15, 122, 123, 135-143, 145, 146, 148, 151, 153, 159
Eisenmann, Oskar 102
Elias, Julius 132
Eyck, Jan van 89
Fechner, Gustav Theodor 32, 33
Fechner, Paul 103
Feininger, Lyonel 139, 140
Field, George 50
Fleckner, Uwe 135, 146
Förster, Ernst 101
Foucault, Michel 31
Fra Angelico 164
Francesca, Piero della 112
Friedländer, Max J. 94, 103
Fuchs, Leonhart 31
Gaethgens, Thomas 146
Gance, Abel 27
Gauguin, Paul 123
Geimer, Peter 13
Géricault, Théodore 133
Ghirlandajo, Domenico 115
Gibson, John 51-54, 60
Giorgione 124
Glaser, Curt 137
Goetz, Fritz 97, 106

Gogh, Vincent van 29, 124, 133
Grasskamp, Walter 11
Grautoff, Otto 127
Greco, El 124
Grien, Hans Baldung 101
Grimm, Hermann 28, 42, 76, 95
Gris, Juan 139, 141, 142, 146
Grünewald, Matthias 98-105
Gurlitt, Cornelius 63, 64
Guys, E.A.H. Constantin 123
Hackert, Philipp 29
Hadjinicolaou, Yannis 163
Haftmann, Werner 153
Hagen, Oskar 100, 104, 133
Hals, Frans 7, 8, 159
Hanfstaengl (Verlag) 20
Haskell, Francis 35, 55
Hausenstein, Wilhelm 100, 125, 135
Heckel, Ernst 139
Heil, Axel 111
Heise, Carl Georg 96
Hertz, Mary 111
Hetzer, Theodor 87, 89, 153
Holbein, Hans 33
Holzer, Jenny 157
Hönes, Hans Christian 89
Houbraken, Arnold 31, 159
Hübl, Arthur Freiherr von 22, 23
Hughe, René 9
Huysmans, Joris-Karl 102
Imdahl, Max 153, 154
Imorde, Joseph 78, 80
Itten, Johannes 38, 89
Jarnoux, Maurice 10, 11
Jones, Owen 49, 50, 60
Jongh, Eddy de 162, 163
Kahnweiler, Henry 139, 142, 147
Kandinsky, Wassily 89, 95, 145, 146, 159
Katz, David 32, 33
Kemp, Wolfgang 73
Keuper, Ulrike 38
Kirchner, Ludwig 143
Kissling, Moise 138
Klee, Paul 146
Kokoschka, Oskar 103, 145
Krieger, Verena 29
Krumbacher, Karl 19, 20, 47
Kugler, Franz 45
Kusukawa, Sachiko 31
Latour, Bruno 34
Léger, Fernand 146
Leonardo da Vinci 122
Lichtenstein, Jacqueline 29
Linné, Carl von 32
Lockard, Jesse 65
Lucie-Smith, Edward 153
Lumière, August und Louis 21, 28
Malraux, André 7-15, 24, 86, 151, 157, 159, 164
Manet, Edouard 109, 123, 127, 135
Marc, Franz 98-101, 106
Marées, Hans von 124, 127-132, 134
Martini, Simone 115
Matisse, Henri 106, 138
Meier-Graefe, Julius 15, 96, 122-135, 137, 138, 140, 142, 153
Meister Francke 38
Meyer, Bruno 22, 28
Meyne, Willy 107
Michelangelo 9, 17, 18, 78-80, 95, 96
Modigliani, Amedeo 138
Moholy-Nagy, Lázló 98
Mondini, Daniela 37
Monet, Claude 123, 127
Müller-Bechtel, Susanne 45
Müller, Otto 143
Neundorfer, German 138
Newman, Barnett 118, 154
Newton, Isaac 31

Noack, Detlef 17
Nolde, Emil 143-145
Orth, Roberto 111
Osterkamp, Ernst 138
Osthaus, Karl Ernst 122
Overbeck, Friedrich 30
Pächt, Otto 65, 67, 73
Panofsky, Erwin 87-89, 91, 92, 95-101, 106, 107, 109, 117-120, 122, 149, 154, 163
Pauli, Gustav 128
Paxton, Joseph 50
Penny, Nicolas 42
Picasso, Pablo 120, 141, 146
Piles, Roger de 60
Pinder, Wilhelm 104
Piper Verlag 98, 134
Pisarro, Camille 123
Plinius d. Ä. 107
Poensgen, Georg 23, 95
Pollock, Jackson 119
Powell, Joseph 52
Raffael 25, 27, 109, 122
Raimondi, Marcantonio 109
Ramboux, Johann Anton 112
Reclam (Verlag) 154
Redgrave, Richard 56
Reinhold, Heinrich 44, 46
Rembrandt 19, 25, 43, 124, 155-163
Renoir, Pierre-Auguste 123
Rethel, Adolph 17
Riegl, Alois 15, 49, 62-68, 73-75, 78
Rizzoli (Verlag) 151
Rotterdam, Erasmus von 107
Rousseau, Jean-Jacques 138
Rubens, Peter Paul 7, 8, 20, 124, 155
Ruskin, John 23, 30, 126
Sauerlandt, Max 96
Saxl, Fritz 46-48, 118
Schmarsow, August 41
Schmidt-Rottluff, Karl 143
Schmidt, Paul Ferdinand 103
Schnauss, Hermann 25
Schönberg, Arnold 95
Schöne, Wolfgang 153
Schubring, Paul 104
Sedlmayr, Hans 153
Seemann, Arthur 39, 40, 93, 96
Seemann Verlag 20
Seidlitz, Woldemar von 38, 93
Semper, Gottfried 15, 49, 55-62, 64, 71, 75
Seurat, Georges 29
Skira Verlag 151
Smits, Ludowyk 31
Solis, Virgilius 88, 107
Steichen, Edward J. 27, 34
Stieglitz, Alfred 27, 34
Suthor, Nicola 163
Thausing, Moritz 97
Tischbein, Wilhelm 29
Tizian 25, 47, 54, 87, 88, 94, 118, 119, 153
Toulouse-Lautrec, Henri M. R. de 125, 126
Tschudi, Hugo von 130
Turner, William 30, 44, 127
Uhde-Bernays, Hermann 133
Ullstein Verlag 137
Valenciennes, Pierre-Henry de 44
Vasari, Giorgio 9, 35
Velázquez, Diego 135
Vermeer, Jan 81, 127
Veronese, Paolo 124
Vidal, Leon 169
Waldmann, Emil 138
Warburg, Aby 11, 46, 87, 89, 109, 110-117, 120, 122
Wedepohl, Claudia 112
Wetering, Ernst van de 161, 163

Winckelmann 35-37, 42, 55, 138
Wind, Edgar 119, 120
Wölfflin, Heinrich 28, 75, 76, 78, 80-86, 88, 121, 122, 136
Worringer, Wilhelm 132
Wundt, Wilhelm 32
Zeh, Ernst 26

Dank

Mein herzlicher Dank gilt Peter Geimer und Klaus Krüger für Ihre Einladung zur Kolleg-Forschergruppe »Bildevidenz« an die FU Berlin. Ihre großzügige Unterstützung und die anregenden Diskussionen mit Mitarbeiter*innen und Fellows haben wesentlichen Anteil am Zustandekommen meines Buchs. Das Fellowship bei Frank Fehrenbachs und Cornelia Zumbuschs Forschergruppe »Imaginarien der Kraft« an der Universität Hamburg gab mir Gelegenheit, Farbfragen weiter zu diskutieren und zu vertiefen.

Joseph Imorde und Andreas Zeising organisierten unter den schwierigen Bedingungen der Corona-Epidemie an der Universität Siegen eine Farbtagung, auf der ich meine Überlegungen erproben konnte.

Weiterführende Hinweise verdanke ich Philippa Abrahams, Yannis Hadjinicolaou, Katja Müller-Helle, Dorothea Peters, Friedrich Tietjen, Claudia Wedepohl und Sigrid Weigel.

Kollegiale Unterstützung erhielt ich von Paul Taylor aus der Photographic Collection und Claudia Wedepohl vom Archiv des Warburg Institute London, Franziska Lampe vom Bruckmann Archiv am ZI München, Anke Napp von den Historischen Bildarchiven des Kunstgeschichtlichen Seminars der Universität Hamburg, Georg Schelbert von der Mediathek des Instituts für Kunst- und Bildgeschichte der HU Berlin, Sonja Feßel vom Bildarchiv Foto Marburg, Andreas Stolzenburg vom Kupferstichkabinett der Hamburger Kunsthalle, Julia Meer und Susanne Sauerbrunn vom Museum für Kunst und Gewerbe in Hamburg.

Lara Peters hat mich bei den Bildrecherchen, Samira Yildirim bei der Vereinheitlichung der Anmerkungen unterstützt.

Karin Martens-Schmid und Walter Voigt waren hilfreiche Leser. Schließlich hat Anna-Theresa Kölczer vom Wallstein Verlag das Buch in Form gebracht. Michael Friederici gilt mein großer Dank für seine Rundum-Unterstützung.

Bibliografische Information der Deutschen Nationalbibliothek
Die Deutsche Nationalbibliothek verzeichnet diese Publikation in der Deutschen Nationalbibliografie; detaillierte bibliografische Daten sind im Internet über http://dnb.d-nb.de abrufbar.

www.wallstein-verlag.de
Vom Verlag gesetzt aus der Stempel Garamond und der Thesis
Umschlaggestaltung: Susanne Gerhards, Düsseldorf
Umschlagabbildung: Tizian, Danae, Postkarte mit Farbnotizen von Fritz Saxl, Photographic Collection, The Warburg Institute, London
Lithografie: SchwabScantechnik, Göttingen
Druck und Verarbeitung: Pustet, Regensburg

ISBN 978-3-8353-5308-4